王仲生　王向力　著

陈忠实评传

陕西师范大学出版总社

图书代号　SK18N0124

图书在版编目（CIP）数据

陈忠实评传 / 王仲生，王向力著． —西安：陕西师范大学出版总社有限公司，2018.3
ISBN 978-7-5613-9798-5

Ⅰ．①陈…　Ⅱ．①王…②王…　Ⅲ．①陈忠实（1942—2016）—评传　Ⅳ．①K825.6

中国版本图书馆 CIP 数据核字（2018）第 031837 号

陈忠实评传
CHEN ZHONGSHI PINGZHUAN

王仲生　王向力　著

责任编辑	雷亚妮
责任校对	王文翠
封面设计	锦　册
出版发行	陕西师范大学出版总社
	（西安市长安南路 199 号　邮编 710062）
网　址	http://www.snupg.com
印　刷	西安创维印务有限公司
开　本	710mm×1030mm　1/16
印　张	27.5
字　数	290 千
版　次	2018 年 3 月第 1 版
印　次	2018 年 3 月第 1 次印刷
书　号	ISBN 978-7-5613-9798-5
定　价	136.00 元

读者购书、书店添货或发现印刷装订问题，影响阅读，请与营销部联系、调换。
电话：（029）85307864　85303635　　传真：（029）85303879

前　言

陈忠实的长篇小说《白鹿原》，民族正气的浩荡长歌，1992年底至1993年初由《当代》刊发，1993年夏由人民文学出版社出版。

一时，洛阳纸贵，一书难求。

至今，《白鹿原》仍是海内外华人读书界的案头书。

《白鹿原》究竟是一部什么样的小说？围绕《白鹿原》，议论蜂起。一面是好评如潮，一面是贬斥不屑。

这也是一切经典难免的命运。连俄国大文豪托尔斯泰都对莎士比亚不以为然。对于《白鹿原》的负面评价，又有什么奇怪的？

我在《白鹿原》问世不久就写下了《民族秘史的叩询和构筑》，发表于《小说评论》1993年第3期，这是国内全面评价《白鹿原》的第一篇长文，当时也曾引起一些论者的争议。

1995年春，应美国耶鲁大学东亚语言文学系主任孙康宜教授之邀，我与陈忠实同行，先后在耶鲁大学、哈佛大学讲中国当代长篇小说，《白鹿原》是题中应有之义，与在美学者有过关于《白鹿原》的热烈而真诚的讨论。

2010年元月，一个冬雨绵绵的日子。在美国新泽西，我又一次讲《白鹿原》，面对挤满了大厅的来自不同国度、地区的热爱《白鹿原》的听众，我有了再一次的感动。

在热爱《白鹿原》的朋友中，尤其是文学圈子里，产生了另一个问题：《白鹿原》何以会出现？不少熟悉陈忠实的文学同仁，私下里都认为《白鹿原》出于陈忠实笔下有点不可思议，简直是横空出世，缺乏铺垫。

早在1991年，我就写过《从与农民共反思走向与民族共反思》①。这篇文章认为，细读20世纪80年代后期陈忠实的一系列中短篇小说，陈忠实将会有长篇问世（其时忠实的长篇创作还深藏不露）。此语"不幸"为不久《白鹿原》的出版所证实。写该文的时候，我与忠实并不熟识。我是从阅读陈忠实作品走近忠实的。

新文学走过了百年历史，新长篇小说里有过《科尔沁草原》《财主的儿女们》《呼兰河传》，有过《激流三部曲》《子夜》《死水微澜》，有过《红旗谱》《三家巷》，有过《围城》《金锁记》，如《白鹿原》这样将革命（从辛亥革命到新民主主义革命）与家族矛盾纠缠为一体的民族命运，以长篇巨制形象而完整地呈现于文学的可曾有过？不论生活多么苦难而艰辛，命运多么不幸且不公，我们民族蓬蓬勃勃的生命活力和生生不息的自我更新的生存诉求，可曾有过《白鹿原》这么恢宏而扎实的艺术表现？

我就是在这样的意义上高度评价《白鹿原》的。

《白鹿原》绝非天外来客，更不是神来之笔。它是中国改革开

---

① 此文发表于《小说评论》1991年第2期。

放、思想解放的文学产物，它更是陈忠实不断自我剥离，与对象剥离以突破自我的文学创新。

《陈忠实的文学人生》就是在这样的问题意识中写的，它力求回答两个问题：

《白鹿原》究竟是一本什么样的小说？

《白鹿原》是怎样写出来的？是在什么样的生活、思想、艺术积累上生发而成的？

这当然不会是唯一的，更不会是最终的回答。

我深知我的局限。

我越来越感到我的无知。

苏格拉底说，我们常常会犯错误，不同之处在于，我知道我的无知。

孔子说，知之为知之，不知为不知，是知也。

我不会如孔子那样乐观，我深知的只有一点，那就是我的无知；但，我愿意去求得一点点进步，在"无涯"的求知路上，认真举步。

谨以此书求教于同好、同仁！

目　录

第一章　文学那一根敏感的神经 / 1
　一　火车，一声汽笛的长鸣 / 1
　二　父亲，人生的第一位老师 / 5
　三　一条河和一座原 / 9
　四　"错过了一年，让你错过了二十年" / 18
　五　一根对文学敏感的神经 / 21
　六　与军徽擦肩而过 / 25
　七　寂寞长夜里的文学梦 / 27

第二章　"文化大革命"里的曲折行走 / 30
　一　绝望中的"涅槃" / 30
　二　不该发生的，又难以避免的 / 33

第三章　第一次"精神剥离" / 47

第四章　真正的文学创作的起点："我并不高明" / 61

第五章　1982 年：单纯与复杂 / 84

第六章　从与农民共反思到与民族共反思 / 105

第七章　走向20世纪80年代后期 / 126

一　尝试"后现代" / 126

二　历史与道德的错位 / 128

三　向历史的幽深处诘问 / 131

四　作家的艰难转型 / 140

第八章　第二次"精神剥离" / 148

第九章　《白鹿原》创作的萌动与准备 / 162

一　创作实践是作家最好的老师 / 162

二　"文化热"的兴起与文化心理结构 / 165

三　遭遇卡朋铁尔 / 168

四　"炼狱"与救赎：动机之一 / 170

五　人文精神与子民作家：动机之二 / 171

六　陈忠实的艺术心理结构：动机之三 / 173

七　强烈的生命意识：动机之四 / 177

八　从"熟悉"进入"不熟悉" / 184

第十章　《白鹿原》的沉静书写与顺利出版 / 188

第十一章　"民族秘史"的构筑（上）：历史与革命 / 204

一　《白鹿原》的历史叙述 / 206

二　《白鹿原》的革命言说 / 231

第十二章　"民族秘史"的构筑（下）：伦理、风俗、性和神秘文化 / 235

一　《白鹿原》的伦理生活 / 235

二　《白鹿原》的风俗世界 / 243

三　《白鹿原》的神秘文化 / 250

四　《白鹿原》的性描写 / 254

第十三章　《白鹿原》人物论 / 263

一　"革命"符号里的白灵和黑娃 / 263

二　白鹿精神与朱先生 / 283

三　小娥与鹿三 / 299

四　白嘉轩、鹿子霖及其他 / 306

第十四章　恢宏、凝重：《白鹿原》审美特征 / 327

一　《白鹿原》的审美特征 / 327

二　《白鹿原》的结构 / 346

三　《白鹿原》的叙述方式 / 350

四　关于语言问题 / 356

五　从追求到突破 / 362

第十五章　"巅峰"后的起伏峰峦 / 368

第十六章　真诚的行走笔记——散文、报告文学 / 380

第十七章　文学依然神圣——文学创作论与文学评论 / 391

参考资料 / 422

后记 / 426

第一章 文学那一根敏感的神经

一 火车，一声汽笛的长鸣

20世纪80年代与90年代之交，中国文坛曾经有过短暂的沉寂，不久，一声惊雷炸响了，给文坛书写了浓墨重彩的一页。这就是《白鹿原》的问世。

《白鹿原》，奇峰突起，1993年夏由人民文学出版社出版。

《白鹿原》的问世，聚焦了无数读者的目光，引起了上上下下社会各层的热议。一时，洛阳纸贵，一书难求。截至现在，《白鹿原》已印刷、发行两百万册。在读图时代，纸质文本拥有如此多读者实为罕见。

《白鹿原》带来的冲击波，由文学而艺术的不同门类：话剧《白鹿原》、电影《白鹿原》、秦腔《白鹿原》、舞剧《白鹿原》、泥塑群雕《白鹿原》……产生了巨大的文化效应，直至走出国门，饮誉海外。

各种媒体的相互跨越，涉足同一条河，这种文化现象，这种大众文化形态的生产不只证明了小说文本的生命力之强大，同时，更与市场经济气候下艺术的商品属性得以突显分不开。

《白鹿原》的影响，已不只限于文学艺术领域。精神与物质相互转化在小说《白鹿原》这里，有了生动诠释。整整一个白鹿原，由此进入了数千年不曾有过的深层变化。民办高校林立，旅游、餐饮业的方兴未艾以及公路交通的网状发展，植树造林、封山育林，建成二级水库、大坝和长渠，这些正在改变白鹿原，改变白鹿原人的生活样式、思维向度和情感方式。由传统文明转向现代文明的步伐，一时间急促起来。长久的沉静被喧嚣和灯火取代了。麦浪仍然起伏在白鹿原上，桃树、苹果树、柿树、枣树、葡萄、樱桃……成片成林，形成了规模。

红了一个原；绿了一个原；香了、火了一个原；红红火火，岂止一个原？

20世纪上半叶，十三朝古都西安昔日的辉煌黯淡在岁月的风尘里。1924年，鲁迅来西安讲学。鲁迅正酝酿着他的长篇小说《杨贵妃》。西安的残破与凋零，让鲁迅"不但什么印象也没有得到，反而把我原有的一点印象也打破了"。（见孙伏园《鲁迅先生二三事》）《杨贵妃》由于种种原因，终未动笔，华清池让鲁迅败兴，该是其因之一。

抗战时期，震惊中外的"双十二事变"在西安发生。此事件推动了中国抗战的历程，西安又一次引起世人的注目；三四十年代之交为期三年的中条山之战，使西安免受日寇铁蹄践踏；该时期西安的现代工业和交通也有了相应的发展。

西安又是中国共产党抗日根据地陕甘宁边区与国民党蒋介石政权对峙的前哨，八路军驻西安办事处，成为插入国民党政权腹地的一把尖刀。1949年春，第二次国内战争大局已定。5月20日，西安在彭德怀大军的进攻中，走进了历史的春天。

1942年8月3日（农历六月二十二日），一个男婴降生在西安灞桥西蒋村一个普通的农民家庭。

他，就是陈忠实，长篇小说《白鹿原》的作者。

陈忠实属马，出生在三伏天的午时，落地不到半个时辰，全身就潮起了痱子。"你落地的时辰太焦躁，那天，能遇着下雨就好了。"成年后每遇到灾难时，母亲总会这么说。

命运之神，并不总是垂青生活中的宠儿；常常是历尽坎坷者，最终摘取了皇冠上的那一颗明珠。

坎坷，当然不会保证成功，反思与反思后的自我超越，才是历经坎坷通往胜利的必经之途。

童年的陈忠实，正如黄土地上其他农村孩子一样，在农事的艰辛和亲人的温情里，如小树一样，悄悄成长，大西北的风霜雨露，春阳秋月，滋润着他。

1953年—1955年，陈忠实在蓝田华胥镇高级小学完成了小学的学业。在这里，他平生第一次摸到了篮球，对他来说，这也象征着第一次接触到了现代文明。华胥镇是以华胥氏命名的古镇，距现存的华胥冢遗址不过一华里。在远古的神话传说里，华胥生育了伏羲和女娲，伏羲和女娲生少典，少典生炎帝和黄帝。司马迁在《史记·五帝本纪》里，列出了这个谱系。华胥镇以西的新街村，是关中大儒牛兆濂的出生地，有关他知天文懂地理的逸闻趣事一直在乡间热烈地流传。

1955年夏，中国农村处在集体化高潮的巨变里。

陈忠实小学毕业，在老师带领下，和同学们步行到离家30多里处的灞桥镇投考中学。

他在散文《汽笛·布鞋·红腰带》里深情记述了自己"这一次真正的人生之旅"的第一步。母亲做的布鞋"鞋底磨透了，脚后跟上磨出红色的肉丝淌着血，血浆渗湿了鞋底和鞋帮"。爱面子而又坚强的心理让少年陈忠实先用布巾，再把书本一札一札撕下来塞进鞋窝，坚持前行，然而他还是逐渐掉队了。"走进考场的最后一丝勇气终于断灭了……他站起随之又坐下来"，盼望有路过的马车带他回家。他想放弃考试。

人生的转机，就在这时发生了。

"他听到了一声火车汽笛的嘶鸣。他被震惊得从路边的土地上弹跳起来，他被惊吓得几乎又软瘫坐下……他惊惧慌乱不知所措而茫然四顾，终于看见一股射向蓝天的白烟和一列呼啸奔驰过来的火车。"

这是陈忠实第一次看见火车，第一次听见火车汽笛的鸣叫。

"他无端地愤怒了"，少年陈忠实站了起来。

"天哪，这世界上有那么多人坐着火车跑哩而根本不用双脚走路！……"一切朦胧的或明晰的感觉凝结成一句，不能永远穿着没后跟的破布鞋走路……他把残留在鞋窝里的烂布绺烂树叶烂纸屑腾光倒尽,咬着牙在沙石国道上重新举步……"

陈忠实走进了考场。

陈忠实交出了人生第一份答卷!

人生总会经历一些拐点。不同的人,会在这些拐点上扮演不同的角色。

如果没有那一声汽笛,陈忠实的人生将会是什么样的图景?

如果没有那"无端的愤怒",陈忠实能否迈开那带血的步伐?

可以肯定地说,没有那一声汽笛,陈忠实仍将会是今天的陈忠实。"发生在生命内部那一声汽笛的鸣叫",不在他13岁时震响,也会以别样的形式,在别样的时空里,从陈忠实心底震荡而出。

重要的是,"无端的愤怒"是改变命运的强大内驱力,是战胜贫困和屈辱的积极性、创造性追求。

坚韧不拔,愤然一击。

少年陈忠实显示了他性格中可贵的一面。

坚强和脆弱,自尊和自卑,敏感与冷漠……人,从来都是矛盾的统一体,正如宇宙充满了矛盾一样。

二 父亲,人生的第一位老师

陈忠实有一位好父亲。

父亲是一本书。

在《生命之雨》里,陈忠实写到:"在这个世界上,他最熟悉、最了解的是他的父亲,而最难理解的也是他的父亲。"

随着年龄的增长,陈忠实说,他开始警悟,从来也没有想到过对父亲心理设防,是出于一种绝对心理安全的天然依靠。这样,对于父亲,反倒是不太在意了。

这种不太在意,在父亲去世后,给忠实留下了终身的遗憾。

陈忠实的父亲和陈忠实,有同一个属相:马。岂止如此,陈忠实和他的父亲,不仅同月同日生,而且时辰都是午时,相隔24年。

"只是,没有人说得清,父亲出生时潮没潮起过如我那样那么厉害的痱子?"

陈忠实便猜测,在他来到这个世界时便领受的如煎如熬的酷热焦躁,在父亲来说,早已领受过了,因而,父亲不以为意。

勃兰兑斯在他的《尼采》一书里,以一个文学家的眼光,塑造了一个他心目中的尼采。

勃兰兑斯说,当一个人对另一个人的容貌知晓后,就可以对其有更深的了解,他因此索要了尼采的照片。

陈忠实的父亲,有一副与陈忠实酷似的肖像:典型的关中汉子,高眉大眼,通直的高鼻梁,鼻翼两边各有一道很有力度的弯沟,坚强的下颌,一脸豪气,又一脸忧愁。

陈忠实的爷爷,一位私塾先生,写得一手好字。父亲读过的书是爷爷用毛笔抄写的,那抄本工整规范如印刷物。

父亲是地道的农民,比村里农民多了会写字打算盘的本事。逢年过节,父亲忙着给乡邻写对联,虽然不及爷爷字写得好。陈忠实说，站在一旁的他，"最初的崇拜，产生了"。忠实的字写得好，也是"家之脉"的传承了。

父亲爱读古典小说和秦腔剧本。

父亲特别注重孩子读书学文化，这也与爷爷的家传分不开。父亲不惜"卖粮卖树卖柴，供我和哥哥读中学，至今仍在乡村传为佳话"。多年后，陈忠实著文回忆往事，这样怀念着父亲。

陈忠实的家，不是书香门第，但强烈的传统伦理道德和文化意识，浇灌了这个农民家族的血脉。

陈忠实的曾祖父，"个子很高，腰杆儿总是挺得又端又直，从村里走过去，那些在街巷里在门楼下袒胸露怀给孩子喂奶的女人，全都吓得跑回自家或就近躲进村人的门里头去了"。[①]

曾祖、祖父、父亲，有如道德的化身，容不得龌龊近前，更不允许把龌龊带到祖先的老屋和老屋里的子孙们身上。

陈忠实认为："从私塾先生到我的孙儿，这五代人中，父亲是最艰难的。"

这个判断具有历史的准确性。与爷爷相比，父亲已失去了私塾先生的地位与经济收入。合作化以后，父亲也失去了可供他施展个人抱负的土地和牲畜。在集体所有制里，他只能在指令性安排下，日复一日，年复一年，为着一家人的吃喝穿，重复那无效或低效的繁重农活。

父亲的正直和仁慈，顽强和坚韧，勤劳和俭朴，影响了陈忠实

[①] 陈忠实. 寻找属于自己的句子——《白鹿原》创作手记. 上海：上海文艺出版社，2009.15

的一生。

上个世纪80年代中期以前，我国还是六天工作制。北方农村孩子上学住校，总是三天或六天，回家背一袋干粮，以供食用。

一个周六，大雪盈尺，陈忠实上完课，正准备回家背馍。"父亲披一身一头的雪，迎着我走来，肩头扛着一口袋馍馍，笑吟吟地说，我给你送馍来了……"[①]

那时，学校离家单程就是50多里。

陈忠实16岁。天色微亮，父亲陪他去学校。

"走到离村子五里的一条深沟的顶头，父亲突然叫了一声：狼！在我们身旁不过20步的谷子地边，有一只狼，稍远一些，还有一只。"

陈忠实在日后的回忆里写："我没有感觉到丝毫的害怕"，"不是我胆大，而是身旁跟着父亲"，"我第一次感受到父亲的力量和父亲的含义，就是面对两只成年的狼的时候。"

父亲曾对陈忠实讲：树冠在空中有多大多高，树根在地下就会延伸有多远，扎根有多深，树干有多粗，树的主根也会有多壮……

这不只是讲树，也是一种人生哲理。

父亲给陈忠实讲："不要抢着说话，有理不在迟早。"

"这个以酸菜和包谷为食而吞嚼了一生的父亲"，在陈忠实心里，是"一个伟大的农民"。

[①] 陈忠实．家之脉．全国新书目，2008（21）：41

父亲心强气盛，骨子里，是一个不服输的男人。

陈忠实排行第三，上有一兄、一姐，下有一妹。他本来还有一弟一妹，但在上个世纪50年代初，陈忠实的家灾祸连连，大妹夭折了，小弟四五岁时也夭亡了，又死了一头牛。这在当时的农村，几乎成了司空见惯的事，灾祸不是降临在这家，就是降临在那家。

父亲请来一位神汉。神汉从前院走到后院，转了一圈，瞅着过道里那棵柿树说，把这树去掉。父亲读过不少演义之类的小说和唱本，不用神汉解释，便悟出了个中玄机："柿"即"事"，去掉了"柿"，家里就不会出"事"了。院子里不再有柿树。

父亲，也免不了乡土中国农耕文化非理性、非科学的一面。命运多舛，又有谁个能避免得了局限性。这种遇灾难求神问卜以求禳治的行为，是古代巫术在关中地区的延续，它是人们面对灾难无力回天时的一种精神需求和现实需要，反映在陈忠实以后的创作中，却是一种地域文化的真实呈现，也使作品更加摇曳多姿。

父亲，无疑是陈忠实精神上一座可供依靠的大山，他的一生，影响着陈忠实此后的人生道路。

三　一条河和一座原

西蒋村，一个不足百户人家的村子。距离西安城区虽然不足一小时的汽车里程，在20世纪80年代以前却是偏僻之乡。一条不过一步来宽的羊肠小路，是通往邻村、通往西安的唯一通道。1977年，羊肠小路拓宽了，成了可以通行架子车与汽车的砂石路。与这条大路同时开工的是灞河河堤水利工程。（陈忠实出任河堤水利工程的副总指挥，时年35岁。他与公社社员们一道，日夜奔忙在工地现场。）

灞河就从西蒋村外流过。这条河流发源于蓝田县境内的秦岭深处。从山间汪出的一脉清泉，汇聚千万条溪谷中的流水，出山时便汇成一股阔大强劲的大河。它流经公王岭、奔腾数十里地，绕蓝田县城合辋河之水，沿白鹿原北坡西流，穿古镇洩湖、华胥境，在灞桥地界折而北去，注入渭河。

这是一条见证了人类历史演进过程的河流。灞河涌出秦岭后流向南边的山丘，称为公王岭。1965年，因为一场大雨的阻隔，一行古脊椎动物与人类研究的专家，在此意外发现了距今115万年的蓝田猿人头盖骨。这是一个女性猿人的头盖骨，从业已复原的头像看，她眉骨高耸，嘴巴突出，一双眼睛若有所思，证明从猿到人有了"质"的变化；而从周边陆续挖掘出的更多的剑齿虎、大角鹿、大象、苏门羚等动物化石，说明这里曾经气候湿润、林木葱郁、水草丰美，我们的祖先曾经使用着简陋的打制石器，在山林和水泽里渔猎，繁衍生息。

河流中段的蓝田华胥镇，正是六千多年前华胥氏生活的区域，至今依然保留着伏羲演八卦的土台，每年农历二月初二龙抬头的日子，四里八乡的人们涌至此处祭祀人类的元祖。据说华胥生伏羲、女娲，他们的后代就有了黄帝。

灞河流至灞桥折而北去，在灞河和浐河交汇的三角地带，又有了举世闻名的半坡母系氏族公社遗址。这里出土的彩陶、人面鱼形陶盆，以及发掘出来的氏族部落生活的住所遗迹，让后人仿佛看到先民井然有序的生活场景。

这是一条从远古流淌而下的河流。

沿灞河溯流而上，一条通衢大道沿着河流展开，最后经蓝关、出武关，直通东南。它自古以来即是西安这座古都通向东南的必由之路，见证了多少场惨烈的战争，目睹过多少商旅的长途跋涉，听见过多少迁客骚人悲苦又激昂的吟唱。世道在河流两岸如四季一般变换着色彩，有过国泰民安的安宁日子，也有过兵灾匪乱的民不聊生；有过礼崩乐坏的混乱不堪，也有过振臂一呼的移风易俗。清末民初，纷乱的世事更加摇曳多姿，民间最让人津津乐道的是出生在华胥新街村的关中大儒牛兆濂先生。

新街村距离西蒋村不过数里之遥。成长中的陈忠实经常从乡党的闲聊中听到牛才子的种种逸闻趣事，说他上知天文下知地理，如何观天象知道来年的豆子要丰收；如何将租住自家窑洞的人家撵出去，而避免了窑洞坍塌的灭顶之灾；如何在宋朝四吕的家祠里创办"芸阁学社"，教授来自各地乃至朝鲜的学生，演绎"吕氏乡约"；如何徒步去乾陵处劝退升允"反攻"的大军；如何预言刘振华围城的失败；死后坟墓里不砌一块砖头，让掘墓的红卫兵们失望至极……陈忠实也多次看到人家的墙壁上悬挂牛兆濂书写的中堂或对联，拙朴的"娃娃体"让他对这个人充满了神往和猜测。

多少年后，陈忠实翻阅着由牛兆濂总纂的《续修蓝田县志》，在六册二十二卷发黄的书卷中，他窥到了这条河流50年变迁史中生动的画卷。

白鹿原就横亘在灞河的南岸。

《太平寰宇记》中讲到："周平王东迁，有白鹿游于原上，以是名。"像西安周边众多的黄土台原一样，白鹿原远望如山，但上到顶上，却是平坦广袤的土地，村落遥遥相望，阡陌纵横交织。其上有南山在望，其下浐、灞二水环绕。

这是一座黄土台原，东西长约50里，南北宽约20里。

从东部荆山起，雨水冲刷出的一条巨大的峪沟，从土原腹部一直向西贯穿至浐河岸边。以这道峪沟为界，习惯上也有了南原、北原之称。荆峪中流淌着一条溪流，古称长水，汉时在荆山处屯兵，以此水命名官职，称长水校尉。长水当年是否水量丰沛，已经不得而知。现在荆峪里的水流时断时续，只是艰难地汇集着南北两原上流下来的雨水，当人们掌握了筑坝蓄水的技能后，由东往西的几个小型水库，才给土原带来林木秀美的景观。

"荆峪"后来被人们讹传为"鲸鱼"，这条横贯白鹿原的峪沟被称为"鲸鱼沟"。民间的传说是，西汉建国，刘邦想在这土原上建都，土夯撞击地面的巨大声响惊醒了沉睡万年的鲸鱼。鲸鱼惧怕从此永不能翻身，便在一个风雨交加的夜晚，挣脱身子，跃入浐河，游进灞河，再经渭河、黄河直入大海。这个美丽的传说在白鹿原上世代流传，人们宁愿相信曾有鲸鱼的存在，因为从高处俯瞰这条峪谷，它恰恰像极了一条大腹长尾的鲸鱼。它和白鹿一道构成这座土原上一种文化，神秘、美好，神祇一般寄寓着人们对水的渴望、对五谷丰登安居乐业生活的向往。

白鹿原的原面高出灞河水面300多米。深厚的土层，良好的土质，加之海拔较高带来温差的变化，是庄稼丰产的好地方。自古以来，白鹿原即有"粮仓"之称。夏天，满原金灿灿的小麦收割后，再种下玉米和豆类。初冬，重新播下冬小麦的种子，静静地等待来年的收获。在风调雨顺、小麦丰产的年份里，人们经常是收割完麦子，即不再种秋，让新翻的土地敞晾在阳光之下暴晒，以恢复地力。逢到春、秋季庄稼长势旺盛的时候，走到原上，是一眼望不到头的麦浪和成林的玉米地，长满槐树、杨树、椿树、皂角树的村庄里，炊烟袅袅，鸡犬之声相闻。远望南山呈黛色，迤逦从南折向东面，回望西安城沉浸在一片朦朦胧胧的雾色中。如果恰恰是红日西下，土原涂上一层橘红的瑰丽色彩，正是一派宁静恬适的田园风光。

　　白鹿原上的丰产只能寄托于上天。风调雨顺便可获大收成，否则就要严重减产，若遇到风雨如期不至的年份，就可能颗粒无收。多少年来，乡村春节时张贴的一副对联耐人寻味："一冬无雪天藏玉，三春有雨地生金。"靠上天恩赐雨水成为人们最真诚的祈愿。水的金贵还不仅于此，最难的还有人的饮水问题。白鹿原上的水井动辄就有几十丈深，这和原下河川地区用水的方便形成强烈对比。在未有机井之前，几口公用井边一大早就要排上长长的队伍，每家都得安排一名劳力负责当日或后几日的储水任务。辘轳为双辘轳，即两条绳索在辘轳转动中一上一下，一边盛满水的桶徐徐而上，一边的空桶随之下降至水面，用来节省人力和时间。这样的井隔几年就要重新清淘一次，或淘尽泥沙，或再向下深掘。井水只供应人的饮水，而牲畜饮水、洗衣服、淘粮食等就只能用涝池里的脏水。用以储存雨水的涝池大小不一，浑浊如黄汤的水下往往是积存一尺多深的淤泥，这深青色的淤泥过去用来浆洗布匹。

由于缺水，本性慷慨大方的原上人却落下吝啬的名声。每年夏收完，从远处涌到原上行乞的人们，要馍给馍，要面给面，但如果是要水，主人必支支吾吾，或者轻轻舀上半瓢，小心翼翼地递过去。流传在原下的一则笑话是：原上一家人把早饭洗锅的水沉淀后，倒入盆中，等待从地里返家的人们回来洗脸。洗完脸并不倒掉，等到晚上临睡前，一家人按长幼次序一一洗完脚。孙子最后一个洗完，端起水准备泼到门外，爷爷立即怒斥道："败家子！赶紧给猪倒到槽里去。"

水对于原上人来讲，切身感受的就是生命的保障。民间自古以来便有了祈雨的仪式。

祈雨有几种形式。一是"围坛"，在神像前供水，将写好的祝文焚烧，众人在庙里轮番烧香叩头，诵经祈雨。如果多日仍不下雨，便是"晒爷"，白鹿原东部的有些村庄将神像两侧侍奉的童子抬出来，在大太阳底下暴晒。眼看着终日骄阳，天上并没有一丝云彩，而地里的禾苗已经枯黄，或者已到农时，龟裂的土地根本无法按时下种，一场声势浩大的祈雨活动便开始酝酿举行。白鹿原上下的各个村落，都有各自约定俗成的南山祈雨点。按照一定的程序选出一人，称为"马脚"。马脚用铁钎贯透两腮，背着用柏朵装饰的水楼，楼内放一只水瓶，或步行，或以小轿抬着，浩浩荡荡的祈雨队伍便向南山进发。从南山取水归来，如果恰逢大雨降临，又要连唱数日大戏谢神。而戏演得好不好，要取决于马脚的态度，如果马脚观后不置可否，这戏还得继续唱下去。蓝田大寨乡至今流传一段民谣，

"出南门，过南河，走大寨，到滹沱，蒋寨的好马脚，新寨的好社火……"印证民国时期仍然有马脚这种独特的角色存在。历史的长河中，风调雨顺带给原上人丰稔后的富足快乐是短暂的，而频频而至的是战乱、灾荒和饥馑。因此白鹿的传说，以及人们对白鹿出现带来祥瑞的渴望便世代延续。整座原上以白鹿或以传说中白鹿奔跑过的地方、发生的故事命名的村落比比皆是。人在无力胜天的无奈困境中，只能将希望寄托在虚无缥缈的幻想之中，它与各个村落所建的关帝庙、土地庙，共同形成白鹿原风俗中一种独有的文化形态。

居于白鹿原上的人们和中国广大农村一样，日出而作，日落而息。在历史的演进中，或因民族融合，或因战乱灾荒，有许多人举族迁徙异地，也有异乡人驻留于此而长期生活下去。但可以肯定的是，白鹿原广袤的土地始终吸引着以农为本的各类人群，农耕文明从未在这座原上中断。"据蓝田学者考证，支家河的支姓，源于大月氏国；成家坡的成姓，来自匈奴；孟村屈家坡头的屈姓，原姓屈突，库莫奚族；姚村的姚姓，羌族的赫姓，原复姓赫连，系赫连勃勃的后裔，也是匈奴人之后；孟村的石官寨的石姓，羯族之后裔……"[①]

这一考证自有现实的支撑，因为从业已出土的墓碑上，"赫连"之姓赫然在目；而从原上的集市上经过，偶然可看到高额深眼络腮胡子的农民，绝类古壁画上的西域人物。但无论是哪一个民族，在民族交融中，在汉文化的熏陶下，都趋于同化。而同时在白鹿原这片相对封闭的区域里长期生存生活，人们也逐渐形成了自己独有的

---

① 刘兆英，何谦．诗画蓝田．西安：陕西旅游出版社，2005.32

文化心理和性格，比如质朴忠诚、急公好义，正直、倔强，自卑而又自强。民风剽悍，往往是遇事不合便大打出手，甚至演变成大规模的械斗，但即使不走正路成为浪荡子的，也绝少发生奸淫偷盗等令人不齿的行为。明清以降，关中理学给原上带来深深的影响，特别是"乡约"制度在原上几个村落的推行（如安村乡邵寨村，事见牛兆濂总纂的《续修蓝田县志》），对传统文化秩序的认同和遵守成为一种常态。而原上人性格的形成，除了文化的渗透，更多的可能是气候的影响。白鹿原地处高地，有些像高原气候。夏天中午天气热燥，而夜晚趋于凉爽；冬天，肆无忌惮的凛冽寒风从原上滚过，穿透几乎没有更多保暖设施的三合头、四合头院落，吹落树木上所有的叶子，带来纷纷扬扬的大雪，原上滴水成冰，冷彻骨髓。气候的大起大落，带给人们性格中的刚硬和倔强，也带来情绪上的热烈和饱满。

　　人们在这片土原上终老一生，笃行着自己的人生信条。男人们流得大汗，吃得大苦，相信只有付出才能收获；女人们相夫教子，勤勤勉勉教自己的子女走正道、行得端正。他们一生共同的愿望就是在自己手里筑一处新居，为子女完婚；而在某一年的冬日里与世长辞，在风雪之中，在亲友的悲戚声中，在唢呐高扬的凄厉乐声中，在黄土地上拱起一处新坟。

　　这是与乡土中国其他地区一样的生活常态。但它自有不同于他处的地方，它有它自己的地域文化特色。

　　白鹿原在古代其实是一处军事缓冲带。从东南部巍峨的群山而出，白鹿原正踞于蓝关与长安之间，汉高祖刘邦当年正是从东部越箕山而出，取咸阳后又屯兵灞上（白鹿原上）。此后历史上几次大的战争也在原上展开，如桓温与苻坚之战。而荆山之上（即今之将军岭）从汉代以来就一直驻军把守，与附近的兵营共同扼守东南而来的孔道，作为护卫长安的最后一道屏障，发挥着极为重要的军事防御作用。

而被誉为"粮仓"的白鹿原，也一直是军队囤积粮草的首选之地。

从交通环境来看，白鹿原虽然毗邻西安，但却是一处相对封闭的地方。自古以来，长安通往东南的官道和驿路，或沿灞水而上，或溯浐河向东，驿路传书、商旅往来自然不会选择原上。交通的落后，商贸业的不发达，形成白鹿原上自给自足、自成体系的生活状态。它具有很强的封闭性。但同时，由于距离长安（西安）较近，许多文化信息也会迅速传来，白鹿原也时时可得风气之先，乃至辈出人才。

李自成手下的猛将刘宗敏就是从原上走出。明清以来，白鹿原上出现过几位著名的中医大夫，他们除了悬壶济世外，在历次大饥荒、瘟疫中置个人安危于不顾，游走四方疗救百姓，在原上传为佳话，历久不衰。白鹿原，包括整个蓝田县还走出了享誉全国的厨师。民谚有"凡有冒烟地方，便有蓝田乡党"，这些人俗称为"蓝田勺勺客"。

更为重要的是，民国时期，一些家境富裕的子弟走向西安，最早接触到先进思想和文化。

《蓝田县志》上记载："1920年，北京高等师范蓝田籍学生田伯荫暑假返乡，在孟村街成立勉学会，组织进步青年胡子祺、张允吉、刘子南等学习《共进》刊物，向家乡民众宣传新思想新文化和民主共进主张。"

"1926年8月,侯德普同张含辉(兴平人)来蓝田,在巩村小学与赵伯平取得联系,组织带领白鹿原地区农民,一举捣毁镇嵩军设在狄寨的粮台。"

"1927年4月,成立中国共产党蓝田支部,9月,改建为中共蓝田特别区委员会。"

……

富有激情和民主思想的后生们,以白鹿原为据点,从中国共产党成立之初,便为国家探索一条光明道路而努力实践着。白鹿原实际上从未封闭过,它始终和这个国家和民族同呼吸、共命运。

西蒋村就坐落在白鹿原北麓。村民习惯称自己身后的原为南原。对于白鹿原,陈忠实再熟悉不过,从年幼时起,他便时常光顾白鹿原上的村落。在原上原下共通的生活状态下,在看似平常不过的庸常生活中,当他动笔写《蓝袍先生》时,跨度50多年的白鹿原上的生活场景忽然清晰地跃入眼帘,一个个鲜活的人物,一件件真实的历史事件走马灯般掠过脑际。他要用他业已娴熟的创作方式和对历史人生独特的体验,书写一段白鹿原的历史。

熟悉的地方,风景"独秀",关键在于一双善于"发现"的眼睛。

四 "错过了一年,让你错过了二十年"

1955年,农业合作化的高潮席卷中国。

集体化的热浪里,陈忠实沿着乡村小路离家去上中学。"我第一次背着馍口袋从这条路走出村子走进西安的中学时,这条路大约也就一步宽,架子车是无法通行的。我背着一周的干粮走出村子的心情是雀跃的高涨的,然而也是完全模糊的。我只是想念书,想上城里的中学,念书干什么抱负之类的事,完全没有。"①

那时,我国的户籍管理极为严格,城乡户籍差别很大。在当时人眼里,"挣工资吃商品粮的工人是世界上最幸福的人。"读书,当个吃商品粮的人,是农村家长送孩子上学的原始动机和普遍心愿。

陈忠实在中学上了一个学期。

父亲对陈忠实说:"你得休学一年,一年。"父亲强调了"一年"这个时限。在父亲的计划里,是想让陈忠实的哥哥先完成初中学业,然后报考中师。师范学校不收学费,管吃管住,还能发一点生活补贴费。

家境窘迫,同时供两个孩子上中学,对这个家庭是一个难以承担的重负。父亲靠卖粮、卖树供给着两个孩子。河滩上属于自家的小叶杨树在短短三四年里全部砍伐一空,树根也掏挖干净……钱的来路断了。

新学期开学,陈忠实去办理了休学手续。

1956年西安的早春是严寒的。教导处的一位年轻女职员接待了陈忠实。她劝阻了一番,便径直去找了校长,想要让校长对这个孩子予以特殊照顾。那时,贫困生太多太多,当然不可能有什么结果。无奈中,她为陈忠实办了休学手续。她说,她认识陈忠实,"每个班

---

① 陈忠实.三九的雨.人民文学,2002(5):57

前三名的学生，我都认识。"

"我把那张硬质纸印刷的休学证书折叠了装进口袋。她从桌子那边绕过来，从我的口袋里掏出来塞进我的书包里，说，'明年这阵儿一定要来复学。'"善良的女职员送陈忠实到校门口，她拍了拍陈忠实的书包，又一次说："甭把休学证丢了。"她终于有了一句安慰的话："休学一年不要紧，你年龄小。"

"我抬头看她，猛然看见那双眼睫毛很长的眼眶里溢出泪水来，像雨雾中正在涨溢的湖水，泪珠在眼里打着旋儿，晶莹透亮。"

留在少年记忆里的是什么？不同的人会有不同的书写。多年后，陈忠实写下了《晶莹的泪珠》，深情怀念着这位老师。

休学一年，陈忠实没有如高玉宝那样，又哭又闹。他平静地接受了这一严酷的事实。

半年前，暑天里，步行五十多华里去考中学，听到火车汽笛那一声长鸣，陈忠实"无端的愤怒"让他走进了考场。

"无端的愤怒"、"默然的平静"，构成了少年陈忠实心理结构的两极。它们的互补以及两极之间的广大精神空间，为陈忠实在今后人生岁月里的发展，提供了一种可能性。

人生充满偶然，充满了挫折，充满了戏剧性。全部区别在于，你是如何面对挫折，又战胜挫折，从挫折里再度崛起。多年后，陈忠实回忆："在我高中毕业名落孙山回到乡村无边无际的彷徨苦闷中，我曾经猴急似的怨天尤人，'全倒霉在休学那一年……'"

生活的步子踏在点子上和踏不到点子上，命运大不相同。因了这一步，今后的人生举步你可能提前，或者推迟。这样，你就须付出代价。你收获的，将会是别样的风景。

休学一年，陈忠实高三毕业就到了1962年。

1962年，饥饿正困扰着我们广大的国土，农民难逃食不果腹的困境。这一年，全国高校紧缩，招生比例锐减。陈忠实所在的中学应届四个班，高考仅考上七八个，陈忠实那个班"剃了光头"。而上一年即1961年，西安市第三十四中学一半的应届生考上了大学。

命运，有时就这样作弄人。

陈忠实父亲在生命弥留之际，曾对坐在身边的陈忠实说：

"我有一件事对不住你……"

"我惊讶得不知所措。"

"我不该让你休那一年学。"

"我浑身颤栗，久久无言……"

父亲说："错过了一年……让你错过了二十年……"

这是发生在1981年的事。

休学一年，成为父亲纠结在胸的心病。怎能责怪父亲呢？生活对我们是严酷的。无论是父亲，还是陈忠实，在1956年那个寒冷的春天，都无能为力，都无从改变休学一年的错失。

五　一根对文学敏感的神经

陈忠实复学在1956年的秋天。

1957年，"反右派斗争"轰轰烈烈展开。在社会基层，"反右"一直延续到1958年。

1958年,全国进入"大跃进"的狂热,掀起了人民公社化运动。

稚嫩的陈忠实回到了西安第三十六中学。

陈忠实记得初中时,他看过一部中法合拍的儿童电影《风筝》,巴黎街边法国梧桐的浓郁覆盖给他留下了难忘的印象。1988年,动手写《白鹿原》的那个早春,陈忠实在他家老宅种下了两株法桐,成活了一株,现今,已是傲岸挺拔,伞状的树冠撑持在天空。

陈忠实每周背馍上学住校。一日三餐,开水泡馍,奢侈的时候,买一点杂拌咸菜。

从冬到夏,陈忠实的穿着,全部来自母亲的双手。

少年陈忠实常常会因着装而在城市学生面前产生自卑。这种心理压力甚至比难以下咽的粗粮、御不住寒的单薄棉袄裤,更让忠实难以忍受。

"在这种处处使人感到困窘的生活里,我却喜欢文学了。"①

贫穷使人自卑,贫穷也促人奋起。贫穷剥夺不了童话,剥夺不了少年的浪漫情怀和憧憬。从什么时候开始了对文学的喜爱呢?这应该是一个无形的漫长的过程!初二,陈忠实在作文课上写了两首诗,老师怀疑不是出自忠实之手。自尊心极重的陈忠实,与老师闹起了别扭。又一次作文课,陈忠实写了一篇小说:《桃园风波》,三四千字,满满一个作文本。那年,他15岁。这是陈忠实的文学处女

---

① 陈忠实. 我的第一次投稿. 少年文摘,2007(9):47

作。它不是一般的作文,而是一次文学创作。陈忠实60岁时回顾道:"我对文学创作的兴趣,由此而喷发。"这种兴趣,"至今仍新鲜而恭敬"。

小说取材于陈忠实生活里村上人果园入社的事。老师给了满分5分,加了个"+"。(20世纪50年代,学校计分采5分制,3分及格,4分为良,5分为优,有"+"与"-"之分。)评语写了两页作文纸。小说里人物的绰号,一时成了老师的口头语。

语文老师把陈忠实另一篇作品《堤》推荐给文学期刊《延河》,这是陈忠实平生第一次投稿。由老师主动代为抄写,寄出,没了下文。这位老师叫车占鳌。

1958年秋,陈忠实转学到了西安第十八中学,这是较三十六中离家最近的一所中学。陈忠实转学时,找不到车老师。陈忠实始终记得这位陇东口音的老师。

多少年后,陈忠实回顾他走上文学创作之途,他对文学的偏爱,对创作的坚守,归之于"一根与生俱来的对文字敏感的神经"。

上个世纪50年代中期,中学语文分为汉语和文学两门课,这是仿照苏联的模式。

在文学课本和课外阅读里,陈忠实接触了《从百草园到三味书屋》《田寡妇看瓜》《李有才板话》《青枝绿叶》《山楂村的歌声》……少年陈忠实惊喜地发现,乡村的生活,乡村的人和事,乡村的语言,原来是可以转化为文字和文学作品的。他有一种石破天惊的震动和豁然开朗的感悟。

常常地，他一边听课，一边却在脑子里展开另一幅图景：北方农村的田野风光，农村小伙伴的嬉戏和追逐……联想丰富而自然。少年的乡村记忆，如篝火，鲜活而跳荡。陈忠实尝试着将它们写了下来，这就有了《桃园风波》《堤》。

每个人都有一根属于他自己的敏感的神经，一触即发。这种"意向性"的产生，"兴奋点"的激活，自有生理和心理的机制，它是与生俱来的，又离不开后天的催生和培育。在现象学大师胡塞尔那里，"意向性"被提到先验现象学的中心范畴。罗洛·梅认为意向性是指一种给经验以意义的结构，是人之所以具有种种意向的能力，是我们对即将来临的可能性的参与，想象性的参与。这种想象性参与使得我们意识到我们能够塑造自己，能够改变自己。意向性是人的意识的核心。

这就形成了人的兴趣爱好的指向性和难以更易性。

正如陈景润之于哥德巴赫猜想，张艺谋之于光与影，吴冠中之于色与线条，陈忠实的敏感神经指向的是语言文字。

当然，"意向性"的兴趣，离不开培育和坚守。

持久的兴趣激励了不断的追求。它们取得的每一个阶段的进步，日积月累，最终会把你推向高峰。成就了事业，也拯救了自己的灵魂。

陈忠实在回忆他少年时代的文学爱好时这样说："这里，没有奶奶的故事，没有母亲的童谣。"

每个人都有属于他自己的第一步。

六　与军徽擦肩而过

1959年到1962年，饥饿席卷了中国。国家做了政策的调整，政府采取了各种措施，恢复国民经济。城市职工有两千万人离城返乡。

陈忠实从韩森寨第三十六中转到了纺织城第十八中，于1959年夏读完了初中最后一年，考入西安第三十四中。

他仍沉浸于文学。用节省买咸菜的钱，购得1959年的一期《延河》。为了读连载的柳青的《稻地风波》（《创业史》最早的命名），几乎每个月，他都要买一本《延河》。自此，忠实与《创业史》结下了不解之缘。

西安第三十四中，抗日名将孙蔚如创办，位于古灞桥以西，依傍着滔滔灞水。

灞柳依依，涛声阵阵，这个历史文化古镇，弥漫了周秦汉唐以来的历史风尘和文化烟云。

高中生活紧张而又充满了幻想。因为饥饿，体育课暂停了，晚自习取消了，给学生留下了大量时间，以免体力的消耗。

到了高二，陈忠实常常会与一同学晚饭后步行十余华里，去纺织城新华书店看书，直到书店下班，再原路返回。

陈忠实与同学组织了一个文学自学小组，名曰"摸门"，倒也别致而准确。三人合伙订购了一份《人民文学》。曹禺的《胆剑篇》脍炙人口，让他们激动。王汶石的《沙滩上》，尤让他们倾心。晨光朦胧里，他们在灞河滩上为王汶石笔下的渭河沙滩上的故事热烈争议，共同揣摩。这是一个十几岁少年饥饿岁月里的幸福时光。

他们办了一个墙报，命名为《新芽》，纯文学性质。创刊号上登了陈忠实的散文《夜归》，同学们认为写得好，另抄了一份寄《陕西日报》副刊。一个月后，陕报回复，建议修改。陈忠实作了改动，再寄，没了回音。

1962年春节刚刚过去，新的学期开始了。这是高中生活的最后一个学期。本该冲刺高考的陈忠实，陷入了他无法驾驭的"漩涡"。

正值物质极度匮乏的年月，上级下达了招收飞行员的通知，政审顺利通过的陈忠实，体检时被涮了下来。

新的诱惑又在招手。上级宣布：历来的保送上军校虽取消，但仍在应届毕业生中进行"政治保送"，只是必须参加高考和体检。

陈忠实心怀希望报了名，却未被体检。

后来才知道，忠实的父亲找过忠实的班主任，挡了忠实参军的驾。父爱是一种动力，也是一种束缚，陈忠实不能幸免。

其实，父亲的挡驾，正中班主任下怀。班主任说，学校想把指标留给那些高考希望不大的同学，而陈忠实属于尚有"一线希望"之列，当然落选。

"一线希望"也破灭了。那一年，全国高校招生锐减。陈忠实所在的那个班，高考录取率为零。

"我在大学、兵营和乡村三条人生道路中，最不想走的乡村之路上落脚了，反而把未来人生的一切侥幸心理排除干净了，深知自修文学写作之难，却开始了。一种义无反顾的存储心底的人生理想，标志是一只用墨水瓶改装的煤油灯。"陈忠实在回忆中记述了他当时的心境。

没有汽笛长鸣的"无端的愤怒",有的是休学一年时那一份平静和沉着。

这是一条最不想走,又不能不走的路。前程难卜,坦然面对。

那一份无奈,只能由陈忠实在晨曦夕照里逐日吞咽。

七 寂寞长夜里的文学梦

朝气蓬勃而又艰难困苦的学生时代结束了。

青年陈忠实告别了校门,开始了他孤独寂寞的长达20年的对文学梦的追逐。

1962年夏,20岁的陈忠实以返乡知青的身份回到乡村。

我们有过"知青文学",知识青年上山下乡并不始于"文革",只是在"文革"中成了一场波及全国各阶层的社会运动。"文革"结束后,我们有了一批有分量的文学杰作:韩少功的《回声》,梁晓声的《今夜有暴风雪》,史铁生的《插队的故事》,王安忆的《69届初中生》,老鬼的《血色黄昏》……

然而,我们没有"返乡知青文学",农村知识青年返乡,显然无论在人数规模上,还是在时空范围上,远远超出了城市知青下乡。即便如此,知识青年返回乡村,仍然是乡村记忆、乡村叙述绕不开的话题。

陈忠实以他的生活和文学实践为我们奏响了返乡知青生命之歌。

这歌声，已超越了返乡知青的原野，抵达了文学地图的新的高峰。

最初的歌声难免稚嫩，那是嘶哑歌喉的吟唱。

陈忠实最初在一所只有 50 名学生的初级小学任教。他和另一位教师组成了这所小学的教职员队伍。陈忠实教学认真，工作热情，成绩突出。两年后，他被调入新成立的公社农业中学，仍为民办教师，是教学骨干。

教学之余，陈忠实一头扎进了文学的操练。"彷徨不定"，是陈忠实这一时期的总体心态。他的文学梦交织着七成自卑，三成自信。

陈忠实的自卑来自对"文学天才"的无从把握。自修文学，志向坚定，那时的陈忠实对此深信不疑。但文学需要天分，而天分无从预测，无从判断。

天才的神秘莫测，是高悬在钟情文学、矢志文学心头的剑。

"我长久以来，都被'天才'这个鬼魅所困扰。"陈忠实坦言。

不仅如此，陈忠实还得面对来自身边人的不理解。为了躲开讥讽和嘲笑，他不得不回避所有有关文学的话题，绝口不谈自己的夜读和习作。

1964 年，社会主义教育运动在全国农村全面展开。年末《西安日报》文艺副刊"春节演唱"栏目征文。陈忠实以陕西快板的形式写了一位贫农的苦难家史，作品全文刊发在副刊。

1965 年初春，陈忠实的《夜过流沙沟》在《西安日报》文艺副刊刊出。"这是在报刊上第一次公开发表作品。"陈忠实认为，他获得了成功。

《夜过流沙沟》是1961年《新芽》墙报上那篇《夜归》的改写稿。历时四年，三次修改，一次重写，五次投寄，漫长的修改过程，陈忠实在不断的摸索中前行，这是一次文学基本功的马拉松式行走，空前的考验。第一次把笔下的文字变成铅字，展示于公众视野，那欣喜，不曾亲历的人，很难体会。

《夜过流沙沟》的发表，对于陈忠实太重要了。陈忠实说："从开始爱好到立志文学创作，我一直在自信和自卑的折磨中滚爬，现在，自信第一次击败了自卑，成为我心理因素和情绪的主导方面。"

有了第一篇，就会有第二篇，此后，陈忠实陆续发表了六七篇散文，直到"文化大革命"爆发。

"伴随我整个奋斗历程是《我的大学》这本书。高尔基以他的自学经历写成的这本振奋人心的书，像一个忠诚的朋友一样，始终不渝地给我以鼓舞，给我以支持，几次都是在失败之后而陷入绝望时，这位坚贞的朋友拍着我的肩膀使我重新站立起来，继续往前走。"[①]

五年返乡岁月，陈忠实的"朋友"与陈忠实相扶相携，从寂寞与清贫里走过。

[①] 陈忠实．陈忠实文集：三．广州：广州出版社，2004.531

第二章 "文化大革命"里的曲折行走

一 绝望中的"涅槃"

1966年春,我国进入"文化大革命"。这场"史无前例"的"浩劫",带给中国人民的灾难性后果和心灵创伤,久久难以疗治抚平。

悲剧在于,几乎所有的人,自觉不自觉地卷入,充当了角色,被整或整人,或整人又被整,在整与被整的轮回里,往返重复肉体与心灵的厮杀和绞杀。

今天的读者已经很难读懂我们民族历史中这苦难、荒诞的一页。

与天斗,其乐无穷;与地斗,其乐无穷;与人斗,其乐无穷。

这是一个"斗争"哲学统领一切的年月。

战天斗地,是为了与人斗,甚至与自己斗。所谓"斗,斗,斗","狠斗私字一闪念","斗出一个红彤彤的新世界"。

对于人性的践踏将人性的丑恶赤裸裸的暴露。而这一切又被冠以"革命"的名义,冠冕堂皇,义正词严,所向披靡。

"革命"的大狂欢,"革命"的大恐怖!

雨果在他的小说《九三年》中关于1789年法国大革命的"血与火"有过史诗性艺术书写。关于"文化大革命"我们的作家、艺术家仍在不断思考并探索如何将它们留存在艺术与文学的史册。

"文化大革命"发生时，《人民日报》发表社论《横扫一切牛鬼蛇神》，挑起了群众斗群众狂潮的第一波。第二波是所谓的"清理阶级队伍"。1970年的"一打三反"运动则是第三波。

24岁的陈忠实，一个青年，竟然也被整成了"牛鬼蛇神"。

他不是学校团支部书记吗？他不是发表过《樱桃红了》《迎春曲》等散文吗？他被划入最不堪的"保皇派"，陷入政治路线"判定"的人生绝境。

民办教师陈忠实的宿舍兼办公室的那间平房，门框上是一副白对联："借问瘟神欲何往，纸船明烛照天烧"，这是挪用了毛主席诗词；横批是"送瘟神"。门框右角上方还吊着一个白纸糊的灯笼，日夜招摇在辱骂声里。

陈忠实每天就从这屈辱与悲恐中出出入入。唯恐碰掉了白灯笼，碰掉白对联。

历时一百多天。

贫穷使邪恶膨胀，而嫉妒更给邪恶火上喷油。

陈忠实步入复杂人世不久，生活阅历与社会经验欠缺，没有丝毫的防卫能力。他几乎跌入绝境。不止一次，陈忠实有过跳进水井结束自己年轻生命的念头。

在死亡的边沿，陈忠实收住了他的脚步。

是汽笛那一声长鸣，重新震响吗？

谙熟人世又如何，阅历丰富又如何？连吴晗这样的"大师"级人物，在"文革"初期都难逃"死亡"，更何况平头百姓。

倒是没什么文化的姐姐和正上大学的姨表妹看得开，想得明白，她们以女性的温情劝导陈忠实：刘少奇，国家主席都倒了，咱一个平头百姓，算啥啊！

陈忠实痛苦地渡过了这一段难熬的日子。

陈忠实陷入了更大的痛苦：一想到此后将不再可能写文章、搞文学，生命还有意义吗？空虚与无助袭上心头，陈忠实步履蹒跚在田间地头，四顾茫然。

1967、1968年，知识青年上山下乡运动开始了。1968年末陈忠实从刚刚复课的学校被临时抽调到公社协助一项中心工作，同时抽调的还有七八位老师。中心工作结束后，陈忠实继续留在了公社当临时干部。1973年，陈忠实成了公社正式干部。

握了笔的手，终究闲不住。1972年，中断了6年之久，陈忠实又一篇文章见报了，散文《闪亮的红星》在《西安日报》副刊《红雨》发表。这是一篇讴歌在秦岭山区热情为群众治病的军医的作品。此后便有小散文间断性见报，无疑都是歌颂型的作品。

陈忠实再一次有了收获，收获的是几近泯灭的文学自信。

"文革"期间取消了稿酬制。"文革"前，《夜过流沙河》的稿酬大约有几块钱。这个时候，发一篇文章给一张价值1—1.50元的购书卡，可以去买一本袖珍本的《新华字典》。

陈忠实是坚韧的。他投入到了公社的日常工作里，得到闲隙便写作，忘我而热情。

二　不该发生的，又难以避免的

1971年9月13日，林彪摔死在外蒙温都尔汗，史称"九一三"事件。

全国为之震动。"读毛主席的书，听毛主席的话，照毛主席的指示办事"，林副统帅言犹在耳，他又曾经是法定的毛主席的接班人，怎么一夜之间，就莫名其妙死了呢？

层层传达，农村和基层在1972年也陆续知道了。

原本就对"文革"怀疑和在"文革"中逐渐觉醒的一些人，把私下的议论、阅读和写作，汇成了一股强大的潜流。"地下"状态的书写，不只有白洋淀派和"白洋淀"诗群转化而成的"今天"诗派，在东北、云南、湖南，或其他知青部落、青工圈子里，也活跃着。到处弥漫了一种与"五四"精神相呼应的情绪和思想，并付诸"地下"写作。在思想启蒙和"地下"书写的层面上，我国新时期文学的发轫正是在1972年。这已成为相当一部分文学史研究者的共识。

公开的言说和私下的谈话，是如此的脱节，如此的不相吻合。似乎有一种"快意"在宣泄。一直绷得紧紧的弦有了松动，人们开始关注起了日常生活，做家具，打沙发，一时成了时尚。

广大的工农兵和"文革"中获得了利益的人，仍然在"造神运动"的领袖崇拜中滑行。前者以对毛主席、对共产党的热爱和忠诚，深信一切都如宣传机器所宣讲的，在无产阶级专政条件下继续革命。而后者追随着"四人帮"，更以变本加厉之势，将极"左"思想推向极致。

"分歧"在高层，波及社会各个层面。这种"分歧"与"潜流"遥相支撑，虽"错位"难免，总的方向大体相投。

1972年2月尼克松访华。就是在这一年，各领域的调整、整顿开始。到了1973年，国民经济有了起色。而另一方面，所谓"批林批孔"愈演愈烈，竟被认为是第二次"文化大革命"。

1975年，毛主席说："样板戏太少，而且稍微有点差错就挨批，百花齐放都没有了，别人不能提意见，不好。"

毛主席又批示："文艺政策需调整一下。一年、两年、三年，逐步扩大文艺节目。缺少诗歌，缺少小说，缺少散文，缺少文艺评论。对于作家需惩前毖后，治病救人，如果不是暗藏的有严重的反革命行为的反革命分子，就要帮助。"[1]

当时围绕电影《创业》展开了尖锐冲突。毛主席批示："此片无大错，建议通过发行。不要求全责备。而且错误有十条之多，太过分了，不利于调整党的政策。"江青却另有对策。无大错，小错、中错是有的，云云。

了解这些背景，有助于理解当时的文艺现象。

各省、市的文艺刊物逐渐恢复，只是换了名称。而《人民文学》

---

[1] 毛泽东. 毛泽东文集：第八卷. 北京：人民出版社，1999.443

也复刊了。

1973年《陕西文艺》创刊。这是《延河》"文革"停刊后，陕西省第一份文艺刊物，由陕西省文艺创作研究室主办。在某种意义上，省文创室是省作协的延续，发挥其对文艺创作和评论的组织作用。《陕西文艺》是《延河》的继续。

《陕西文艺》编辑部的人员绝大多数是"文革"被打倒，后来落实政策逐渐起用的老人手。而作者绝大多数是工农兵业余作者或年轻的"革命"文艺工作者、工农兵大学生。

1973年《陕西文艺》创刊号刊出陈忠实的散文《水库情深》。

同年，《陕西文艺》第三期，陈忠实的短篇小说《接班以后》以头条重点推出。西安电影制片厂将其改编为电影。

1974年，陈忠实的短篇小说《高家兄弟》在《陕西文艺》第五期刊出。不久，改编为连环画。

1975年，《陕西文艺》第四期推出了陈忠实的短篇小说《公社书记》。

在《陈忠实文集》（广州出版社2004年出版）卷一我们看到陈忠实写于1975年的一篇短篇小说《铁锁》，描述了一个忠于职守的生产队小会计铁锁。如果此篇确定写于1975年，不妨推断，这期间，陈忠实应该还写有一些作品，只是不曾收入文集。

短短两三年，陈忠实被推上了陕西文坛，在全国产生了最初的影响。

1976年春，《人民文学》刊登了陈忠实的短篇小说《无畏》。这是一篇应《人民文学》约稿写的批"走资派"的小说。在政治倾向上，犯了错误。

如何看待这些作品，它们在陈忠实文学活动中具有什么样的意义，是一个不可回避的问题。

如果把它们还原到当时的语境，我们将会看到，它们的出现是难以避免的。当然，难以避免并不意味这不是错误。

从《水库情深》到《无畏》，它们之间有一条内在的逻辑发展线索，虽然《无畏》与之前的四篇作品存在着明显的区别。较之于迎合"四人帮"提出的"反复辟回潮"的《无畏》，《接班以后》等小说是一般性地与当时的舆论保持了一致。这种"一致"难以掩盖作品自身的文学价值和陈忠实创作探索的艰辛努力。

散文《水库情深》以"农业学大寨"为题材，写肖村群众在党支部领导下，在台沟修筑水库，把原下的水引上了旱原，给肖村带来了革命和生产的双丰收。文章写得比较拘谨，从一个旁观者的视角落笔，留下了回旋余地，显示了一种潜在的可能性。

《接班以后》是短篇小说，以"批林整风"为背景，写刘家桥大队老支书刘建山为培养革命接班人力推原团支书、年仅25岁的刘东海接自己的班，自己任副书记，从旁协助工作。小说在尖锐冲突中展开：第四生产队队长刘天印根本不听东海的安排，另搞一套，甚至撂挑子，不干了。刘东海以铁的事实和灵活的手腕，迫使福娃不得不当众交待他受地主分子刘敬斋指使，如何挑拨离间，制造事端，让刘天印充当了马前卒，以破坏刘家桥大队的革命和生产。第四生产队阶级斗争新动向深深教育了刘天印，教育了群众。刘东海也在接班以后的风口浪尖成长起来。东海能否顺利接班构成了小说悬念。围绕这一主题，小说写东海如何抓生产，如何抓革命，如何以革命促生产，如何抓干部教育，抓阶级斗争，成功塑造了一位新人的形象。

培养接班人，是"九一三"事件后全国关注的中心话题。小说在塑造革命接班人这一重大文学任务前，可以说，交出了一个答卷。这篇小说，让陈忠实一夜之间闻名全国。

短篇小说《高家兄弟》围绕推荐工农兵上大学，展示了兄弟之间的冲突。哥哥兆丰是党支部委员，主张推荐赤脚医生秀珍，公社文教干事祝久鲁主张推荐兆丰的弟弟兆文，理由是今年招生主要依靠分数择优录取。

兆丰和妻子兰兰一起给兆文回忆了父亲高志成为抢救农业社财产献身的往事。老支书赵聚海（高志成的战友，抚养兆丰兆文的养父，兰兰的父亲）揭穿了地主分子张三昌在招生这件事上的煽阴风，点鬼火的行为。历史的和现实的斗争，深深教育了兆文，他决心放弃推荐，投身到农村广阔天地。

浓郁的亲情让小说别开生面，但虚假而错误的逻辑起点与推理也使小说缺乏了说服力。

《公社书记》是短篇小说，塑造了一心为公的公社书记徐生勤形象。站在他对立面的是他的战友、副书记张振亭。张振亭已丧失革命锐气，沉浸在个人利益的狭小圈子，走上腐败和消沉。小说还塑造了烈士子弟、张寨大队年轻书记江涌和老贫农、大队饲养员张泰大叔。在农业学大寨和激烈的阶级斗争中，徐生勤、江涌、张泰取得了胜利，张振亭也有了转变。

小说结束在一大段理论阐述里，把"人民公仆"提高到关系"革命存亡"的高度，颇有警示意义。小说写得娴熟而颇有气势，是陈忠实那个阶段的成功之作。

《无畏》写批斗走资派。县委书记刘民中大搞右倾翻案。县委副书记程华，跃进公社书记杜乐、副书记杨大山等奋起斗争，把刘民中再次批倒。

值得注意的是小说第一次涉及到杜乐和程华的恋情，这种爱情是建立在并肩战斗的基础之上的，单纯而甜蜜，朦胧而微妙。

不妨从以下几个方面分析一下这种"难以避免"。

一、陈忠实的社会角色，特别是他的成长经历，在很大程度上规定性地决定了他与当时的主流话语保持一致和天然认同。出生在新中国成立前，成长在新中国的他，从少年起接受的是革命教育。他的思维方向，话语方式，不可能脱离这个"先在的规范性"。

白洋淀派诗人接触的异样思想资源和文学滋养，陈忠实不可能接触。特别是在以自己的实干精神和突出表现成为公社干部以至公社级领导后，他对他从事的革命事业是忠诚的，满怀激情的。

二、陈忠实的朴素文学理念和他的文学创作实践的起步，决定了他在文学操练中，始终牢记"文学为政治服务，为工农兵服务"。对此，他深信不疑，并艰苦实践。

文学是革命的战斗武器，这种文学工具论支配了当时的主流意识，它建立在唯物主义的反映论和唯物史观的阶级斗争学说基础之上。陈忠实对此可能缺乏系统学习，但耳熟能详。

陈忠实的文学起步，严格说来，是在"文革"前夕。长期浸淫于伪浪漫主义、伪英雄主义之中，尤其是生活在、成长在政治话语涵盖一切、渗透一切、统领一切的社会生活秩序和社会组织结构里，他很难会有别样形态的文学追求和文学实践。

三、陈忠实所崇拜的文学楷模或者说经典著作，在他的创作实践中不能不投下巨大影响。在相当长的一个阶段里，他始终遵循着他敬仰的前辈作家的足迹，以此要求自己，规范自己的创作，并且决心要像前辈那样始终与时代同步、与现实同步，讴歌新的生活、新的人物。

从走上文学道路的那一天起，柳青始终是他心中的"引路人"。以严峻的目光看待生活的杜鹏程、用温和的微笑描画生活的王汶石，在陈忠实那里，同样是学习的榜样。

新时期以来，活跃在陕西文坛的作家，路遥、平凹、京夫等等，哪个又能摆脱柳青们的熏染和陶冶？而且他们也都受惠于我们国家当时的文学体制，是以工农兵业余作家的身份走上文坛的。

陈忠实先后阅读翻烂了的《创业史》有几本？不多也不少，九本。在《创业史》的阅读史上，这应该是一个"前无古人"也"后无来者"的纪录。《创业史》中的一些文字，他几乎可以背诵。柳青对于陈忠实的影响，远不止是文学技巧的，更重要的是在精神和道德上。

柳青的《创业史》如何评价，这里暂且放下，柳青的人生态度和文学精神所闪耀的人格魅力和道德力量，至今仍为陈忠实多次提到并表现出由衷的敬重。

尤其是柳青所主张的作家应该上好"三个学校"（生活的学校、

艺术的学校、政治的学校）为陈忠实所深深信服。《接班以后》曾由柳青修改过。陈忠实曾亲眼看到"柳青对《接》文第一节的修改本"。①

新时期文艺复兴伊始，陈忠实写下了《我信服柳青三个学校的主张——〈信任〉获奖感言》，这是他写下的第一篇谈创作的文章。

四、陈忠实的文学成长与我们国家的文学体制存在着互为因果的必然关系，也与"文革"的文艺状况相连。

"文革"风暴伊始，所有活跃在"十七年"时期的作家，全被批斗为资产阶级文艺黑线、修正主义文艺黑线人物，从文坛消失。"八个样板戏，一个作家"这样一种奇特景观，存在了近十年。在这样的荒芜里，群众性文艺创作、文艺演出尤其文艺宣传就被突显出来，而这又是与长期以来建立的文学体制相承接的。

1949年，全国第一次文代会召开，全国文联成立，1953年全国作协组成（全国作协作为行政单位与文联平行同列为部级），始终把培养和扶植工农兵作家和文艺工作者列为工作的重要任务。

各级文联、作协和政府文化部门以及他们主持的文学、文艺报刊、编辑部，都有发现、培养作家和提高工农兵业余作家、业余文艺工作者写作水平的计划和措施。应该说，成效显著。军干作家吴运铎，工人作家胡万春，农民诗人王老九，战士作家高玉宝，就是他们中的代表性人物。

"文革"中文联、作协这样的组织虽遭破坏，但重组重建的文

---

① 陈忠实. 寻找属于自己的句子——《白鹿原》创作手记. 上海：上海文艺出版社，2009. 255

艺、文化组织机构仍把工农兵业余作者视为创作队伍的中坚力量和培养扶植对象。

以《陕西文艺》为例，1973年创刊到1976年共13期，作者队伍清一色为中青年业余作者，或教师，或工农兵大学生，或地方文艺工作者，而来自工厂与农村的作者占了大多数。

陈忠实自1962年高中毕业返乡务农后，一直与市区文化馆保持联系。1978年后，他先后担任了西安郊区和灞桥区文化馆副馆长。在1982年末调入省作协成为驻会专业作家之前，他一直以业余作家的身份出现在公众视野里，长期任公社与区一级行政职务。他曾回忆，上世纪80年代初，市文联曾成立一个完全是业余的、民间的文学社团"群木"，贾平凹任社长，陈忠实任副社长。可见市文联对业余作家的重视。[①]

离开这样一个文学体制的大背景、大容器，陈忠实也好，贾平凹也好，路遥也好，京夫也好，他们的文学生命也可能发育成长，但会艰难得多。

如果从文学的角度审视，陈忠实的这些作品呈现的是什么样的风貌？它们对他今天的文学创作具有何种意义？这还需要我们探求。

让我们暂且回放一下20世纪70年代的文化、文艺生活。在阅读极度匮乏的情况下，在极"左"的文艺思想独统的语境中，《接班以后》等作品受到读者欢迎，是势所必然的。

有一篇署名陈行之的文章《陈忠实：踞蹲在黄土高原上的巨

---

① 陈忠实. 原下的日子. 西安：太白文艺出版社，2004.214

兽》，作者真情回忆了作为工农兵大学生在读到陈忠实这批作品时"醍醐灌顶"般的美妙感觉。文章说："一个与文化隔绝了很久的社会对文化的期待和敏感，就像在荒芜上跋涉了很久的人期待甘泉。"

《接班以后》所展示的纯粹属于文学、属于小说的艺术追求，语言文字的斟酌，结构的变化，让《接班以后》这样的作品成为一种标志，"严寒中顶破僵土向人们报告文学复苏信息的"那最早的花朵。在逐渐复苏的荒原，以后还会绽放许多花朵，但任谁也无从替代这最早的"绽放"。

浓厚的生活气息，涌动着关中沃土芳香的语言，扎实的农村生活积累和从这种积累里创造出来的鲜活人物昭示着，这是一个颇具柳青气质的青年作家的文学创作。认真说来，这批作品的艺术的美，当然还很朴素、稚嫩，但闪耀着未来前景的可喜潜质却不容忽视，不容轻看。把《陕西文艺》刊出的其他作品与《接班以后》等放在一起，阅读感觉上难免产生小草与一棵修长挺拔的白杨的反差。

最具决定性意义的是什么？拿《接班以后》来说，陈忠实说，"这篇小说是我正儿八经写成的第一篇小说。……在这篇作品里，我第一次把自己对生活的观察和体验写进了小说，第一次完成了从生活到艺术的融化过程。……这篇小说所写的人物和细节，全是我从生活里采撷得来的，使我跨过了这样至关重要的一步——直接从生活中撷取素材。"这一点，对于陈忠实，对于文学创作，太重要了。"严峻的创作现实告诉我们，一个作家成熟的重要标志，在很大程度上，决定于有没有直接从生活中攫取素材的能力。"① 从生活到艺术，从素材到题材到人物到细节，这个蒸腾着艺术之光的过程，陈忠实在《接班以后》实现了，它为陈忠实今后的发展，展开了一个虽艰难却光明的前景。

"文革"期间的"操练"，对陈忠实文学创作具有重要的意义。它为忠实此后的发展奠定了一个不可撼动的基石。

有什么样的读者，就会拥有什么样的作家；正如有什么样的作家，就会产生什么样的读者。

"文革"后期，陈忠实的这些作品与当时广大读者的阅读期待之间的吻合，绝不只限于"政治"的需要，期间透露的消息，显然远远高于政治的时效性。

这就是这批作品中的伦理传统天经地义般的彰显，例如为公众利益而义无反顾的献身精神，光明正大的坦荡胸怀。作者也许有意，也许无意，但，这正是构成忠实作品长久魅力的一个重要方面。

我们不妨看《接班以后》中一段群众议论：

"呃，大队！海娃才驾辕，怕哼不动天印，要是支书不换班，那他才不敢哩！"

"叫我看，海娃不软噢，天印那家伙，傲咯！"

新任支书海娃（刘东海）与第四生产队队长天印的矛盾在群众眼里，是非正邪声声在耳，优劣胜败亦历历可睹。词语的地方性和语调的节奏感，精彩而到位，秦风秦声使读者身临其境。

---

① 陈忠实. 陈忠实文集：三. 广州：广州出版社，2004.520

陈忠实作品的人物对话，较之他的叙述语言更有特色。这一优势，在其后作品里，有了更大的发展。

陈忠实写作环境之艰苦，今天的读者很难理解。在"文革"和"文革"前，一个人只能专心于自己的本职工作。凡业余搞科研，搞创作，搞研究的一律划之为"不务正业"，视之为"白专道路"，"个人主义"等等。陈忠实当时的写作完全处于"地下"状态。其时，陈忠实刚刚三十出头，他是在别人打扑克、谝闲传的时候，悄悄躲在一个角落里写的，颇有一种悲壮与凄凉，这赋予他的作品以一种精神上的清气与正气以及生命的豪气。炫耀与浮躁这样一些今天的作品难免的通病，与陈忠实的作品全然无涉。

陈忠实回忆说，《接班以后》是在党校学习期间抽空写成，《高家兄弟》是在南泥湾五七干校，人们入睡后，点燃自备的煤油灯下写就。《公社书记》是被文化馆抽调出去工作期间的副产品。那时不仅没有稿酬，还有一根极"左"的棒子高悬头顶。纯粹是为了"过瘾"，有如人们的"烟瘾"。一种生命能量释放过程里的快乐和自信，成为陈忠实的一种生命体验。

我们不能以"政治正确"简单地否定"政治不正确"的作品。这不是历史虚无主义或历史相对主义，而是努力站在历史流变的河岸，通过历史的长时段，看待人类活动难以避免的历史局限性。在一个更高的层面理解历史，理解存在于历史之中又创造了历史的人类自身的精神流动和社会实践行为。这就是阐释学所讲的"同情的理解"。

这并不意味我们的理性要去超越它不可摆脱的个人经验与先见，

也不是要求我们做跨越时空的心理转换。我们不会奢求文本"原意"的发现再现，我们只是尊重理解的开放性与理解的创造权力。

"文革"中写的几篇作品是陈忠实文学创作的初期试笔，撇开思想上极"左"路线的阴影，我们不难发现，许多在此后创作中属于陈忠实自己的那些文学特征，几乎都已初现端倪，或者说就已初现雏形。

正如闻一多在《文学的历史动向》中所论：

> 对近代文明影响最大最深的四个古老民族——中国、印度、以色列、希腊——都在差不多同时猛抬头，迈开了大步。约当纪元前一千年左右，在这四个国度里，人们都歌唱起来，并将他们的歌记录在文字里，给流传到后代。

中国，和另外那三个民族一样，在开场第一声歌里，便预告了以后数千年间文学发展的路线。

三百篇的时代，确实是一个伟大的时代，我们的文化大体上从这一刚开端的时期就定型了。文化定型了，文学也定型了，从此以后，诗与散文始终是我国两千年间正统的文学类型。

陈忠实的文学活动最初的试笔始于诗，而其重要文体是小说，兼及散文，这是一。

陈忠实关注的主要是农民，而农民构成了我们民族的主体，也是我们国家实现现代化的关键。这不只是题材取舍的问题，还涉及作家思考与创造的指向性广度与深度，这是二。

第三，创作的平民性。平民态度是陈忠实始终不变地审视生活世界，创造文学天地的视角与姿态。也许他还不曾达到俯瞰人世的高度,他正朝这个方向努力。

第四,他坚持以关中方言书写。方言的艺术化运用,可以说,有着世界性。马克·吐温的粗言俗语,肖洛霍夫的村言俚语都给他们的作品带来了独特的审美效应。陈忠实的创作亦如是。

也许是关中地区儒家传统的积淀深厚,也许是古老西安偏僻农家的家族传统,陈忠实作品中不经意地涌动着伦理道德的尊重与恪守。在后来的作品里,这更发展为一种贯穿忠实文学生涯的伦理的美。这是五。

以上几个方面,可以说,陈忠实早期作品里显露的精神特质和艺术风骨,逐渐发展,形成了大西北雄沉厚重之气熔铸而成的忠实气象。

局限性也很显然:文化上的、思想上的、文学功底和文学视野上的。

小说以路线斗争,阶级斗争为结构,让小说充溢了浓重的"硝烟"气息。唯一写到的爱情也仍需与"斗争"牵手。小说生动的日常、家常叙事也有淹没在"硝烟"中的遗憾。

尤其是过多的议论,有时与人物的身份不甚契合,显得虚假生硬,有"跟风"的勉为其难。

陈忠实能够蜕变吗?

第三章　第一次"精神剥离"

1976年10月，"四人帮"被粉碎，全国人民欣喜若狂，迎来1949年中华人民共和国成立后的又一次"解放"。"文革"灾难之深重，"文革"结束之必然，由此可见、可证。"拨乱反正"成为社会的共同话语和行动实践。

陈忠实似乎走得更远。

1976年春，那篇不该创作的《无畏》以及对生活做出简单判断、谬误判断的几篇小说，使陈忠实陷入极度痛苦。他"尴尬而又羞愧"，但他并不想让人原谅，也不愿被人原谅。

错误是一面镜子。在这面镜子前，不同的人，会有不同的表演。

特殊历史时期所犯的"难以避免"的错误，不等于不是错误，不等于可以原谅自己。惟其"难以避免"，要从错误中走出，需要付出更多的自省，更多的自我批评。

一度，陈忠实因此而萌生了告别政坛、告别文坛，重返学校做一名乡村教师的念头。

"我在社会政治领域里的巨大欢欣与写作上的失措形成激烈的冲突。"① 多年后，陈忠实仍然不忘他那段内心的隐痛，这种痛苦，一直持续到1979年。

逃避，不是陈忠实的选择，这不符合他的性格、脾性。

也许，"人生为什么而存在"，较之"世界是什么"，是更直接、更迫切的问题。这对于每个生命意识自觉而强烈的人来说尤其如此。对陈忠实更是如此。

人，必须明确，他想实现什么以及他相信能够实现什么，也就是把真的可能转化为现实的存在，这才是人的本质、人的目的。在这个意义上，人生即为一抛掷的可能性。

文学，而不是其他，是陈忠实命运的抛物线，他把它握紧，坚持不懈地要将可能性转化为现实。

他战胜了屈辱，战胜了心灰意冷，战胜了自卑和软弱。"我充分而又清醒地能够对自己的过失做出判断。"与"文革"中的第一次人生大尴尬的"决定性好处"相比，这又一次大尴尬让陈忠实经历了又一次的生命体验，"得按自己的心的所思去说自己的话，去做自己的事。""不然——便不说，更不做。"②

冷静与清醒联袂而行。陈忠实一边清理着纷乱的思绪，一边投入到文学的阅读中去。

阅读可以在疗伤治病中起到抚慰病患心理、安定情绪的作用，这早已为心理学和临床医学所证明。关羽手持《春秋左传》刮骨疗

---

① 陈忠实. 凭什么活着. 长春：时代文艺出版社，2007. 20
② 陈忠实. 凭什么活着. 长春：时代文艺出版社，2007. 168

臂，至今传诵。陆游诗云"读书有味忘身老"，"病需书卷作良药"。

陈忠实的阅读，不是"转移"，而是从阅读里寻找答案。他不断拷问自己："怎样打破极'左'的文学套路，进入真正意义上的文学写作。"答案是反过来，"你要去理解真正的文学，你就要阅读真正的文学。"

无产阶级专政下的继续革命的那一套谬论，它的荒谬的逻辑、它的与农民现实生活的相违相背，陈忠实深受其害，与之诀别并不困难。而从文学观念上，与"十七年文学"尤其"文革"中的极"左"文艺思想彻底告别就不是那么简单了。

自有阅读能力以来，陈忠实主要接触到的是"十七年文学"。如何评价"十七年文学"是一个复杂的问题。但在"文革"中走向极端的"左"的种种表现和做法，与"十七年文学"显然存在一种内在的关联性。这主要是指：把"文学为人民服务"简约为"为工农兵服务"，而且将此与国家话语、国家意志、国家意识形态合而为一。

由于要求文学为政治服务，将文学事业与国家事务紧密联系为一，造成了把文学视为政策阐释的简单化判断，并因此形成了文学对生活的单向性，以反映（即讴歌）新生活、塑造新人物为主导，对于生活与现实的复杂性缺乏有深度的揭示与表现；造成了文学批评中的简单化倾向，甚至是粗暴的批评。在过分强调文学的倾向性的同时，忽略甚至践踏了对文学性、艺术性、审美性的培育。

只要看看新中国成立以来，文艺运动一个接着一个，"文化大革命"更是以批判"海瑞罢官"为其肇始，即不难发现，在所谓的

"意识形态斗争"愈演愈烈的疾风骤雨中，文学总是成为"风向标"而首先遭到冲击的这样一个严酷现实；就不难看到文学生存环境的艰难与困惑，有时竟是险恶。

这种反思，陈忠实主要是通过自己的阅读进行的。

"对于非文学因素和真正纯文学因素的萌生，对写作者来说，用行政命令是不行的，只有用阅读真正的文学作品来清除。""阅读使我进入了真正的五彩缤纷的小说世界，非文学因素基本被廓清了，我才觉得我正临门于真实的文学殿堂。"①

陈忠实认为"四人帮"的"三突出"创作原则因为太离谱，是可以一眼识破而唾弃不顾的。可是"十七年里极'左'的文学创作的理论和思想，都不是真正意义上的属于文学自己的因素，是强加以至强奸的非文学因素"。我的理解，陈忠实并不是简单地将"十七年文学"全部划入极"左"，而是将极"左"从"十七年文学"中剔除出来。我们已经讲过："十七年文学"是一个复杂的存在。在对"文革"和"革命文学"过度阐释的情况下，常有一种将"十七年文学"全盘否定和弃之不顾的做法，这显然有悖于文学的实际发生与发展，也将造成文学史叙述的割裂与中断。

不难发现，"真实"在陈忠实的文学观念里具有决定性意义。所谓"真正意义上的属于文学自己的因素"，应该是与这种"真实"不可分割的。它仍然属于文学反映论的范畴，它并不排除文学的虚构，而是要求虚构必须建立在真实地反映与表现生活的基础之上。

---

① 陈忠实. 凭什么活着. 长春：时代文艺出版社，2007. 21

什么是陈忠实所谓的"纯文学"？这个曾流行和活跃在上世纪八九十年代的概念，我们也许很难确切地为它划出一个界限。那时为肃清极"左"文艺思潮，它曾红红火火，备受热议，显然也是一种过度阐释。

什么是文学？在不同的文学理论和美学体系里，它们的内涵显然有着区别。文学作为如马克思所说的"人与世界的关系"即人把握世界的四种方式（理论的、宗教的、审美的、实践—精神的）中的一种，作为精神现象，从来不可能去意识形态化。在市场经济的社会语境中，文学也免不了商品属性。西方形式主义美学，将文学研究、文学批评的重心从创作主体转向文体的形式与结构，有它的合理性，但它否认文学的认识功能，而只是强调它的审美性，显然有失偏颇。

正如巴赫金所批评的："形式主义者的出发点是把语言的两种体系——诗歌语言和生活实用语言、交际语言——对立起来。它们把证明他们的对立作为自己的主要任务。"只看到区别而无视两种语言体系的联系，难免褊狭。

在我们这个古老而广袤的国土上，文学不能不承担艺术之外的负荷，这是历史的需要；在世俗的期待里，人们希望文学仅仅具有艺术的价值，这是现实的规定。在历史的与现实的夹层里，如何寻找文学的栖息地，将是对作家智慧的考验，也是时代的幸运。这是因为，"文学既作为艺术，又作为人类文明的表达"（韦勒克），它必然是人类的生物性、社会性、文化性存在这样一个全息系统里的有机构成。

而且,所谓文学性,也是主要指文学的形式、文学的规律。仅仅强调文学的内部规律而完全无视甚至排斥文学的外部规律,也是从一个极端走向另一个极端。

陈忠实是否达到这样的思想高度和理论深度,并不重要;重要的是陈忠实这种潜心阅读的自我反观、自我审视、自我清算。而这种清算与他对文学的再思考紧紧联系在一起。他艰难地一步步向着他信奉的"真实"的文学独自跋涉。

1978年秋,陈忠实在仕途与文学创作之间毅然选择了后者。他在《所谓良师》里说,经过再三的思考,他决定离开基层行政部门,转入文化单位去读书去反省以皈依文学。

在人生的十字路口,陈忠实选择文学而不是仕途,这是第一次。其后,上个世纪90年代初,我们将会看到他还有一次选择,同样的选择。陈忠实义无反顾地,选择并始终坚守在文学的殿堂。

"四人帮"刚刚粉碎,人们忙碌在"正本清源"里。1978年的西安小寨还相当冷清。西安大郊区文化馆旧址在这冷清里而更显荒芜。

院子里荒草繁衍,人流稀少。陈忠实选了一间东南角的空房,卸下了铺盖卷儿,"掉下来的顶棚的苇箔经民工重新搭吊上去,残留在墙上的黑墨标语让我用报纸糊住了……我便坐下来读书。"

从早到晚,从夜到昼,陈忠实或借或买,沉浸在书的世界。解禁的小说,刚翻译出版或再版的外国文学作品,进入了忠实的阅读视野。

这不是陈忠实第一次系统阅读,但这一次的阅读,对于忠实来说，显然不同于以往。

我们已经讲过，在中学阶段，陈忠实曾醉心于柳青与王汶石。返乡后的忠实，也曾不断阅读他们的作品。在《为了十九岁的崇拜》里，陈忠实说："《创业史》和《风雪之夜》给我纯粹属于创作上的启示就在于，作为关中边缘地带的灞河川道以及北岭骊山这些我熟悉的地域里，同样蕴含着小说故事和小说人物。"

小说故事、小说人物的"矿基"就在身边，就在自己的生活中，这样一个发现，对于陈忠实来说，应该是将人生的可能性转化为现实性的具有决定性意义的认识。

从创作发生学意义上讲，创作的动机和源泉是生活，是实践。而要将可能性变换为现实，对于生活中的美"能不能寻找、捕捉、发掘出来，全得靠自己的努力"。"这样，我从最初的迷惘和虚幻之中挣扎出来，眼光落到自己脚下。"

"眼光落在自己脚下"是一个根本性的确立。中外文学家们都拥有一片属于自己的文学园林。马克·吐温之于密西西比河，肖洛霍夫之于顿河，路遥之于陕北，贾平凹之于陕南……

不仅在文学启迪方面，在陈忠实的家族传统、家庭影响和他个人成长过程中，对于自我人格的严格要求，从来都置于重要位置。

多年以后，陈忠实写道：从柳青、王汶石两位前辈作家和他们的作品那里，他愈来愈觉得作家自身精神境界和人格修养对于创作具有关键性的作用。"制约作家感受生活挖掘素材深层提炼的因素中，最重要的一条，便是人格精神。人格精神的错位，往往会把良好的艺术天性矮化了，令人惋惜。"①

人格与作品并不一定对应，不过，在我国文化传统里，从来都强调人格修养与伦理道德的高度。

从文学创作"落脚点"的选择到人格精神、人格力量的陶冶，陈忠实逐渐从"羞愧难当"中奋起。这应该是善于阅读的又一范例。

陈忠实的阅读，并不限于当代、限于中国。他似乎对外国文学更为喜爱。

"文革"中，在文化专制主义的禁锢里，陈忠实有过一次纯粹欣赏性的广泛阅读，也许这种潜移默化，对陈忠实的创作更具持久影响力。

他读雨果的《悲惨世界》，与冉阿让相识让他彻夜难眠。西班牙作家伊巴涅斯的《血与沙》给了他来自陌生世界的人生震撼。多年后，陈忠实造访罗马，有感于西班牙的斗牛场与古罗马历史之间反映人类文明残酷性的内在联系，他写下了《贞洁带与斗兽场》。

哈代笔下的裘德，一个"多余人"形象的"灵与肉"的生死格斗，给了陷入"文革"困境里的陈忠实以感情上的剧烈冲击，也成了他理解身边那些乡村里的人和事的一个参照。80年代，他创作了《夭折——献给一位文学殉道者》，小说主人公惠畅，一个让文学这个魔鬼缠身的文学青年，续写了"天才的夭折"悲剧。

从中不难发现，他阅读的杂乱与随意。这是一次发生在上世纪六七十年代之交的盗运"军火"的"叛逆之举"。

---

① 陈忠实. 凭什么活着. 长春：时代文艺出版社，2007. 35

陈忠实的一位老师,是某中学校长,"文革"中遭批斗看管图书室。陈忠实向校长索要了钥匙,深夜里悄然潜入,用装化肥的塑料袋捡了一袋书,骑自行车"运"了回来,闭门夜读。这个行动颇具戏剧性。他来不及选择,也无需选择,在那个除了样板戏根本无书可看的荒芜的日子里,异域的风情和风情里的人物,无疑给陈忠实忧郁的心灵送来了清新的风。

1975年春,西安电影制片厂在大雁塔东侧改编陈忠实的《接班以后》,陈忠实参与其中。他无事可做,去了图书资料室,那里有一批供批判用的内部参考书,陈忠实借阅了一些。正是在这里他接触到了苏联作家柯切托夫的作品。20世纪60年代,中苏交恶之后,苏联作品一般读者很难看到,"文革"中更是视为禁书,属封资修之列。柯切托夫的《茹尔宾一家》和《叶尔绍夫兄弟》写于20世纪50年代,讴歌了城市产业工人家族的英雄主义。到了20世纪60年代,柯切托夫的写作态度发生了变化,他在《州委书记》里以批判的眼光,揭示了苏共官场投机者的卑劣和苏联社会的种种弊端。在1975年这样一个特殊年代,周恩来邓小平以整顿为名力图纠正极"左"路线却遭"四人帮"重重围困的艰难日子,陈忠实以"我的震撼和兴奋几乎是难以抑制的"来表达他阅读柯切托夫的感受。

不久,陈忠实又见到了《你到底要什么》这样一部尖锐抨击苏联、直面现实人生的作品,以及写得相当晦涩的《落角》。

柯切托夫的创作历程和对现实生活的态度转变,给予陈忠实的冲击,激烈而深远。虽然,当时的陈忠实并不曾也不可能理解苏联深层社会矛盾和思想危机以及柯切托夫的清醒,但陈忠实开始意识到,"要尽快逃离同一地域、同代作家可能出现的某些共性,寻找自己独立的生活体验。"这个感悟对于陈忠实来说,具有重大意义,可以说是一次认识上的飞跃。

"自己的"而不是"他人的"这种创作主体的个人性确立,对于一直以柳青、王汶石为楷模的陈忠实来说,是一个艰难的而又必须完成的转变。此后陈忠实以他的创作超越柳青、王汶石,开拓他独具风貌的艺术天地,而那最初的契机,正是在这里萌发的吧?

"独立的"而不是"从众的"对于现实人生的体验以及审美创造,对于一个文学道路上的求索者探险者来说,这个发现的重要性,不亚于哥伦布发现新大陆所开启的人类历史新纪元。

"自己的"、"独立的"这样一些关乎文学实践成败、优劣的关键词,陈忠实第一次把它们明确提到了自己面前,经历了"文革"的挫折,他找到了、摸索到了文学殿堂的入口处。虽然从摸索到创作的历史性转变需要以创作实践来磨砺,但,是否能认识到这一点,仍然极具意义。

1978年,陈忠实的阅读目的性很强:从提高创作水平出发,以创作的提高为指归。

他集中阅读和钻研了契诃夫和莫泊桑。短篇小说大师的作品让陈忠实发现:契诃夫主要以人物来结构小说,有相当难度。契诃夫这位温和的作家,素以叙述的简洁著称。他以善意的幽默和嘲笑,写出了人类的精神痛苦。他似乎想告诉人类,两百年后,人类仍将面对种种人生的痛苦,和今天没什么两样。悲悯的巨大而深远让陈忠实震撼。这种悲悯,我们在《白鹿原》里可以看到。而莫泊桑主要通过情节来结构小说,人物在故事里塑造。这与前一阶段陈忠实塑造人物的手法似乎更接近。无论是契诃夫,还是莫泊桑,对普通人命运的关注,对人性的弱点与缺陷的温情揭露或无情鞭挞,都给予了陈忠实诸多启示。人,不仅仅是政治的存在,而首先是日常生活的个体性生存。也许,这较之于文学技巧层面的揣摩,更让陈忠实心动。

陈忠实曾说,在集中阅读这批作品后,他最终选定了莫泊桑的短篇小说,重点学习莫氏优秀短篇的结构手法。[①] 放眼于西方作品的同时,陈忠实也时刻留意于当下国内文坛,他触摸到了中国文艺的春天的气息。

四个月的"自虐式"阅读,让陈忠实振作起来。"信心恢复了,羞愧的心理得到了调整,创作的欲望便冲动了起来。"

陈忠实走向了他人生的又一个拐点。

1978年关于真理标准的讨论,特别是十一届三中全会的召开,拉开了我国改革开放的大幕,这是一个历史性转折的开端。

陈忠实的自我审视和反省与我们民族刚刚开始的社会转型完全同步。这一点特别耐人深思,却又常常被人忽略。

并不是每个人都能踏上时代的快车道,与时代的步伐保持一致的。不妨看看,同时是从农村里出来的浩然这位标志性作家。"文化大革命"中所谓"八个样板戏,一个作家",那个作家正是浩然。

---

① 陈忠实. 陈忠实文集:二. 广州:广州出版社,2004. 530

浩然的《艳阳天》完成于1964年，这是一部为"十七年文学"划上句号的作品。从《艳阳天》你可以看到"十七年文学"是怎样一步步走向极"左"的这样一个文学发展轨迹。1962年党的八届十中全会提出阶级斗争"必须年年讲，月月讲"、"千万不要忘记阶级斗争"成为《艳阳天》的主线。

从《三里湾》《创业史》《山乡巨变》一路走来，小说《艳阳天》以它强烈而鲜明的阶级斗争色彩和伪理想主义、伪英雄主义的歌唱，称艳于文坛。

1994年出齐的《金光大道》多卷本，其最早的两卷也在"文革"中"一枝独秀"，摇曳在极"左"风浪里。小说主人公高大泉，更成为了极"左"文艺英雄人物"高大全"的代表。

1998年《环球时报》刊发了浩然的文章《浩然要把自己说清楚》。在这篇文章里，浩然表示他要"重新认识历史，重新认识生活，重新认识文学，重新认识自己"。这样的姿态，当然令人尊重。然而，他同时又宣称，"迄今为止，我还从未为以前的作品后悔过。"这就意味，他并不认为《艳阳天》《金光大道》与《西沙儿女》（奉江青之命写的诗体小说）有什么错误。一个作家坚信自己作品的正确（这与政治正确是一个同义词），也是他的权力，无可厚非。

而站在一个长历史时段的"心灵维度"的角度即"悲天悯人"的角度，不难发现这种受制于历史的"个人性"局限的悲剧性。对于"文革"中的创作，陈忠实不只是"后悔"，而是"羞愧"。

陈忠实很诚恳地表示过，浩然"是一个很特别的作家"，予以了同情的"理解"。

陈忠实采取了与浩然不同的时代选择，其后《白鹿原》的创作与成功，证明了陈忠实的选择的可贵。这种可贵首先指的是它的自觉。它是来自陈忠实对文学真谛的求索，对人生和民族历史真谛的不断叩问与探索。

在我们国家面临转轨的历史路口，不是陈忠实一个人而是几乎所有的作家都存在一个选择历史而又被历史选择的问题。

曾经当过"右派"而在新时期复出的作家中，最具代表性的莫过于王蒙、刘绍棠和高晓声。

上个世纪50年代，他们是活跃文坛的新秀，备受欢迎，前两位还被高层关注，他们无一例外没能逃脱"右派"的厄运。

新时期伊始，"故国八千里，风雨三十年"的王蒙归来，以新的热情，以"布礼"的忠诚，为新时期文学的开创，贡献了他的才智，一时成为领军人物，至今仍为文学界重视。他在反思文学、先锋文学里的开创性作品和他的大量议论性文章，使他的影响力从文学走向了社会。

高晓声却以一种低姿态复出。他对于底层农民的关注，已经和他个人的生命血肉胶着为一个个鲜活而又深沉的文学人物：李顺大，陈奂生……"他们活着，始终抱着两个信念：一是在任何艰难困苦的条件下，相信能够依靠自己的劳动活下去；二是坚信共产党能够使他们的生活好起来……但是，他们的弱点确实是很可怕的，他们的弱点不改变，中国还会出皇帝的。"（见高晓声《且说陈奂生》）"跟跟派"的中国农民或者说中国农民的"跟跟派"，是高晓声文学思考的重心所在。

与王蒙、高晓声或高蹈或低潜于现实巨流不一样，刘绍棠几乎与当时文坛拉开了距离，采取了别一种文学姿态。他的《蒲柳人家》《瓜棚柳巷》等作品，一派田园风光，又充满了传奇性。诗情画意里透出英雄气概，民族性、地域性与传奇性几种元素的结合，构筑了一个民间的文学世界。

陈忠实与王蒙、刘绍棠、高晓声不同，他的文学活动起步于"文革"前夕，这与谌容多少有些相似。谌容以《万年青》在文革前声名鹊起，"文革"结束，谌容也曾经历了一个"自我审视"的心理蜕变。从这个意义上看，陈忠实的1978年的"自虐式"阅读，是时代的赐予，更是陈忠实明智的自我"剥离"。

这个"剥离"无论在它的广度与深度上，都还远远不足以托起陈忠实步入他文学的巅峰，还有千山万壑等待他穿越以完成又一次"剥离"。这次"剥离"之所以缺乏深度，是因为社会的变革刚刚起步，在旧的轨道上滑行的惯性仍然存在，而转向一个新的文学世界更需待时日。社会如此，陈忠实自己也是如此。这次"剥离"更大程度上，还属于对"纯文学"的认识层面。深层的现实变革和对民族历史与现状的全方位思考，还有待陈忠实在他的工作与创作的双重实践中逐渐走向再一次"剥离"。

第四章　真正的文学创作的起点:"我并不高明"

截至目前,陈忠实文集有两套:一套是 1996 年 8 月,太白文艺出版社出版的《陈忠实文集》五卷本;另一套是 2004 年 5 月,广州出版社出版的《陈忠实文集》七卷本。

两套文集的第一卷都是以 1978 年的《南北寨》为开卷作。

在陈忠实心里和广大读者的认知中,他创作的真正起步应在 1978 年中国社会历史转型期。

"文革"前的那些创作我以为属于陈忠实的文学"操练期"作品。严格说来,这种"操练"对于陈忠实 1978 年后文学创作活动是必不可缺的一个准备与积累。有没有这样的准备和积累,对于陈忠实的创作和发展,显然大不一样。

陈忠实自有他自己的认识。他认为"真正意义上的属于文学自己的因素"是构成文学的内在规定。这个认识似乎与韦勒克和沃伦的《文学理论》有相通之处。

《文学理论》认为,文学是一个复杂的、多层次的艺术整体。文学研究应区分外部研究与内部研究。而内部研究应该是我们所重视的、是文学研究的本来意义和对象范畴。

陈忠实的"真正的文学"正是在"内部研究"这样一个范围内展开并成立。当然，陈忠实是作家。他不是从理论上，而是从他的创作实践中逐渐抵达这样一个基本理念并进行总体把握的。而且陈忠实显然更注重文学的认识和教育功能，这也与我国传统文论一脉相承。

韦勒克认为：文学在本意上是一种具有想象性、虚构性和创造性的艺术品，是一种具有某种审美目的的审美结构。它必然激发某种审美体验，给人以"娱乐和教益"。

陈忠实对文学的体认，与这样的观点，大致相通、相近。

1978年，文学的春风吹拂大地，解冻的文学在突破极"左"的重重阴影里迎来它的似锦繁华。

这一年，在郊区文化馆，陈忠实开始了他对"真正的文学"的艺术冲刺。10月，陈忠实写下了短篇小说《南北寨》。1979年一年，陈忠实创作短篇小说八篇。

短篇小说是小说文体中最常见而又难以驾驭难以写好的一种。在短篇小说中塑造人物一直是陈忠实的追求。这种人物塑造当然多属人物的片段或片段的连缀。

1978—1979年的几篇小说，写刚从极"左"路线束缚中走出来的农村生活和人物。歌颂和批判的二重奏贯穿了这批作品。

《南北寨》可以说是"文革"后陈忠实的第一次文学亮相。较之"文革"期间的作品，艺术上有了提高。小说着力批判了原来的街痞二流子在历次农村运动中投机爬上了公社革委会副主任职位的韩克明的丑恶嘴脸，歌颂了南寨党支书常克俭、大队长吴登旺对实事求是的坚持，南北寨的"对比"成为推动小说情节发展的内在动力，小说有一个精心的布局，结构较多变化，叙述也较灵活。

《小河边》将艺术视野推到了"四清运动"以及1976年春的天安门事件，写了一个知识分子、一个工厂老干部、一个农村老支书在运动中的遭遇和平反后的欢乐。侧面落笔，前后事件跨度较大，与"文革"中的作品相比，多了一些新的元素，尤其是几个场景的安排与处理颇显艺术探索的着意和欣喜。陈忠实对于城市生活，对于知识分子显然还陌生。老支书写得比老干部、工程师好，原因即在于此。

《幸福》也是写三个人物，叙述方式改变为倒叙，着力批判极"左"路线把成批的人推向毁灭，家庭和个人的挽救显然无能为力。值得注意的是女青年"引娣"这个人物的塑造：一辈子"左"，一辈子耍嘴皮子，关键时刻出卖人格、出卖至亲好友。这样的人物，在陈忠实作品中，第一次出现。她是一个有待深化的形象。她让人想起"马列主义老太太"，虽然她还年轻。

《徐家园三老汉》还是写农村三个人物。寡言少语、埋头实干的黑山，小聪明耍精明的治安老汉以及宽宏大量一心为公的组长徐长林，在专业队苗圃里上演了一场小喜剧。写人物变化，似乎轻易了些。长林组长的精神境界，透露了陈忠实对理想人物伦理美和大胸襟的向往与倾心。不妨比较一下王汶石的《井下》，可以看出陈忠实深受王汶石的影响。这一点特别引人注目。

《七爷》是一篇颇有分量的佳作。一个"四清"中下台的忠诚的党支书,在相当困难的、人格受辱的环境下,予年轻队长以帮助指导,为集体事业事事处处操劳。高尚的品格,被陈忠实写得动人而又深沉,叙述方式也引人入胜。

《心事重重》写得相当有深度,以喜剧的方式接触到了社会上尤其是官场中的潜规则。从一桩小事揭露了如林书记这样的心口不一、言行不一的当官人,居然把老实巴交的老汉糊弄了。小说写出了"批评"表面的效应和背后的真相。

《猪的喜剧》名为喜剧,实为悲剧,着力批判韩主任这样的公社主任借着党的威信作弄普通农民的丑恶行径。吃亏的永远是农民,却又有苦说不出,问题出在哪里?小说留给读者的思考是深刻的。

《立身颂》仍然是颂歌,但这颂歌唱得很不轻松。这篇小说获1981年首届"飞天"文学奖。公社王书记为抵制不正之风,处处被动,事事为难。虽如此,王书记仍坚持秉公办事,以求尽快恢复群众对党的信任。叙述角度选择得好,不是从正面而是从侧面,从求办事的人的眼光,从民政干事老薛的眼光写,这就让主要人物有了多重光影的投射。

这一时期的九篇小说中,《信任》是陈忠实写的第五篇。是陈忠实最费思量,反复修改,几经压缩完成的。最初刊于《陕西日报》1979年6月3日,后经杜鹏程、王汶石推荐,《人民文学》1979年7月全文转载,同年获全国优秀短篇小说奖。

《信任》是应《陕西日报》编辑吕震岳之约写的。陈忠实是一个极重情义的汉子,十分珍惜这次约稿,对吕有一种"被信赖被理解的感遇之恩"的深情。

陈忠实以新的创作挽回当年的不良影响，重建读者的真诚信赖这样一个愿望，可以说，初步实现了。

陈忠实仍然坚持他的文学信念：文学应该与读者在精神上相呼应，予读者以启迪和感念。文学的社会效应应该高于作家的声誉，作家的声誉建立在广大读者的真诚信赖之上。

获奖并没有使陈忠实沾沾自喜。心存高远的人，绝不会为一时的获奖而自以为是。"一个不足七千字的短篇获奖，不可能决定我未来创作的发展"，陈忠实深感，"未来的路才刚刚开始"。而且，陈忠实说："我对自己未来的创作发展不仅没有十分的自信，甚至依然有着自卑的恐慌。"[1]

著名评论家胡采为写《信任》评论专程访问了陈忠实，这让陈忠实深为震动。张光年也曾让人转达他对陈忠实的关怀和鼓励。

《信任》之于陈忠实，是他文学生涯一个光彩的拐点，在《接班以后》，在走过了一段弯路之后，陈忠实完成了一次华丽的转身。留在他心灵的永远记忆是他重新获得了读者和文坛的信任。

小说写得紧锣密鼓，紧凑而深情。

那时，文坛风行伤痕文学、反思文学，陈忠实却别开生面，另辟蹊径。他没有像写前述四篇那样去揭露"四清""文革"对人性的践踏、戕害，而是从人的宿怨恩仇落笔，写这些内在伤害如何弥合，以重建人与人的信任。小说抓住了现实生活、尤其是基层政治秩序重建的焦点问题。这就使小说的意境和格局高了许多。这也正

---

[1] 陈忠实. 凭什么活着. 长春：时代文艺出版社，2007.28

是陈忠实创作的一大特色和优势：人格魅力、人格修养，人的精神的自我修复和自我升华。

阿伦特曾经讲过，希特勒在德国的罪恶，每一个当时的德国成年人都有不可推脱的责任，这不是"人人有罪"，而是一种深层次的自我反思。对历史，也对自己负责，《信任》给我们提出的问题，有着现实和历史的思想穿透力。

小说的结构相当严密，语言也精当、有力。小说的技巧有了提高，这主要表现在人物塑造中的节制。当然，小说由于写得过于集中，不够多姿多彩。

九篇作品，就反映生活的深度广度论，呈现了一种向着生活复杂性接近的努力。尤其是《七爷》《立身篇》克服了倾向性直露的弊端，而《猪的喜剧》那种哭笑不得的尴尬，则是以往作品中未曾出现过的，让人联想起西戎的《赖大嫂》。

短短一年，写下了数量可观的作品，陈忠实的勤奋让人尊重。

曾经歌颂的，现在给予了批判；曾经批判的，现在需要歌颂。

生活的巨变是180度的乾坤倒转。生活逐渐向着正常向着常识移位。

这些作品"正好与五六十年代歌颂合作化的作品翻了个儿"。[①]

陈忠实对生活的判断正在改变，这个转变将是痛苦的长期的。他的观念变革基本与生活变革同步。但现实的变革与文学实践并不能完全一致。你不难看到《信任》与《接班以后》何其相似，它们

---

① 陈忠实. 陈忠实文集：七. 广州：广州出版社，2004. 371

只是换了一种"政治正确"。除此之外,从政治切入,写尖锐矛盾,写党的基层干部的人格魅力和精神境界,仍一以贯之,可以说只是形异而神不变。陈忠实因此而担心对罗坤的塑造,"重蹈了三突出的旧辙而造出了假大空的神",这种担心并非多余。

以《石头记》为开篇,陈忠实进入了20世纪80年代的创作。

《石头记》是陈忠实创作中的一个标志性变化。

不再是写集体农业,而是写副业,写挖沙,写内外勾结、不正之风,写利益驱动。"不要看公章比碗大,不及熟人一句话",写丑恶的交易让一个老共产党人深深受到伤害。

陈忠实的目光由此转向了世俗社会,转向了政治之外的经济运作、经济纠葛;写农民群体事件对不正之风的抑制作用。邪不压正,仍然是陈忠实所坚信的。

作品的高明,并不是写矛盾的结局而是写解决的可能性,因为这种可能性建立在对高一级领导的信任而不是问题本身正误的判断上,这也是公民意识欠缺、法制意识欠缺的必然。

陈忠实还开始了向情感世界新的领域的开掘和艺术表现。

政治、生产、劳动曾经是陈忠实艺术关注的中心,所有的情感都建立在与斗争和劳动相关联的范围内,而且主要是同志情、战友情。曾经闪电般转瞬即逝的爱情,在《无畏》里有过片段的涉及,现在在《回首往事》里,成为了小说的正面描述、集中书写的对象。

《回首往事》的主人公刘兰芝陷入了痛苦:女儿恋爱的对象,鬼使神差般竟是当年大学的同窗、旧时恋人的儿子。反右运动中,恋人关康被错划为右派,恋爱以分手告终。二十多年后,关康已经是史学专家，关康的儿子与自己的女儿将要结婚，刘兰芝痛苦地发现将要面对的是怎样的尴尬，她不能不反省自己，也反省历史。她的苦楚，是个人的，也是历史的。这是一篇真正意义上的反思文学。

在情感世界的艺术园地，陈忠实向前开拓，《回首往事》写反右中的爱情，《枣林曲》写新时期青年男女的爱情。视角仍然是从女性切入。女主人公玉蝉，来到城里姐姐家长住，姐姐一心想要把她留城，玉蝉呢，竟然弃城而返乡，此举在当时，可谓反常得惊人。而她返乡的原因一是认为靠自己队里富，"干梆硬正"；二是她恋着心上人社娃。小说写枣林里的女青年心理，在陈忠实写作中，这是一种新的探索。但玉蝉的选择，放在新的时代语境里，显然是明日黄花，早已失去了其生活的真实性和可信度，因而偏离了文学的真实。

《早晨》写新一代农村基层干部的成长，这也是陈忠实惯常写的题材。区别在于从革命的叙述转向了生活的叙述，疏朗而从容。主题关注"怎么能叫社员吃饱穿暖，就怎么闹"，写出了新意。"早晨"在这里获得了双重意味。

《第一刀》继续了《早晨》的艺术思考。不是去着力写公社化里农民的穷，不是如"伤痕"文学、"反思"文学那样揭伤疤，而是写农民们如何为摆脱穷而走上新生之路：生产管理制度的改革，包产、联户计酬，生产责任制。故事矛盾在父子两代人之间开展，写得生动而活泼。主人公豹子、得宽、牛娃三个人物各有个性，在陈忠实笔下，鲜活了起来。一种积极的人生态度充溢于作品。《第一刀》获得了1982年《陕西日报》优秀作品一等奖。

《早晨》和《第一刀》的主人公冯豹子，为了集体走马上任，大刀阔斧，仍然沿袭着塑造理想人物的路子，这使得小说有停留在"政治正确"层面的嫌疑。

《反省篇》写两位公社一把手在新的政策调整面前的不同心态。梁志华面对"被自己折腾得一贫如洗的人民"，进行了严峻的自我审判，决心给农民还回欠债。黄建国在梁的精神感召下，检讨了自己的患得患失，决心重振旗鼓，再造山河。老农刘老五的善良、忠厚和谦卑，成为促成黄建国思想转变的浓重一笔，写得相当感人。

"在好多年的时间里，我们是在'整'农民，而且一步紧过一步……"给农民还债，这样一个命题的提出，尖锐而深刻。

《尤代表轶事》沿着对历史的反思，陈忠实把他的笔触伸向农村社会主义教育运动（即所谓"四清"运动），塑造了一个靠运动起家的所谓"尤代表"这样的运动根子、二流子、农村流氓无产者。这篇小说获1981年"《延河》文学奖"。略带嘲讽的笔触，在陈忠实手下相当有控制。尤喜明这样的人物，我们在发表于1981年曾获首届茅盾文学奖的古华的《芙蓉镇》里已经领教了。相比较而言，王秋赦较之尤代表要丰满许多，这与陈忠实仍停留于政治对人性的扭曲这样一个层面有关。

《土地诗篇》，一个诗意盎然的命名，继续《反省篇》歌颂梁志华这样的公社书记。梁志华的对于自己一系列极"左"错误的诚恳检讨得到了社员们的谅解。"自古官家做了瞎事，谁见过给老百姓赔情认错？"出自一位老太太之口。这是当时现实生活的真实声音。但它也反映了我们离民主政治还有多远，这不仅仅是广大百姓的、也是包括了梁志华在内的广大干部的历史局限。

生产队长犟牛这样一个老实巴交的农民形象,"咱不要推下坡的碌碡"的态度,与当初被梁整得最惨的遭遇,形成强烈的反差。而当时犟牛队长为了阻止梁的错误,曾经给梁的脸上吐了唾沫。这个形象有继续深化的可能,我们看到,《白鹿原》里的农民形象系列中,还会有这样的人物。

还有犟牛媳妇彩娥,写得活灵活现,心直口快又善解人意,虽用笔不多,却呼之欲出。

如果说,《反省篇》是从干部的角度写,那么《土地诗篇》则是从农民的角度写,它们都聚焦在对新中国成立以来农村政策的历史反思。

《短篇二题》离开了政治这样一个传统主题,涉笔社会生活。传统的对于农村干部的歌颂被代之以人性丑恶的揭露。

《张文之》公社文教干部张文之无意中听到的关育民夫妇的真实对话,让张文之无地自容。陈忠实对待笔下人物总是善意的。张文之毕竟还知羞知耻啊!

《见面礼》仅仅最初一个见面场景,几句对话就把一个"嘴上一套,心里一套"的公社副书记的阴险嘴脸,轻轻给刺了一下。

这两个短篇均千字左右,颇显陈忠实刻画人物的功底。讽刺笔法的出现,让人为陈忠实高兴。

《乡村》有了深度,写出了现实乡村生活的复杂性和乡土中国传统习惯形成的那一套农耕文化价值体系的顽强生命力及它在权力出现空缺情况下对基层社会的维系力。

小王村是一个被戏谑为"小台湾"的村，历来选干部难缠。泰来上任了，晚辈远门侄儿九娃给泰来制造了麻烦，葛队长以旧的思维方式把罪责推给了戴上地主分子帽子的好干部王玉祥。泰来以庄稼汉的耿直和公正，抵制了葛队长的错误，在群众拥戴下，接过了生产队长的指挥棒。

作品似乎是写传统道德的美好，劳动者的美德，但在更深层次，它触到了乡土中国文化传统中的一些深层面的根系。

陈忠实的第一个短篇小说集正是以《乡村》命名。可见陈忠实对《乡村》的推崇。

对农村问题的思考在《正气篇——南村纪事之一》里，有了延续。

南恒，南村新任生产队长，一个返乡的高中毕业生，以他的一身正气和知识青年的智慧与两位副手一起击溃了奶兄弟南志贤的阴谋，把南村带往了新的生活前景。

小说的深刻在于，它揭露了某些生产队干部从不劳动，明目张胆侵吞社员心血汗水，社员却奈何不了他们。如南志贤长期欠生产队款欠生产队粮不还，拖垮了全队，竟然无人能动摇他。

"生活并不是时时处处都是正义力量占上风的"，这个认识对于陈忠实来说，表明了他对现实的把握较之过去的简单判断有了变化。

《征服——南村纪事之二》是《信任》的深化。"文革"中造反整人的南红卫在南恒广阔胸怀的感召下，终于和南恒走到了一起，决心为改变家乡面貌"共事到底"。

小说建立在一个清醒认识的基础上："斗了十几年了，斗得大家碗里一天比一天稀，还有啥意思么！"对"四清"以来农村的极

"左"危害予以常识性批判。

《丁字路口——南村纪事之三》写返乡青年小强与同学娟娟的爱情。娟娟,中学校长的闺女,决心与小强一道为创造新的生活,放弃高考,留在南村,爱情与生活双双收获了幸福和成功。

写成功而幸福的青年恋爱,这是第一次的探索。《枣林曲》还只是写了玉蝉的决心返乡,这里却展开了爱情的正面描写和完满结局。但娟娟的选择在今天看来,与当时的社会心理趋势背道而驰,有失真实。

1981年的创作,短篇小说6篇,向社会生活的诸多方面的扩展和对农村生活的深入仍然是这一年创作的基本方向。不再是单一的歌颂和批判(这种歌颂和批判主要集中在政治生活),而是努力向着生活中人的命运和性格的复杂去探索。这尤其表现在《土地诗篇》《乡村》和《南村纪事》系列中,犟牛的沉默和沉默中的爆发与坚守,执拗的泰来和蒙冤的王玉祥这样的农村生产队干部,年青的南恒以及南恒面对的复杂的局面,既有经济上的,也有人事上的。这在1979年的基础上显然有了对于生活深层和人物精神世界的掘进。

许多过去作品中不曾有过的声音,如正义并不时时处处占上风之类,陈忠实并非不曾认识,可是把这一种声音传达出来,却是一种进步。南志贤的对于集体财产的侵吞是旧体制弊端中遗留的,但它也告诉了我们,农村的资本原始积累具有潜在性、残酷性、顽固性。这个发现,这种书写,陈忠实以往不曾有过。

另外,对于农村文化传统长期培育的民间道德、道义力量,在

《乡村》的潜在叙述里，有了呈现。泰来之所以渡过难关，是由村民们凑份子垫出一笔钱来解决的。而《土地诗篇》中犟牛妈的那些议论和做法，更从一个侧面写出了深藏于民间的那种与现代民主意识截然不同的"奴性"，即对"官"和"官府"的顺从与恐惧。当然小说是从正面的肯定的角度写，这种书写，几乎充斥于直至现今的一些文学创作之中。告别奴性的不易和艰巨，可见一斑。

从《南北寨》到《南村记事》，陈忠实仍然在旧的与新的写作模式中徘徊。他小说人物的人生道路选择，包括爱情选择仍然难以摆脱"十七年文学"的影响，而与急剧变革的现实生活形成脱节。

从《蚕儿》开始，陈忠实的创作步入1982年，这年陈忠实40岁。不仅是个人生活状态，他的文学创作状态，也进入人生的重大转折。

《蚕儿》写一位年青教师因为新教学态度和方法为百姓不容，却给孩子们留下了终生难忘的记忆。小说以回忆方式写出，从养蚕这一小事对比了不同教师的不同人生状态和性格，亲切而自然，这种亲切感，陈忠实作品中往往出现在如南小强这样的人物身上。

《初夏时节》作品从深藏在农民心底的一个忧虑落笔，农村政策变了，可是还会变吗？二老汉心事重重"他60多年经过的事"让他总在担心政策的稳定性。小说的结构很是巧妙：以牛娃与二老汉的女儿小莉的恋爱为暗线，不断穿插，从老汉因担心政策变而犹豫于女儿的恋爱入手，把一个老实而历经苦难的老农的心理状态写得相当真切，他虽然很是欣赏牛娃改变乡村面貌的雄心大志，可是牛娃能成吗？万一政策变了呢？

陈忠实对农村的思考和他对农村的深度关切分不开。陈忠实素以善写老农形象而为人称道，"二老汉"这一形象丰满而真实，即为成功一例。

贫穷与婚姻如此之不卯从来是婚姻难以逾越的障碍。对此，作品也写得很有深度。

《土地——母亲》，一个过于庞大沉重的命名，但小说写得深沉而有分量。

母亲临终前忏悔在"文革"中，跟着当干部的儿子为虎作伥做了蠢事。同时，与父亲的坚执相比，母亲却希望儿子不再当干部，"回来务庄稼！""别再糟践土地了！"

小说发出了农民最强烈的吁求，在某种意义上，也是母亲们、父亲们的吁求！

忏悔出自于一个农村母亲，而不是别的人，这个警示，深刻而又充满了寓意。

土地与人的关系，虽然理论上我们可以讲得头头是道，可实际上，我们做得如何？我们不仅愧对父母，我们常常也愧对子孙！

小说主人公县委副书记杨生全的沉思正是作家陈忠实的沉思，越出具体村庄，开始着眼于跨时空的思考，如政策的持久性，如土地与人的关系。

《霞光灿烂的早晨》写得并不阳光，反倒有几分沉重。

小说写落实联产责任制，在分牲口私家喂养这样一个时代巨变里短暂空档中的小故事。透过农民恒老八对牲口的爱，写出了恒老八内心的痛苦不只是来自与动物的关系，也不只是来自与集体的难以分离，而是在时代巨变里难以割舍的对旧日情怀的眷恋，有了心理情感的深度。

《绿地》似乎是写反腐败反贿赂的故事，但却分外感人。这不是指河口公社副书记侯志峰月薪仅三十九块五而行贿者送来的是一百元，对这个家在农村经济拮据的侯的妻子无异雪中送炭。而尤其是指在侯志峰节衣缩食，想方设法还回了这一百元。侯志峰身上那凛然正气里，总让人觉得这是一篇自传色彩浓烈的小说，至少有陈忠实的真实情感的浸染。

《田园》是一篇婚姻忏悔录。余涛已经是一个中型工厂的副厂长了，以羞愧之情参加与前妻生的儿子的婚礼，回到了故乡。老态龙钟的母亲和前妻秀兰把他迎回了家。秀兰如果责备他几句，也许他心里会好受些。他尤其料不到的是秀兰牢记20多年他饮食的习惯：面不能吃凉的，特意给余涛端了碗热腾腾的面。

秀兰一句："我……的心里……再装不下……别人咧。"解释了秀兰20多年的苦守而不再婚的原因。

不是说秀兰不再婚就"高尚"了，而是"装不进别人"的那颗心是金子般的纯真。这种绝不移情的爱把秀兰从世俗的爱河里超度了！

陈忠实的《田园》寄托了他对爱情的思考。

《珍珠》是陈忠实这一时期作品中的一个异端，一个另类。

田珍珠曾是一个歌喉出色的女孩，在"文革"的特殊年月，在为了生存就得杀戮，甚至自相残杀的血雨腥风里，备受某公社书记折磨，逼她与书记的跛儿子成婚，她拒绝了，也因此陷入困境。现在，田珍珠成了给乡下人当吹鼓手的女搭帮。

一个有音乐天赋的女孩，如何走向了风尘？"文革"摧毁了她的梦，而如公社书记那样的恶人，更直接导致了她的种种不幸。她曾有过力所能及的反抗，仍难免失败。

是一个中国版的《羊脂球》？莫泊桑是在普法战争背景下，歌颂了一位风尘女子，而田珍珠却是一个"文革"的受难者。

这是陈忠实第一次写"文革"给普通人造成的灾难。陈忠实对"文革"的思考越过了政治、社会走向了底层小人物的命运。

"1980年代初我也囿于农业政策的改革给农民生活带来的变化这样简单的思路，写了一些篇章，我并不高明，也不属于最快最早挣脱"图解"的习惯性思维的作家，但后来终于挣脱了。"

"这个挣脱的过程颇为不易，记忆也就深刻，今天也仍然敏感。"[①]

陈忠实1982年前的创作与那个时期文坛的风云多有呼应，但他不是一个跟风的人。他的作品与同期文坛相比显然要慢半拍，甚至一拍。

让我们回顾一下历史。

1979年四次全国文代会召开，文艺界拨乱反正取得了胜利，宣告了我国文学进入一个新时期。我们已经指出，这个新时期文学的发轫是在1972年，四次文代会是给这个"发轫"补发了一个通行证。

1977年11月，刘心武的《班主任》发表。

1978年1月，徐迟的《哥德巴赫猜想》，接着《伤痕》（卢新

---

① 陈忠实. 陈忠实文集：七. 广州：广州出版社，2004. 371

华)、《在小河那边》(孔捷生)、《大墙下的红玉兰》(从维熙)、《剪辑错了的故事》(茹志鹃)先后发表。

1979年蒋子龙的《乔厂长上任记》、张洁的《爱是不能忘记的》等为这一时期的文学展现了一个噩梦中醒来的"人"的再一次发现的时代的到来。

有关农民的解放及生存的作品在1980年有了多样反映。

时代性作品有高晓声的《陈奂生上城》、张一弓的《犯人李铜钟的故事》、周克芹的《许茂和他的女儿们》。

所有这些构成陈忠实开始文学创作的文学背景。

必须看到,文学的发展并非一帆风顺。一方面极"左"仍远未肃清,一方面,电影《苦恋》引发的所谓反对"自由化"等风浪仍时时在掣肘。

1981年《现代小说技巧初探》(高行健)和《现代化与现代派》(徐迟)引发了一场关于现代性和现代派的争论;1984年,开展了关于"三个崛起"的批判(《在新的崛起面前》谢冕,《新的美学原则在崛起》孙绍振,《崛起的诗群——评我国诗歌的现代倾向》徐敬亚);电影《天云山传奇》《牧马人》与小说《沉重的翅膀》也受到一些人的批评与质疑。文坛并不平静,也不可能平静。

然而,在陈忠实看来:"80年代初,中国当代文学以摧枯拉朽之势冲决极'左'的文艺桎梏,真是让新老作家经历了一场历史性的大释放和大畅美。"[①] 这过于乐观的评价,与陈忠实当时的心境、

---

① 陈忠实. 凭什么活着. 长春:时代文艺出版社,2007.67

处境不无关系。

历史是一个机缘。人生也是一种遇合。1982年末，陈忠实的生活发生了根本性变化。他调入陕西省作协成了驻会专业作家。

不了解我国户籍制度的人，很难体会，这个全家随后由农民户口转为城市户口对于陈忠实意味着什么。

陈忠实全家结束了种地的生活，过起了吃商品粮的日子。陈忠实自己也不再担任灞桥区文化局和文化馆的职务，可以全心全意投入到文学创作中去了。为图清净，陈忠实仍蛰伏于乡下旧居写作读书。他不愿折断与故乡、故土、故居的联系。

陈忠实曾这样叙述他的心态："我那时的唯一感觉便是进入最理想的人生状态。专业创作对我来说，它的实质性含义只有一点，所有时间可以由我自由支配，再不要听命于谁对我的指派了。"当然，"压力也同时俱来，学习创作固然全由自己支配，那么，再写不出像样的作品，也就没有任何托词可以替自己遮羞了。"[①]

1981年，由中共中央和国务院发布的第一号文件，把过去视为资本主义复辟的包产到户、包干到户，开始归属于各种形式的集体农业责任制之列，上了姓"社"的户口。农民欢迎声音之高，几乎不亚于粉碎"四人帮"。

1982年初的第一号文件，又有了一个重大突破，把包产到户（即大包干）正名为"统分结合、双层经营的联产承包制"，这是"在党的领导下，我国农民的伟大创造，马克思主义农业合作化理论

[①] 陈忠实.凭什么活着.长春：时代文艺出版社，2007.91—96

在我国实践中的新发展"。

事实上,这些文件颁发前,我国广大农村在农民的创作性试验里,早已在责任承包的大道上迅猛突进。生活的激流浪花飞溅,波涛汹涌,陈忠实和广大作家一道,以自己的笔记录了我国农村这历史的巨变。

随着时代的潮起潮落,对于这一历史巨变的现实意义和深远影响,作家们还需要在生活和创作的双重实践里,去逐步发现和深化,而从创作中进行审美的创造,则更非一蹴而就。陈忠实仍然需要一个自我的蜕变。

回望1978年至1982年的创作,陈忠实始终离不开对改革开放以来激烈变动的现实生活,特别是农村生活的关注。

他不是越过现实眺望历史的作家,而是紧跟时代步伐,与时代变革保持同步。

"我无法背向现实,在生活的巨大变革声浪中保持沉默,也无法从嘈杂的实际生活中超脱出来。"[1]

陈忠实说:"1980年冬到1982年春天,农村再也找不到一个可以潜心静气读书和写作童年回忆的安静去处了。"[2] 那时,陈忠实已不在公社做实际工作,离开了农村变革的漩涡,但他依然为那里发生的事情所牵挂所苦恼。

"我无论如何无法与乡村间突然掀起的这股汹涌的声浪间隔离断,或者至少保持一段能使自己超然物外的距离。"

---

[1] 陈忠实. 陈忠实文集:二. 广州:广州出版社,2004.540
[2] 陈忠实. 陈忠实文集:二. 广州:广州出版社,2004.540

"我以努力理解过周围发生着的这种变化，写下了一组变革时期农村题材的短篇小说。"①

对于这批小说，陈忠实自己认为没有一篇自己满意的稍好稍深刻一些的。

1982年7月短篇小说集《乡村》由陕西人民出版社出版。

这是陈忠实出版的第一个短篇小说集，是陈忠实开始真正的文学创作以来的一个阶段性成果。

如前所述，与生活的同步构成了陈忠实这一阶段创作的决定性特征。

这是陈忠实创作的优势，也是他创作的局限。他虽然力求超越"当下"，但理论修养的不足限制了他对生活的思考，影响了他对生活理解的深刻性；艺术操作上的过分拘谨，让他在塑造人物和谋篇布局时，仍时时受到了制约。

他的小说，仍然以党的基层干部——不是支书，就是公社书记，不是生产队长，就是公社主任为主角，这些人物仍难离开"政治人格"的模式，要么近乎高大全，要么陷入个人私利，背离党和群众。而情节冲突几乎总与正与邪、美与丑的二元对立的过于简单判断相联。

这里我们有必要提到《珍珠》，这是一篇陈忠实可以也能够写得更好的作品。是因为吹鼓手这样的职业低贱，还是因为珍珠是位姣好的女性，曾经唱得一口好秦腔，而让陈忠实有一种距离感？也许，从根本上，是由于陈忠实对女性心理、女性情感世界的了解与艺

---

① 陈忠实．陈忠实文集：二．广州：广州出版社，2004.541

表现，还缺乏必要的探索与勇气有关。

我们还可以说说短篇小说《乡村》。他已经触及到了一个极富艺术价值和认识意义的丰富矿藏。社员们之所以凑钱为泰来叔填补了空缺，九娃之所以敢于讹钱不只是因为他是贫农，而是因为他更想当队长，要挤垮泰来。尤其是那被错整了的王玉祥，还有极"左"支配下简单化处理问题的葛队长以及过于谨慎的胡同志。这些地方，这些人物，留下了巨大的想象空间，留待他向着乡土中国文化传统的深层结构开掘。1981年的陈忠实虽已触及，却仍需时日，才有可能实现他的艺术抱负，为我们民族构筑心灵的秘史。

陈忠实艺术上的进步是明显的，也是可喜的。《信任》获全国奖以及《立身篇》《尤代表轶事》《第一刀》在甘肃与陕西分别拿下大奖，无疑给予陈忠实的艺术自信以鼓舞。

"突破自己"是陈忠实对自己的不断追求。

"突破自己"，首先要清醒认识自己，这才能寻找到真正的"突破口"。

陈忠实的清醒理性在这些地方发挥了巨大作用。这不是一件容易的事，需要冷静，需要一种近于严酷的自我解剖。陈忠实不乏这种理性。与陈忠实同时起步的西安农村业余作者，似陈忠实这样后来成长为当代文学参天大树的，八九十年代的西安唯陈忠实一人。其间的原因多多，而严酷的自我剖析与不断进取，是原因之一。

陈忠实学习莫泊桑的小说结构手法，集中矛盾与冲突，善于从场景中展开情节，从而避免了平铺直叙，这种艺术提炼之功，非一时一地养成。《信任》可视为这方面的优秀之作。

在语言上不断锤炼,生活气息浓、方言特色重,是陈忠实语言的优势;创造一种刚健而富于弹性的生动活泼的文学语言也是陈忠实的追求。但刚健有余而弹性不足,是陈忠实语言的缺陷。对话语言强于叙述语言是陈忠实语言的又一特点。

陈忠实在艺术上的提升,表现为作品情感色彩的逐渐强化。陈忠实擅长写尖锐冲突,但写情感的波澜起伏、写细腻而微妙的情感变化尤其心理活动,显然还有待艺术的实践。小说是通过情感与读者进行交流的,这一认识对于作家极为重要,而尤为重要的是艺术实践中的不断创新。

艺术是理念的感性呈现,黑格尔早就指出了这一点。感情在感性世界里是一个举足轻重的构成,所谓"以情动人"正是文学艺术的魅力所在。

陈忠实在实践中逐渐体认到早期"操练"作品中过多的议论不仅多余,而且损伤了作品的整体效应。

所谓人物性格,首先是人物的情感内涵和变化以及它的表达方式,而准确把握所表达人物的情感是重中之重。经典作品、优秀作品为我们提供了可资借鉴的成功范例。

陈忠实并没有在旧的轨道平移或滑行,他在力求创新。他的创新与当时全国创作现状的平均值虽基本一致,但与文坛的先锋,与前卫存在相当距离。陈忠实当时仍然是一个地域性作家。他的作品虽在全国获过奖,但影响力主要还是在陕西。

陈忠实说:"近三四年间,我离开了公社的具体工作岗位,时间是充裕了一些,得以把多年的生活积累写成习作。"

"从去年(1981年)下半年开始,我感到空了,感到某些气力上的不足,加之这三四年间农村生活发生了急剧的变化,我确实感到需要立即进入生活。"

"今年春天(1982年),我随区委工作组下乡,在渭河边的一个公社里落实中央关于农业生产责任制的有关政策,踏进矛盾之中,有了对今天农村的真实感受,心地充实了。"①

创作要具备多方面的修养。而当这些方面具有了一定的基础之后,起决定作用的是作家的生活积累和对生活积累认识的深度、对时代发展的把握、对人民群众心理情感深入的了解和感悟。

短篇小说集《乡村》是一个标志。从1978年《南北寨》开始,陈忠实进入到他文学创作的成长期。这个成长期一直延续到80年代后期《白鹿原》的创作。以1982年为界,陈忠实的文学成长期可分为成长前期、成长后期,《乡村》是分水岭。中篇小说《康家小院》执笔于1982年,可视为成长后期的开端之作。《康家小院》告诉我们,陈忠实对乡村生活的艺术审视从社会层面转向了文化和心理层面,转向了对民族文化心理的历史性考察。

---

① 陈忠实. 陈忠实文集:一. 广州:广州出版社,2004. 546

第五章　1982年：单纯与复杂

把1982年作为陈忠实在新时期文学创作成长期中的一个分界，是从陈忠实对小说文体的把握考虑。陈忠实一直从事短篇写作，1982年前后，陈忠实开始了中篇写作。中篇《初夏》《康家小院》就是在这个时候开始动笔的。小说文体从短篇向中篇过渡，无疑标志着作家对生活、对小说文体的驾驭和表现有了推进。

更深层次的原因或者说主要是作家身份的转变。

1982年陈忠实成为了专业作家。虽然他仍然坚持在农村老屋写作，但这种由公社社员、公社干部到文化馆馆长再到专业作家的身份、职务、地位的变化，促成了陈忠实从感受生活到表现生活的深刻变化。

赛义德认为："人生中关切开始比关切结尾更重要，而且，我说，这与情境有关"，"重点在于他某些时期要求重新定义一个人的情境……为了规划自己的走向，需要一种开始的感觉作为起点。"①

作家对生活的观察的指向性，思考的角度和情感的倾向性，以

---

① 爱德华·赛义德. 知识分子论. 北京：生活·读书·新知三联书店出版社，2007. 121

及将这一切予以艺术化重建的魅力、笔力,是与作家的社会角色以及与这种角色相一致、相关联的生活方式、感情方式相联系的。

正如泰纳所说:"人们的境况的任何变化,都会引起他们心理的变化。"①

艺术是由人们的心理活动创造的,而人们的心理是根据他们的境况而变化的,而它的境况,归根到底,又受它的生存状况所制约。这是普列汉诺夫的观点。在普列汉诺夫看来,这种生存状况是它的生产力状况和它的生产关系。

相当长一个时期里,陈忠实的作品离不开公社干部、生产队长、支书这样的人物。这些人物之间以及他们与群众之间的关系,成为了作品的主要内容。"革命叙事"是这个时期作品的叙述特征。冲突总是在事关大局的矛盾里形成、展开,歌颂与批判的所指明确而强烈。

1982年前后,陈忠实作品悄悄地有了变化。从单纯走向复杂,成了1982年后陈忠实创作的明显标志。这才是以1982年为陈忠实创作转变分界线的根本缘由。

《霞光灿烂的早晨》写的是老饲养员的新困惑,但那困惑触及到了一个更深的层面。

《珍珠》就标志了陈忠实审视生活的眼光向社会的方方面面、角角落落的扩大和延伸。乡村女吹鼓手这样的小人物进入了他的艺术视野。

从"革命叙事"向着"生活叙事"的转变,就是在这样的前提

---

① 泰纳. 艺术哲学. 北京:人民文学出版社,1963.197

下发生。当然，这将是一个需要假以时日的过程。它还会出现反复，不可能直线前行。

中篇《最后一次收获》完稿于1985年，为我们提供了一个陈忠实创作变化的样本。

欢乐的丰收和依依惜别的留恋让这个中篇呈现了一种陈忠实以往作品中罕见的轻快和欢笑，将它视为田园抒情诗似不为过。而往昔农村劳动的艰辛与农民生活的贫困，成为小说底色，将这篇小说谱写成了欢乐与悲凉的二重奏。

转为专业作家后的一千多个日日夜夜，陈忠实有了以别样的眼光看待这最后一次丰收的可能。

小说主人公赵鹏的生活变迁与作家经历的相似性，赋予小说某种程度的自传色彩。当然，这绝对是文学创作。

空前的大丰收，使夏收的劳动获得了欢快的旋律。因为是最后的一次田间劳作，又谱入了依依惜别的留恋，形成了欢乐与惜别的合唱。活着的和逝去的这块土地上的灵魂，就在这二重奏里舞动。

小说把笔延伸向了往日的回忆。种种艰难，在时光的过滤下，竟然美丽了起来。这种刻骨铭心的经历，有了诗意的升华。

小说为我们展开了炎炎烈日下的收割、搬运和晾晒的全过程，劳动与劳动中的情感构成作家的双重叙述。乡情、亲情、恋情、友情……如海浪，潮起潮落。

多少年了，这块土地有了奇迹般的丰收。何以在一个相当长的时间里，同样是这块土地，同样是这样的耕耘者，同样是镰刀、小推车，收获的却是贫穷？

新的农村经济政策如魔棒，给农村带来了巨变！

生活并不一路凯歌，生活仍处处有险滩、暗流。

小说塑造了农村中出现的新的权贵，村支书赵生济。

中央政策是什么？农民说："红苕么，生着是硬的，蒸熟了就软了。中央的政策下来的时候都是硬的，经过赵生济书记那个锅一蒸就软了，随扁随圆由他捏。"

问题的严重性在于赵生济理直气壮，有恃无恐。小说于此显示了批判的尖锐性、深刻性、前瞻性。

小说还塑造了两个性格鲜明的女性。妻子淑琴，一个中专生，饥饿时期退回了农村。小说由此回溯了农村生活的长期苦难和苦难中的相濡以沫。五味俱全的人生况味为小说抹上了多重色彩。

邻居王秀玲这位活泼的善于调侃的农妇，小说从她的眼光写出了农民对城市人的向往和艳羡。

支书眼里几个调皮捣蛋的青年，关键时刻给了赵工帮助，表现了年轻一代农民的成长，他们会是未来的希望吗？

陈忠实的细节刻画尤见功力，"爱皱鼻子"是淑琴的一个表情。抓住了这个细节，淑琴也就写活了。原来，赵鹏当初就因为这个可爱细节，爱上了淑琴。

风景、民俗也融在了这首劳动之歌、丰收之歌。

陈忠实写景，多有学习柳青、王汶石处。而在这篇作品里，有了陈忠实自己的画面：

> 渠岸上绣织着杂草，马鞭的长蔓、菅草的长叶、三棱子、长虫草以及苦苣和臭蒿，织成一条厚茸茸的草毡。大珠露水在

黎明的晨光里闪闪发光,浸湿了他的脚面和腿腕,凉凉的,痒痒的。空气清凉而湿润,使人不由得想张开双臂,鼓起胸脯,吸进这富足的洁净的空气。

黄土地夏日清晨水渠边的美景,清新而让人兴奋。这是一个知识分子眼里的关中麦收季节的早晨。

除了告别,还有责任:"为了他的乡亲和赵村的后代尽快甩掉那又硬又涩的牛皮车绊,他明白自己应该怎样……"

如果不是以现代的眼光审视,作家不可能发现,小推车已经走过了两千多年的风尘,它当年的辉煌并不能解释为何它停止了改进和发展的轨迹。

笔者之所以重视这篇小说,正是从小说的现代眼光、现代气息着眼。也许不是在文学的创新意义而是在陈忠实心路历程的标杆意义上,这个中篇理应受到我们格外的关注。

陈忠实思考农民命运的现代性的萌发,不再只从政治、社会出发,而是扩展到从生产工具、科学技术上入手,这不能不说是一个根本性转移。"又硬又涩的牛皮车绊"的甩掉,是一个美好的希望。

陈忠实从公社干部业余作家向现代意义上的作家转变,并不会在一个早晨完成。他从政治、社会、道德视角思考农民、书写农民向着现代启蒙,向着现代性的转变,将是长期的过程,难免出现反反复复。具体说,它是从对心理结构的捕捉开始的。这种艰难的转变,从陈忠实的中篇小说创作的发展里,可以理出大致的脉络。

陈忠实认识到:特别是在重大的社会变革时期,必然引起社会各阶层中各种人的复杂心理情绪的变化,这是由他们所处的政治经济地位以及个人独特的生活经历形成的独特心理变化。作家只有深入到这些人中间,对他们做历史和现实的深刻了解,才能得到自己对生活的发现,才能抓到反映生活的闪光的金子。[①]

陈忠实着手的第一个中篇是《初夏》,这是短篇《第一刀》的逻辑发展和艺术提升。它反反复复修改了四次,历时三年。

《初夏》的初稿曾被《当代》编辑看好,作家再改后,又得到老前辈秦兆阳的指点,陈忠实尊敬的王汶石也给了多方面帮助。

这是一部描写农村推行责任制初期复杂生活的作品。"用较大的篇幅来概括我们经历的和正在经历的农村生活",陈忠实如是说。

冯家滩支部书记冯景藩,几十年来把自己的一切都献给了党在农村的集体化事业,甚至拒绝了当脱产干部这样的身份转换。于今,面对家庭联产承包责任制,他的"幻灭"不仅真实,而且具有代表性。冯景藩并不是怕和社员一样去种责任田,而是有着更深层的原因,这就是精神的失落。沉重的挫折感让他觉得他无法接受这严酷的颠覆性的变革,这无疑是特定历史时期的独特心理状态。冯老汉痛定思痛,改弦易张,决心不让儿子重蹈覆辙,他要让儿子去城里当司机,改换门庭。

退伍军人、年青党员、冯景藩的儿子马驹,陷入了矛盾之中,几经犹豫、动摇,终于从个人的屈辱,个人的情感里奋起,以逝去的返乡知青冯志强为训诫,决心留在农村创办农办工厂和副业,走"共同富裕"的路。

---

① 陈忠实. 陈忠实文集:一. 广州:广州出版社,2004.547

父子两代人的冲突，特别是彩彩的宽容和深明大义，为小说渲染了浓重的理想主义色彩。

老作家王汶石指出《初夏》像《创业史》，连一些人物都像。

然而时代已经转向了新的轨道，而《初夏》却仍在旧的轨道上滑行。正是这种错位使陈忠实的这部作品难产，"从事写作20年间所经历的一次最严重的痛苦"①，让他困扰，他发现了他笔下人物的"集体叛逃"。

人物的"叛逃"本该唤醒陈忠实，然而，无论是王汶石、秦兆阳，还是作家本人，长期的习惯形成的思维定势，都在"叛逃"面前无能为力。要从极"左"文艺思潮下挣脱并走向生活的常识，走向文学的本来意义，仍然需要时日。

"这是我写得最艰难的一部中篇。"陈忠实说。他起初以为这是由于自己"对较大篇幅的中篇小说缺乏经验，驾驭能力弱"，后来他"意识是对作品人物心理世界把握不透才是几经修改仍不尽如人意的关键所在"。②今天来看，所谓"人物心理世界的把握不透"仍非关键，正是"不准"而非"不透"，即人物心理走向与生活主流的背道而驰导致了人物的"集体叛逃"。陈忠实认为，作品中的人物集体叛离，根源在于他背离了他们。

如果说，当年《创业史》曾备受推崇，梁三老汉、梁生宝作为一个时代的文学典型而备受读者青睐，那么在社会语境、文学语境已从"革命叙事"转向了"生活叙事"的20世纪80年代中期，

---

① 陈忠实. 陈忠实文集：三. 广州：广州出版社，2004. 192
② 陈忠实. 陈忠实文集：六. 广州：广州出版社，2004. 264

《初夏》遭遇冷落也就在情理之中了。

冯马驹生不逢时，文学的接受早已越过了梁生宝走到了对复合人物的阅读。这种徘徊于"十七年文学"的叙事的不合时宜，陈忠实当时能自觉意识到吗？

其实，从维熙的《大墙下的红玉兰》、张贤亮的《绿化树》以及王蒙的《布礼》不也是在"政治——人格"的理想主义模式里寻求突围？

不要轻看《初夏》在陈忠实创作中的"突破"。这是陈忠实的第一个中篇，它"最基本的收益是锻炼了我驾驭较大规模、较多人物和多重线索的能力，完成了从较为单纯的短篇小说结构到中篇小说的过渡。"多年后，陈忠实回顾了《初夏》于他的意义。[①]

1982年，陈忠实完成了中篇小说《康家小院》，并于次年发表。这是陈忠实中篇小说的第一次面世。

"没有女人的家，空气似乎都是静止的。"小说以此开篇，奠定了小说的基调，即女性对于生活世界、情感世界的意义以及女性的解放。

从革命叙述转向生活叙事，对于陈忠实来说，是一个虽未被强调却绝不可小觑的转折。

过去男性、刚性是陈忠实笔下人物的性别、性格选择，而关于女性、关于情感世界，尤其爱情与性爱，《康家小院》可以说是第一次涉足。小说娓娓道来，写得富于诗意。

---

① 陈忠实．凭什么活着．长春：时代文艺出版社，2007.57

康家小院原是寂寞的，冷清的。现在，康家小院因为年轻、漂亮、善良的媳妇吴玉贤的到来，有了温暖和柔情。这一切从康田生和勤娃的眼里、感受里写了出来。

从寂寞到温暖到康家小院的惊雷炸响，这样一个"裂变"，是因为玉贤的"红杏出墙"。

玉贤是小说的中心与重心，她是推动小说发展的发动机。陈忠实把一个年青女性设置为小说的主人公，不是第一次，但它与《珍珠》不同。《珍珠》的命运是在"我"的视角里展开，而《康家小院》解除了"他者"的眼光，自我呈现。当然这个"自我"仍是作家的艺术创造。

新媳妇与冬学教员的交往以及情感发展，新媳妇被欺骗受玩弄，新媳妇在娘家受责后的思考与自杀未遂，新媳妇决心回归和面对勤娃那一份割不断的情……所有这些年轻女性的情感和心理变化，其细腻，其跳荡，其脉络，其走向，在陈忠实的笔底有了生动、真切的描述。在陈忠实以往的作品中，这应该是第一次。

乡村年轻女性在现代文明初现时那种情难自禁的依归与选择，突破了陈忠实作品中固有的政治划定和束缚，突破了陈忠实作品中潜在的道德伦理禁区。它成为了陈忠实小说艺术探索的"处女地"。

情爱、性爱是玉贤的旗帜，她的止步是必然的，她回归康家小院更是必然的。

试把《康家小院》中的玉贤与鲁迅《伤逝》中的子君作一个比较，她们都面临着"传统"的强大，她们都面临着"现代"本身的不完全。

那个杨教员所象征的现代文明的丑陋与无耻,明白无误地告诉我们,现代文明在中国远未发展起来,它是一个发育不完全的怪胎。

不妨再与契诃夫的小说《新娘》做一比较。

新娘娜佳,23岁,从16岁起就热切地盼望出嫁的她,现在成了她爱着的安德烈·安德烈维奇的新娘。然而,她陷入了痛苦。

小说以娜佳从家里的出走结束。因为新的生活,虽然还朦朦胧胧,充满神秘,却在吸引她、召唤她。

同样是不安于固有的生活,同样是憧憬着别样的生活,为什么娜佳会出走,而且就这样走了?

放在世界文学的广大背景上,我们可以看到,无论鲁迅笔下的子君还是陈忠实笔下的玉贤,她们只能回到旧的生活秩序里去。

如果这是一篇发表于改革初期的小说,轰动效应是必然的。即便如此,《康家小院》也获得了上海《小说界》首届1981—1983年优秀作品奖。

《康家小院》是一朵迟开的玫瑰!放置到陈忠实文学创作的轨道上,它具有"里程碑"意义。

"对于生活的描绘对于生活中蕴藏的诗意的描绘,对于一个特定地区的民族习俗中所隐含的民族心理意识的揭示,只有在《康》文的写作中才作为一种明确的追求。"陈忠实自己这样表述这部作品在他创作道路上的意义。[1]

《康家小院》转向了中国文化传统尤其是儒家文化和伦理道德这

---

[1] 陈忠实. 陈忠实文集:三. 广州:广州出版社,2004. 474

片厚土,深入到了传统道德与现代文明的必然冲突与纠缠,深入到了爱情、婚姻、家庭、两性世界,探查女性的重要地位与女性自由,妇女解放的艰难。

这是情感与精神、爱欲与文明的文学园地,陈忠实闯了进来。

陈忠实曾经回顾了小说的酝酿。1981年陈忠实到山东曲阜参观了孔府、孔庙、孔林,"感受到了一种沉重的心理上的无形的压力……直到回到宿地,这种沉重的压力也不能完全解脱","今天,这种感受凝聚成一个中篇小说,这就是《康家小院》。"在这篇小说里,陈忠实说:"我想探究一下由孔老先生创立而且一直延续下来的文化,对形成我们这个民族特有的心理意识结构形态的影响,于我们今天的生活似乎并无本质的隔膜。"[1] 毋庸置疑,探讨民族文化心理结构以及这种心理结构的历史形成,成为了陈忠实的一种追求。值得强调的是,《康家小院》的故事发生在建国初期,说明陈忠实艺术探索的笔开始荡漾,伸向了20世纪50年代。这无疑是一个时间上的延伸。"往昔岁月的追忆"这个艺术富矿,陈忠实第一次的勘探,收获匪浅。

还有更多的文学课题,等待陈忠实去破解。

1985年,陈忠实重回这个园地,写出了《蓝袍先生》。在陈忠实的中篇作品里,《蓝袍先生》是开不败的花朵。它予陈忠实的影响,巨大而久远。

1983—1984年,陈忠实的创作又转向了短篇。

---

[1] 陈忠实.创作感受谈.西安:陕西人民出版社,1996.73

早在1981年，陈忠实有过《短篇二题》，对人生世相的丑恶予以讽刺。虽然只是一个片段，却标志着陈忠实的笔开始游走于政治之外的世俗人情。1983年，《旋律》延续了这类短篇小说的创作。《旋律》在对话中完成，一个俗不可耐却曾迷倒过两位男主人公的女人，在双方的举杯共庆里被烘托了出来，烘云托月，只是月儿不再美丽。

误会，尤其是善意的误会，也可以塑造一个形象。这样的故事，作家们写过不少。陈忠实于1984年创作的《送你一束山楂花》属于这一类故事，只是更多地融进了作家个人的文学成长体验。

因误会而滋生的爱情幻觉、幻象，帮助主人公黄草开始发表处女作。是爱，是爱情支撑了黄草，走到了成功的门槛。这里，作家写出了爱情，而不是诸如政治之类的力量。当幻象破灭，黄草并没有崩溃。那毅然决然送给他的那束山楂花，象征了文学，也象征了山楂这位女图书馆员的真诚帮助。

爱情与文学的联姻，在陈忠实的创作里，有了第一次的实现。这是一个良好的开端。

陈忠实回到了他熟悉的农村题材的旧路。在《我自乡间来》系列中，陈忠实写了《马罗大叔》《鬼秧子乐》《田雅兰》《拐子马》四个短篇，分别塑造了四个闪耀独特个性的农民形象，他们不再只是那种政治性的存在，而是在政治与社会的夹层里努力维持并张扬自己个性的本真性存在。

马罗，一个性格怪异孤僻的农民老光棍，不断的政治运动把他逼向了生活的边缘。他那"呼啦海"的性格后面，自有一种深沉的强大的生命意志。他与他的相好、"阿克西妮亚"那份偷偷摸摸的爱，是以马罗大叔不断给予救济维系的。她，一个地主傻瓜儿子的婆娘，如果没有马罗的救济，不可能活下去。在扭曲时代的扭曲情爱故事里，马罗大叔显示了他倔犟的正义感和同情心。

鬼秧子乐，这个一辈子在政治运动冲击下缺乏生存安全感的小人物，养成了一种弯弯绕的性格。精明的他，乘改革之机卖起了油糕，后来又开了个"一字歌饺子馆"。然而仍不放心，"我不能不考虑留下退路"。这种难以驱除的对时代与环境的不信任感、不安全感，是怎样形成的？作品给我们留下了许多思考。

田雅兰，泼辣而张扬的农村妇女，要养活瘫了的丈夫和三个待哺的孩子。饥饿的生活教会了她耍泼。改革开放了，田雅兰发家了，她还清了当年的救济款，成了田经理。她还要求媒体宣传她，在"泼妇"的外包装下，她始终以进取的姿态以确证她个体生命的价值。

拐子马似乎是一个象征"正义"的人物。他身体残疾，粗暴又倔犟，竟敢以民告官、违法砍树，虽合情合理却不合法，对社会集体所有制的弊端和某些干部的以权谋私，做了讽刺性批判。而农村支书马成龙道貌岸然的嘴脸和德行，在陈忠实笔下，受到了尖锐的批判。

小说以"拐子马被县公安局拘捕了"一个短句开篇，这种结果在前、解释在后的倒叙与逆反的叙述方式，后来在《白鹿原》中运用得更为成熟。

四个短篇小说的开端各不相同，倒叙、正叙、追叙穿插运用，陈忠实通过各种不同叙述方式的试验，寻找他小说结构的最佳途径。

把《我自乡间来》的四个短篇与《南村纪事》的三篇略作比较，短短三年时间，陈忠实创作的深度有了重大变化。这就是对生活复杂性的、人物复杂性的开掘，对社会底层形形色色的小人物的关注。

马罗、鬼秧子、田雅兰、拐子马这些人物绝不完美，但正是不完美中的人性闪光，成就了这些真实可信的农民形象。较之于那些"纯粹"的农民先进人物，这种复合型形象更令人信服。当然，这些作品似有议论过多之嫌。另外，小说的叙述全部是从"我"的视角完成，这也许是《我自乡间来》总体构思的局限。

陈忠实左右开弓了。1983—1984年，陈忠实同时在短篇、中篇小说与散文的园地中耕耘，创作有如井喷。

1984年，陈忠实完成了他比较喜欢的中篇《梆子老太》，发表于同年第二期的《文学家》。

陈忠实喜欢这篇小说不是没有理由，不过，也有评论者不以为然，认为过于指责了梆子老太，似欠公允。1984年的文坛，充满了不同声音，这也是好事。

陈忠实是这样概括这一人物的："梆子老太是一个复杂的形象。不正常的生活扭曲了她的灵魂，这个被扭曲了的灵魂反过来去扭曲生活。"[1]

---

[1] 陈忠实. 陈忠实文集：三. 广州：广州出版社，2004. 475

嫉妒，是人性的天生弱点，中外文学作品对此写过不少名著。如《红与黑》，如《呼啸山庄》，又如不朽的《红楼梦》，告诉了我们：嫉妒一旦与爱情与人生追求携手，岂止是狂风暴雨，甚至山崩地裂的悲剧都可能发生；而嫉妒一旦与政治权力联姻，或者直接成为政治权力的原始推动力量，那引爆的邪恶，将带给人世无尽的灾难。

关于《梆子老太》，陈忠实曾讲过：直接诱导我创作这部小说冲动的一件事，是嫉妒导致杀人的一桩刑事案，发生在落榜的同学与准大学生身上。陈忠实还讲到华君武的《武大郎开店》这幅名噪一时的漫画对他的启示。

作家创作的冲动，为我们理解作品指出了一种思路，但我们主要还是从作品出发，所谓"意图谬误"早已为明智的批评家提出，虽然了解创作"意图"可以帮助我们便捷进入作品的世界。

小说以人物传记的方式，为我们展开了一个叫梆子老太的不幸人生。

她，梆子老太，当年一个年轻媳妇，嫁到了梆子井村景荣家，似男子一般学会了务庄稼，然而，她不会针线活，不能生育，这使她陷入了不可名状的"集体歧视"、"集体抛弃"。这注定了她低下的地位，也铸就了她从"自卑"逆反出的极度嫉妒。

她因此被村民呼之为"盼人穷"，这当然是个极不光彩的绰号，那心理的阴暗狠毒尽在绰号中。

梆子老太其实是不幸的。然而，正是这种嫉妒滋长了她邪恶的报复心，她想方设法要回击大家。"四清运动"为她提供了最佳土壤，她成了"四清运动"积极分子，成了"贫协主任"，极"左"的政治路线将她的嫉妒膨胀为可怕的精神瘟疫。她将瘟疫播散为梆子井村的灾难。

如同阿Q之向往革命，梆子老太与极"左"天然地默契。她凭借极"左"登上了梆子井村权力中心。极"左"通过她在梆子井村制造灾难，肆虐于无辜。

"文革"中梆子老太更红极一时，直接参与制造了冤假错案，置人于死地。

"四人帮"垮台，拨乱反正，平反冤假错案后，梆子老太仍执迷不悟，极"左"思维使她已不能回到现实了。小说关于这种偏执狂心理的刻画，很有深度。

梆子老太死了。死了，村民无人抬埋，是被她整过的胡长海、胡振武两位村干部动员并参与，埋葬了梆子老太。

梆子老太的丈夫，老好人景荣是这样评价的："她是被人哄弄的昏头昏脑了，没主见的傻女人……"这话只说对了一半。没有极"左"，梆子老太不可能有如此能量。但作为个人，她自己也有不可推卸的责任。这个卑微的小人物，正是凭借错误的政治舞台，才能在梆子井村兴风作浪，所向披靡。这才是《梆子老太》的深刻处。如《狂人日记》所揭示，被吃的人也会吃人。陈忠实继承了鲁迅的启蒙精神，将他批判的笔锋指向了我们民族文化心理的痼疾。

陈忠实曾明确表示要通过这个较为复杂的形象，"挖掘一下我们的国民性"。他进一步说："选择梆子老太，无非是我比较熟悉农村生活，写起来更为方便一些罢了。"

把《尤代表轶事》与《梆子老太》做一比较，后者人物心理、精神世界的剖析较之前者，深刻细微多了。

即使把《芙蓉镇》的王秋赦这一形象与梆子老太放在一起，后者也绝不逊色。在我国新文学作品中表现"运动根子"王秋赦这种流氓无产者的作家，不乏文学前辈；但从农村女性、从嫉妒这一人性弱点的角度来塑造这样一个畸形人物，当代文学中并不多见。

陈忠实自己谦虚地认为，小说不曾达到应有的深度。创作原无止境，这样说，也对。

《梆子老太》在技巧方面，也有了一些变化。

相当长时期内，陈忠实创造人物主要是莫泊桑式，在情节和事件推进中完成的，如《接班以后》和《信任》。《梆子老太》中，陈忠实采用的是契诃夫式，以人物来结构小说。全篇纯按梆子老太的命运轨迹和心理扫描来展开，小说并没有一个贯穿始终的事件。

相对来说，《梆子老太》的议论和直白也少了一些，这也是一个变化。

陈忠实的笔，调转了他创作的方向。《梆子老太》完稿后，他去写《十八岁的哥哥》，这是一个蒸腾着当下生活热浪的身边故事。这是一篇荣获1985年《长城》文学奖的作品。

中篇《十八岁的哥哥》是一部成长小说，不难看出小说与《人生》的某种关联性。它们都是写社会经济转型初期农村青年的曲折成长。不过，《十八岁的哥哥》写得明亮一些，曹润生即使失败了，仍然硬气得很。

小说以人物为中心展开叙述。18岁的高中毕业生曹润生，高考落榜,返乡务农,加入到曹村庞大的捞石头大军中。

他年轻、热情而单纯,在捞石头卖石头的竞争中一路领先,在村民的拥戴下,搞起了"劳动组合"。

他彻底败下阵来,败在了村长和公社副主任联手营私舞弊、以权谋私和政治上的算计。

他高中时代萌动的爱情也结束了。

初出茅庐的曹润生的失败,似乎是注定了的。可贵的是,他绝不低头,绝不屈服。

把批判的"矛"指向现实,指向当下,指向市场经济刚刚启动时农村基层干部的权钱交易,不再是历史,不再是极"左",使作品对社会现实的批判具有了同步性。陈忠实曾经多次表示:"回首昨天,对我来说,感触和体验最深刻的还是80年代。"[①] 在写于20世纪80年代的这批作品中,《十八岁的哥哥》以它的蓬勃朝气令人注目。

曹润生的悲剧是社会的悲剧,也是性格的悲剧。变动的社会经济结构和社会运行为他提供了发展的可能,同时,也带来了重重障碍。某些人"权利寻租"使他不可能与竞争者站在同一起跑线上,何况,他幼稚而缺乏人生经验。小说对这个形象的把握准确而富有新意。虽然失败,绝不认输,这是曹润生这个形象的迷人处。市场经济大潮中,曹润生能搏风击浪,弄潮于风口浪尖吗?这样的形象只有留待年青一代的作家去塑造了。

---

① 陈忠实. 陈忠实文集:六. 广州:广州出版社,2004.259

日本作家小野不由美在他的奇幻小说《十二国记》中，写到一个叫庆的国家，作家说："我希望庆国的人民都能成为不羁之民，受他人虐待时有不屈服之心，受灾难侵袭时有不受挫折之心，若有不正之事时，不怕修正之心，不向豺狼献媚。庆国的民每一位都能成为王，都能成为被称为自己的这块领土的独一无二的王。"这种希望，对于我们不失为矫正之道。

如果说《十八岁的哥哥》指向的是当下，那么《夭折——献给一位文学的殉道者》就回到了"过去"。

《夭折》继续了《送你一束山楂花》对文学青年命运的思考，以中篇规模写了一位文学殉道者的悲歌。

小说从"我"的视角展开，渲染了浓厚的抒情色彩。

一向自卑的"我"，最终成为了作家，走向了成功之路。不只是为了"主观叙述"有意设置了这样一个"我"，在更大程度上，作家是想以"我"的成功作为一个对比，反衬惠畅的失败并不是偶然的。惠畅文学生命的夭折，与惠畅的自身弱点分不开。

20世纪80年代陈忠实作品中的主人公常常是返乡高中毕业生，这与他早期作品常以农村支书为主人公有着某种内在联系。当作品从"革命叙事"向"生活叙事"转换，返乡知青替代农村支书也就成了一种选择。乡村支书与返乡知青都为陈忠实熟知，而且他本人也曾有返乡知青的亲身经历。

《夭折》的落笔处下在1962年饥饿时期，惠畅高中毕业返乡务农，他并不丢弃他的梦想，他富于才华，狂放而纯真，以惊人的意志力投身于阅读与写作。他节衣缩食，孜孜以求，终于收获了最初的成功，在省报发表了作品。这些关于惠畅的文学追求的叙述让我们常常会联想到作家自己的生活与文学历程，真切的笔触往往把读者带回过去的年代。

《马罗大叔》里出现过的马罗这一形象在《夭折》里有了更为生动而洒脱的演绎。马罗成了小说中惠畅处女作《小河秋高》里的人物原型，《静静的顿河》里苦苦追求阿克西妮亚的葛利高里，被马罗置换。在陈忠实20世纪80年代的小说中，这种活跃在不同作品里的同一人物形象，也让人寻味，例如《猪的喜剧》中的韩主任，在《南北寨》里也有过丑陋的表演。

小说也写惠畅的爱情，惠畅与高中恋人琴茹的毅然分手，为惠畅的性格清醒的一面增添了浓重的一笔。琴茹考上了医学院，与返乡的惠畅很难成婚。惠畅对秀花的选择，也为他情感的明净清澈吟颂出了温存的小夜曲。

贫穷、饥饿、极度的物质匮乏，对于惠畅是严峻的考验，惠畅却甘之如饴。他甚至不愿去考民办教师，以免影响他的写作。

柳青、王汶石是小说中惠畅和"我"的偶像，成为他们相信未来的天边的晨星。

"四清运动"来了，踌躇满志的惠畅，陷入了万劫不复的困境。原团支书现生产队长为报复惠畅将其打成了地主崽子。权力与极"左"政治将惠畅的文学梦彻底粉碎，惠畅再也不能写作，不能发表作品。一旦隔断了与文学的联系，惠畅便被彻底击垮，小说对人物性格和心理突变的把握，不仅有深度，而且倾注了作家的情感。

惠畅成了一个游走四乡的木匠。

"惠畅具有成为一个作家的禀赋和气质。有十个惠畅就有可能成长起十个中国的青年作家。可是他却在刚刚迈开一步之后夭折了。"小说以沉痛之笔为这一"夭折"而扼腕而惊悚!

"文革"结束,惠畅以自己的劳动开始富裕起来。他想重操旧业,他想予文学事业以资助,这当然是他的一厢情愿。他已远远疏离了文学。

作品为我们揭示的悲剧,是社会的,也是个人的。

生活的贫困、爱情的割舍,都不足以动摇惠畅,政治和权力却能置惠畅于死地。惠畅的夭折证明了生活逻辑无可违抗的力量。被定为"地主崽子"后,惠畅甚至为自己能如猪那样无忧无虑而感到庆幸。《梆子老太》里的那种历史批判在这里借另外一类文学人物的命运完成。

如同《梆子老太》一样,《夭折》批判的不只是畸形的政治,也针对人性自身的弱点。惠畅可以抵挡贫穷,但他显然难逃政治的打击和陷害。惠畅那根"文学敏感的神经"是脆弱的。人性的脆弱,在陈忠实的笔下,被再次予以艺术的审视。个体生命在"先在的社会规范"里的人生悲剧,果真难以突围?这也是以鲁迅为代表的"五四"新文学启蒙主义的精神诉求和世纪拷问。

鲁迅的《孤独者》《在酒楼上》的悲剧在《夭折》里重演,但在思想深度和艺术表现上,《夭折》当然提炼不足,修炼不够。20世纪80年代兴起的新启蒙思潮成为照耀这一时期陈忠实创作的明灯。

第六章 从与农民共反思到与民族共反思

1985年是新时期文学史里重要一年。创作喧哗,理论狂欢,书写了它的光荣。

1985年被称为文学观念年。比较文学研究方法普遍引起了关注,系统论、控制论、信息论被引进到文学研究领域,西方各种文学理论大量翻译和传播,传统文论也在新的眼光里被重新审视。创作的蓬勃发展向文学理论、文学批评提出了种种挑战,要求理论的阐释和指引。

随着反思文学的深入,文化寻根成为许多作家的共同追求。

王安忆的《小鲍庄》、韩少功《爸爸爸》等一批作品问世以及韩少功的《文学的根》的发表(《作家》1985年第四期),汇聚成"反思文学"后的"寻根文学",并由此引发了对民族文化的再思考,形成风靡于20世纪80年代后期的文化热。

文化寻根、文化热的出现有它的历史与现实机缘。

我们民族在20世纪开启的从传统向现代的历史转型的曲折道路上,曾不止一次在文化批判与文化传承中徘徊。"五四"新文化运动对于文化传统的再思考正是这种文化创新中不可缺席的时代发言。

文化反思与启蒙思潮互为呼应而形态不同。如果启蒙侧重于对文化传统的批判，那么文化寻根就呈现了一种复杂的形态。但它更多地是与西方现代主义、后现代主义对于西方工业文明的批判相联系，更与我国社会转型中出现的种种问题相联系。这样，它对民族文化传统拥有了既扬弃又传承的双向选择的可能。

文化热的出现是我们国家社会结构变化在文化上、文学上的一种必然反映，它也促进着社会变革。

1985年，刘再复的《文学研究应以人为思维中心》（《文汇报》7月8日）和《论文学的主体性》（《文学评论》1985年6期、1986年1期）发表，把主体性问题凸现出来，成为这个时期文学理论探索的重大建树。

文学的主体性研究早在20世纪30年代后期胡风的一些论著中就已提出。它与卢卡契的对于主体性的重视有着思想上的联系。卢卡契认为审美的客观性道路是回到人的主体性。

1985年，张贤亮的《唯物论者的启示录》九个系列中篇中的《男人的一半是女人》发表，引起了社会热烈反响。小说以特殊年代一个青年知识分子"灵"与"肉"的尖锐冲突，形象揭示了饥饿（极度匮乏的食物与性）造成的本能需求和人的尊严的厮杀以及这种厮杀中发生的心灵的苦难历程。

小说在文坛引发了不同声音。作家张辛欣在《我看〈男人的一半是女人〉的性心理描写》一文中认为："单就这部小说的个体性心理过程的描述来看是合乎心理和生理逻辑的"，"人性中最基本的性心理的扭曲正揭示、控诉和剖析了那个特定时代的氛围。"韦君宜则认为,"这本书的迅速出版、到处畅销,为近来一切严肃文学所未有,我心里只觉得紧张、惶恐,反而替我们的文学担心。"①

文化热、文学的主体性以及"性"对文学的必然渗透与张扬,为这一时期的文学勾勒了一个思想背景。它们为这一阶段的文学创作提供了一个"话语场"和思想资源。

从这一年获得茅盾文学奖的《黄河东流去》《沉重的翅膀》《钟鼓楼》等作品就可以看出这种时代气息。

1985—1986年获奖的中短篇小说中,不少都是呼吸着这种气息出现于文坛。如《合坟》(李锐)、《系在皮绳扣上的魂》(扎西达娃)、《桑树坪纪事》(朱晓平)、《小鲍庄》(王安忆)、《红高粱》(莫言)、《灵旗》(乔良)、《红尘》(霍达),这些作品传递的是一种与"五四"新文学的乡土文学、社会问题小说遥相感应而又精神气质同中有异的时代变迁。

一直以来,陈忠实是以农民作家的身姿登上文坛的,这在当时的一些评论文章中,不时可以看到相关论述。陈忠实自己也不止一次说:"我是一个农民的儿子。"② 成为专业作家后,他也基本上以家乡老屋为自己生活、创作的定居点。作为一个农裔城籍作家,那时的人们一直认为,陈忠实的成长经历,他的个性、气质、心理情感,他的审美感受和审美情趣,在当代中青年作家中,如果不是最富于农民群体心理结构特征和生活经验底色的,也是其中的佼佼者之一。就1985年以前陈忠实的创作实践看,这个判断应该说揭示了陈忠实

---

① 两人的评论文章皆发表于1985年12月28日《文艺报》。
② 陈忠实. 创作感受谈. 西安:陕西人民出版社,1996.231

审美特征的内核和创作心态实质，反映了陈忠实艺术精神和艺术风貌形成的深层原因。

"我出生在一个世代农耕的农民家庭，进入社会后，我一直在乡村做工作，教书时，我当的是农村学校的民办教师，学生几乎清一色是农民子弟；做干部时，我又一直在区和乡政府工作，工作对象自然还是农民，除了农民就是和我一样做农村工作的干部。"陈忠实说，"这样的生活阅历铸就了我的创作必然归属于农村题材，我自觉至今仍从属于这个世界。"①

与农民的血肉联系以及将这种血缘与精神上的联系上升为感知世界、对世界进行审美把握的艺术推动力与自觉使命感，特别是对农民在改革时代的命运关注，赋予他的作品以鲜明的传统文化与现代文化交汇的驳杂色彩，而与农民共反思则构成了这一时期陈忠实创作的共同指向。

正如我们已经看到的，陈忠实的作品经历了一个从农民的社会政治生活向着农民的文化心理世界进行艺术扫描的转变，这在从《第一刀》《信任》到《康家小院》《梆子老太》的变化中不难发现。陈忠实是以历史和现实焊接点上农民精神历程艺术探索者的姿态活跃于20世纪80年代前期的文坛。

进入1985年，我们民族的历史与现实的生活流变与心灵变迁史已取代或者说包容了前者而处于陈忠实艺术世界的中心，这当然不只是题材意义上的开掘，更重要的还在于艺术精神的发展与提升。

---

① 陈忠实．创作感受谈．西安：陕西人民出版社，1996.101

现代意识的获得与不断强化构筑了陈忠实80年代后期审美空间的新的精神素质和思想核心。它必然给陈忠实作品带来新的艺术风采。

以现代科学理性人文精神为支柱的现代意识在改革开放的中国大地，主要是从皇权专制主义禁锢中，从极"左"思潮和文化专制主义束缚下解放出来，获得人的自由、平等和尊严。如马克思所说，个人的自由解放是一切人的自由解放的前提和结果。现代人文精神的思想资源不只是西方的，同时也包括了对民族文化传统的选择性承传和再造以及马克思主义的人道主义思想。

现代人文精神、现代意识与后现代主义既相联系又相区别。后现代关注的是现代性本身存在的问题，它不是向人们说出真理，它只在排除通向真理的障碍，以驱散笼罩在现代主义之上的幻想与雾障。

后现代理论反对并质疑现代主义对历史走向和意义的预设，也就挑战了文学史写作的深层文化精神即现代性的文化精神和人文理想。

对于陈忠实来讲，这种现代意识的获得，是与他对农民命运的思考逐步深入和扩大相联系的。所谓深入是指他从社会政治层面而深入到社会生活的人性层面，又深入到人性的心理结构和文化积淀。这同时更是一种扩大，他不再只是关注农民，而是推而广之，扩而大之，由农民而指向了我们的民族，从民族的现在而向着民族的过去与未来延伸。

以现代意识对我们民族进行整体性历史性思考，这种自觉，始于陈忠实对农民命运的思考转向对农民赖以生存的土地的思考，土地在这里已不再只是耕种和生存栖息地，它是民族生存空间和时间的总体性存在、历史性存在。

在《灞桥区民间文学集成》序中，陈忠实曾表达了他对农民、实际上也是我们民族的生存的认识："这块土地既接受文明也容纳污浊。在缓慢的历史演进中，封建思想封建文明封建道德衍化成为乡约族规家法民俗，渗透到每一个公社每一个村庄每一个家族，渗透进一代又一代平民的血液，形成这一方地域上的人特有的文化心理结构。"没有现代意识的烛照，不可能取得对我们民族以及我们民族生存状态的这种历史性批判态度。只需对比一下当年，陈忠实步入文坛时对于生他养他的这块土地的一往情深的礼赞，对于与他朝夕相处的公社书记、生产队长的真诚歌唱，我们就不难发现，陈忠实对于生活、对于人的认识与把握发生了多么巨大而深刻的变化。这种变化当然与前所叙说的1985年前后我国的文化、文学思潮密不可分，更与陈忠实自己的艰苦探索紧密相连。

一个作家要获得这种理性认识也许并不太难，关键在于如何将这种认识转化为作家主体的审美观念与感情并投入到艺术创作中去。

陈忠实上述的一段话，以及1985年前后的创作活动的背后，其实都隐藏着这样一个问题：我们所生存的这个世界实际上多大程度上是人的世界，他能肯定这个世界适合于他的人性到多大程度。

显然，陈忠实不再是仅仅从农民的尺度与价值标准对我们生存进行勘探，而是逐渐从现代意识出发，展开对我们民族命运的整体性的、历史性的精神探寻。

作为一个现代的作家，他的思维的现代性是一个复杂的构成。

这里，对于进步的时间观念的信仰，是思考历史的前提；然而，在陈忠实这里，对进步这个观念有了更多的思考。尤其是在他的作品里，"人"作为个体生命存在在多大程度上是以"人"的尺度而生存，受到了陈忠实的拷问。人的独立存在，这是人的现代性标志。如马克思所说，人从对人的依附，从对物的依附到人的自由，是人类历史过程的必然。陈忠实关于人的思考，进入到这样的高度。

到20世纪80年代后期，这已成为陈忠实自觉的艺术追求。1985年后，他的创作实践在这条艺术道路上一步步前行。

陈忠实已不再只是农民的儿子，他正在成长为现代意义上的作家，我们时代的艺术家。

在20世纪80年代前期的思想资源与文化、文学背景上，在陈忠实创作道路进入新的阶段的起点，《蓝袍先生》向我们走来。

发表于1985年11月的《蓝袍先生》是陈忠实对人的历史性存在、整体性存在进行文化反思的成功之作；也是关于人，如何真正以一个现代性存在而被拷问的成功之作。

小说为我们塑造的蓝袍先生，是一位乡村小学教师。他跨越两个时期（新旧中国）的创伤性体验和苦难精神历程，可以说代表了被新旧两种文明纠缠的那一代乡村知识分子，或者说那一代乡村读书人的共同命运。他始终摆脱不了父亲为他取的名字"慎行"的精神镣铐，也脱不了那件象征身份与地位的"蓝袍"。他是一个如孔乙己那样穿长袍的人，他不属于短衫帮。时代的巨变，为他带来了投身变革的春天的可能性，也为他带来了改变自己命运的可能性。

蓝袍先生却不能改变自己，不是不愿，而是不能。

陈忠实审视我们民族的眼光，不再只是现实，而是推向了历史，推到了"文革"前，推到了1957年反"右"，推到了新中国成立前的旧中国。小说有了历史纵深感。

徐慎行是在父亲一手炮制下成为蓝袍先生的，他是父亲的复制品。

速成师训班为他提供了一个舞台。短短的二十天，这个有血有肉、有七情六欲的年轻男性，终于穿上了象征"解放了"的时代的列宁服，有了与"恶魔"结成伴侣的辉煌期望与行动。那"活蹦乱跳"的激情，那张狂不羁的冲动，让徐慎行焕发了"年轻男性"的生命魅力和光彩。

徐慎行仍然败下阵来，败在了父亲的"剃刀"下。

生命个体性存在的活力与在父亲及父亲所代表的社会力量、文化力量、道德力量的较量中，以伴随着惊恐与绝望的失败而告终。

父亲在这里是一个象征。漫长的皇权专制主义和小农经济所形成的我国文化传统、道德传统与皇权专制下的散漫社会组织、社会结构滋长了权威性的生存哲学——"慎独"。

父亲是"慎独"的执行者也是传授者更是监督者。"伦理"在这里代替了法律，具有至高无上的控制力。父亲的全部人生信条、道德观念与脚下的这块土地、这块土地上的生存有着无从分割的联结。正是在这块土地上历史地形成了小农生产与自然经济以及与之相通的文化伦理道德思想，它与皇权专制统治上下合力钳制了所有的变革要求与行动。它的权威性，不容抗拒性，通过父亲，统治着这个村庄，这个家庭，以及这个村庄和家庭的每一个成员。

蓝袍先生在顽固而强大的"父亲"面前，只能投降，只能重新穿上"蓝袍"，只能让活泼的生命被这种权威性、不可抗拒性吞噬。以60年的漫长人生与20天的短暂叛逆，这个强烈反差，了却其悲剧人生。

造成这种人性的失落与戕杀，不仅是数千年根深蒂固的儒家文化的传统与伦理，还有儒家文化与极"左"思潮的奇特结合。作品的深刻在于：蓝袍先生自身的心理和文化机制既先天性不足、受制于儒家礼教，又后天失调、受挫于"反右"斗争扩大化。

小说相当深刻地指出：徐慎行无从逃避的厄运，因为"反右"，终成定局。

写"反右"不从政治、爱情而从文化心理入手，这使《蓝袍先生》与写"反右"的反思小说拉开了距离。当然，小说也写了刘建国以情敌的嫉妒而欲置徐慎行于罗网，显得有些"落俗"，但小说仍然写了徐慎行对于"慎独"的一时背离，这一点尤显深刻。

陈忠实自己曾对小说予以肯定："这个人脱下象征封建标志的蓝袍，换上象征着获得解放和新生的'列宁装'，在被囚禁在极"左"的心理牢笼之中，他的心理结构形态的几次颠覆和平衡过程中的欢乐和痛苦，以此来探寻这一代人的人生追求生存向往和实际经历的艰难历程。"

小说还塑造了一个女性形象田芳，这个形象在陈忠实以往作品中不曾有过。田芳敢于在宣传婚姻法的机遇里解除婚约，追求自己的爱情，敢于在"反右"斗争的凄风苦雨里借批徐慎行以揭发老同学支部书记刘建国，敢于不舍对徐慎行的苦苦追求。她义无反顾地冲决羁绊、机智泼辣地拒绝邪恶,这些让一个鲜亮的女性形象站了起来。略嫌不足的是陈忠实给这个形象着墨少了些。师训班毕业离开徐慎行后,她的生活如何,作品不曾交代,留下了空白。

与田芳相映生辉的是徐慎行妻子"前恭后倨"的戏剧性变化。陈忠实在这里,借徐慎行之口,表现了一种悲悯,对于不幸妇女的某种同情的理解。作品涉笔不多而又让人深思的还有工友韩民民,借这个"变色龙",书写了人在环境变化中的扭曲与丑态。这是一个可以作为某种符号或象征充分展开的形象,遗憾的是,小说为这个人物提供的表演空间少了些。

小说仍延续陈忠实作品理性照耀的特点。

小说有过如下一段夹抒情与议论为一体的描述:

> 眼前是渭河平原的壮丽的原野,坦坦荡荡,一望无际,一座座古代帝王、谋士、武将的大大小小的墓冢,散布在田地里,蒙着一层土。他们长眠在地下宫殿里,少说也有千余年了,而他们创造的封建礼教却与他们宫廷里的污物一起排到宫墙外边来,渗进田地,渗进他的臣民的血液,一代一代传留下来,就造成了如我的父亲和田芳的父亲这样的礼仪之民吗?

如何看待这种以礼教为代表的文化传统,小说对此保持了相当程度的清醒。

"病从口入,祸从口出",父亲教导慎行,"谁都明白这道理,谁也难身体力行。""我只求我自己做一个正人君子。"人到无求品自高,这种人生信条,自合乎中国社会的合理性。尤其是关于"慎独",儒家的这一重要人格信条备受推崇。

徐慎行以他失败的一生体悟到，险恶的生存环境，为慎独的合理性提供了说明。慎独的产生是因为生存的现实需要，然则它是生活逻辑的必然结果。而作为人格修养的慎独，具有的普适性也不容怀疑和否定。

这些都显示了陈忠实并不是对文化传统持简单的批判和否定，而是与文化激进主义保持距离。但陈忠实也并非所谓的文化保守主义而对文化传统持全盘的肯定。

我们在《白鹿原》里看到的这种文化姿态，在《蓝袍先生》这里，有了它的滥觞。较之于某些寻根小说在深山僻林荒村野店或神鬼幽灵里的寻根，这种从农村、从现实生活与世俗社会里的探寻的作品，更具艺术深度和思想穿透力，更具说服力。

爷爷留下的"房要小，地要少，养个黄牛慢慢搞"的治家训诫，在"耕读传家"的中国乡土乡村，是经验总结，也是中国历史长期止步不前的成因之一。

爷爷的不同一般，在于将"耕读传家"改为"读耕传家"，强调了坐馆先生的职业特征。

这些，都让我们联想到《白鹿原》关于耕读传家尤其是朱先生的人生训诫。

作家创作的内在联系性和创造性在这里又一次得到证明。

正如陈忠实多次说到，"至今确凿无疑的记得，是《蓝袍先生》的写作，引发出长篇小说欲念的。"[1]

---

[1] 陈忠实. 寻找属于自己的句子——《白鹿原》创作手记. 上海：上海文艺出版社，2009.1

在写作中，陈忠实意识到了以心理结构的颠覆和平衡的往返来塑造人物，这一点，我将在之后的分析里予以阐释。

小说也留下了巨大的艺术空间。

如，杨龟年的二儿媳"淡淡的香味"、"旗袍紧紧包裹着丰腴的胸脯和臀部"，给予徐慎行的嗅觉视觉冲击以及"那双水汪汪的眼睛"让他神不守舍的细节描写。小说对此却终止了发展，如浪花一闪，再无后文，这在小说结构上是一种缺憾。

爷爷和父亲在杨徐村坐馆所树立起来的精神和道义上的高峰，比杨家的权势和财产要雄伟得多。

兀然站着的父亲，"像一截黑幢幢的古塔巍然不动"。

小说要告诉我们：父亲是一个复杂的存在。

慎行的被复制，是时代的错误，还是慎行的咎由自取？这是小说留给读者的思考。

小说在结构形式上也作了探索。

陈忠实说："每一部中篇小说都必须找到一个各个不同——起码区别于自己此前各篇的结构形式。"

"《蓝袍先生》不着重描写情节，以人物生命轨迹中的生活琐事来展示人物，当然不是那些无足轻重的扯淡事儿，而是努力寻找有心理冲击力的细枝末节。"[①]

听听老年慎行的自白："我总觉得我还在牛王砭小学那间小库房里蜷着……田芳能够把我的蓝袍揭掉，现在却无法把我蜷曲的脊梁

---

① 陈忠实．寻找属于自己的句子——《白鹿原》创作手记．上海：上海文艺出版社，2009．2

将抚舒展……"旧的文化传统的难以摆脱,压垮的岂止是一个人的脊梁,他对我们民族的振兴意味着什么?

通过"有心理冲击力的细枝末节"来展示人物的心理结构,这应该是《蓝袍先生》的一次艺术突破。陈忠实不会如西方意识流小说那样,也不愿如中国传统小说那样,或将意识、潜意识、前意识化为一个流动的江河,或在人物的言行中显示心理,《蓝袍先生》的心理描写是在彰显人物生命轨迹中的心理变化的几个关键节点上展开的。

我们看到,小说里的那些小标题,可以说它们起到了提示作用,推动作用。

1986年陈忠实完成了中篇《四妹子》。

1987年陈忠实在《中篇小说集〈四妹子〉后记》里说:"农民在当代中国依然构成一个庞大的世界……农民世界是一个伟大的世界……在几千年来的缓慢演进和痛苦折腾中而能保持独立的民族个性,仅此一点,就够伟大了。"

基于这样的认识,陈忠实不无自豪地宣示:"我关注的是农民世界的生活运动。"这种关注不只是因为农民世界的伟大,也是因为陈忠实的自信,"我曾经甚为自信我对农村生活的了解和感受"[①],更是因为陈忠实的身世和生活道路。

正是这种文学的归属感,使得陈忠实始终关注着农村变革的当

---

① 陈忠实. 创作感受谈. 西安:陕西人民出版社,1996.102

下生活。

农村经济体制的根本性变化,带来了20世纪80年代中后期农村生活巨大动荡。个体专业户应运而生,这种经济领域里的新生事物和农村社办企业的蓬勃发展一道,构筑了乡村世界的风景线。

陈忠实的创作总是向着历史与现实两个方向展开,而无论是哪个方向,他的眼睛都离不了对农民的关注。

《四妹子》是一篇从报告文学中脱胎而出的中篇,但小说对于生活的反映显然不同于报告文学。

这位身为养鸡专业户的女性,她的开放性格,她因家族利益导致的无可挽救的破产,让陈忠实甚为震惊。但小说已不再是农村最早兴起的专业户的故事。"我已从生活原型的正宗关中腹地女人身上跳脱出来,写了一个陕北女子。"主人公的易地,是因为"我想探究不同地域人的文化心理结构"以及这种不同地域的人"相处时引发的关于生活亲情的冲突"①。

小说为我们塑造了一个闯荡关中的陕北妹子,这个形象在陈忠实作品中仅此一例。就其陕北文化与关中文化的比较这个意义上说,四妹子的出现与陈忠实的文化心理结构的探寻互为开拓。明确的意图,似乎并没有演变为主题先行,也不曾限制了作品形象化的充分展开。

小说的上篇,集中笔力于四妹子的逃离贫穷。

陈忠实说:四妹子没念过书,自然不懂得关中有如此辉煌的历

---

① 陈忠实. 寻找属于自己的句子——《白鹿原》创作手记. 上海:上海文艺出版社,2009.5

史，只知道关中比黄土沟壑交通方便，生活富裕，不吃糠面饼子，尽吃白面馍馍细面条。她冲着白面馍馍义无反顾地来到关中，思维十分简单也十分卑微。①

小说有一个细节，写吃糠面饼儿。因为极度缺粮，陕北老乡把小米谷糠用石磨磨细，做成饼充饥。糠面饼儿难吃难咽倒也罢了，顶糟的是吃下去拉不出来。四妹子记得小时候妈给她掏屎，还记得爸给妈掏屎。

这一个细节足以勾起人们对于上个世纪六七十年代农村贫困的记忆，尤其是陕北农村贫困的记忆，更为四妹子出现在关中农村提供了生活依据。

四妹子由精明的二姑夫牵线嫁给了相对富裕的关中农村青年吕建峰。

关中农村从相亲到订婚、结婚的全过程，从一个陕北妹子的眼光里写出，就有一番"新意"。无论是二姑的"教导"，还是四妹子的大大方方，都在关中与陕北因文化差异而导致的心理情感差别中，给小说渲染了一层新婚幸福感。

小说的中篇，写四妹子向贫穷的宣战，写四妹子发迹的第一步。关中传统农村父子、兄弟矛盾在吕家堡的吕老八一家演绎了同样的故事：分家。不同的是，"四清运动"中，这个富裕中农被"体现政策"没有上升为地主富农。吕克俭总结的经验是因为他管家严，在吕家堡没有一个敌人。"文革"中，吕家堡村的工分一年年贬值，成

---

① 陈忠实．创作感受谈．西安：陕西人民出版社，1996．105

分却日渐升价：上中农无异于地主富农。

村子里，吕老八是一个鳖一样的人，可在家却是神圣凛然的家长，治家严厉，家法大。陕北四妹子泼辣爽朗缺乏儒家礼教教养，当然被公公视为"没家教"。矛盾扩大涉及到大嫂、二嫂，终于分家。

四妹子以远远超过二姑的勇气和胆量，走村串户收鸡蛋，再卖出去。四妹子像贼一样悄悄卖鸡蛋攒下了钱，为自己盖起了新房，生下了儿，有了一个自己的家。

从偷偷卖自己的第一颗鸡蛋起到贩卖各农家鸡蛋，四妹子的发迹史从一个侧面写出了农村变革步伐的必然与必然中的艰难，她为此曾受到批判与监督，但无所畏惧。

小说下篇，四妹子有了自己合法的空间，她摆脱了公公，她乘着农村搞活经济的春风，迎风成长，成了媒体宣传的致富带头人，成了公家扶植的"万元户"。

小说的成功在于，四妹子从卖鸡蛋到卖面粉到办起家庭养鸡场，媳妇为公婆发工资——中国农村家庭结构的质变，又一次让四妹子觉得她这个异乡女人在当地人中间活得像个人了。这一点，尤其触及中国家庭的内部结构和利益冲突。它与现代企业的经营是如此不合拍，可见一斑。

小说的成功还在于，兄弟三家的养鸡场散伙了，四妹子辛辛苦苦创下的家业，全让哥嫂们分赃盗包一空。较之于四妹子成功，她的失败，更深刻地揭示了宗法家族制度与现代养殖业、现代企业的焊接过程中的错位与磨合的艰难。

小说的成功更在于：四妹子居然屡败屡战，承包起了百亩果园。"砸不烂的四妹子，又闯世事来了。"四妹子喊着，走向了果园。

四妹子到关中如愿以偿嫁了人，也吃上了白面馍馍，然而，她生活得并不自在。《四妹子》就是写她的人生的不自在，以及她从不自在走向自在的历程。四妹子要的是自在。人活得自由自在，活出自己。这个时代性思考，让《四妹子》焕发异彩。

人的解放，不完全是经济上的解放，精神的、人格的解放与独立，具有更为本质的意义。

《四妹子》较之于《十八岁的哥哥》这种直面当下的作品，在其思想深度上有了发展。《十八岁的哥哥》面对的是外部力量的干扰阻挡，四妹子面对的是公婆的家法、兄嫂的贪婪。四妹子以她的少礼教束缚的"闯王"精神，在关中这片沃土闯开了一片天地。四妹子富于商业头脑，善于寻找商机，卖面粉就充分显示了她的眼光。四妹子胸襟坦荡，将公婆以及兄嫂集合在自己旗下，就写出了她的不计前嫌的胸怀。尤其是鸡场散伙，果园开张，把这个陕北妹子的精神境界推向了新的高度。

不难发现，《四妹子》写得过于单一。四妹子似乎始终居于精神与道德制高点上，她是一个成长中的人，她的成长充满外部的艰难，但缺乏内在的困惑与动摇。

吕老八想要四妹子尽快学会关中的礼行，并未实现。吕老八参与到养鸡场的活动，体现了农民的务实精神和传统伦理的包容性一面。他终于从心里认可了这个陕北女人！四妹子身上的野性，呈现的蓬勃生命力，无论在关中，在陕北，都是民间文化孕育的。

四妹子这个形象，更多的还是因为她的泼辣与豁达帮助她实现了人生的突破。她毕竟生活在这个改革的时代舞台。离开这个历史的机遇，她的这些性格优势，很难说，免不了使她厄运重重。当然也可能让她在另外的领域展现她的风姿，但那将是另一部作品。

曾有论者以为《四妹子》是路遥《人生》的翻版，只是高加林变成了四妹子。此论显然是高抬了《四妹子》。这远不是性别更换的技术上的问题，《人生》给予高加林的双重困惑，从农村走向现代，从乡村走向城市的历史性纠葛，在四妹子身上，我们不曾看到。我们看到是关中文化与陕北文化的矛盾和矛盾中的融汇。小说有一段文字：

"土门大路两边，绣织着野草、马鞭草，菅草和三棱子，香胡子拥拥挤挤地生长在路边上，车前草却长到路中间来，任车碾马踏人踩，匍匐在地上，继续着顽强的生命。"

"这草——四妹子说，'叫四妹子'。"四妹子在这里升华了她的精神。

我倒是觉得，小说让我们想到了王汶石的《新结识的伙伴》，那个同样泼辣而又风风火火的张腊月。张腊月这个文学形象，以及她的创造者王汶石，对于陈忠实来说，其影响，可以说是潜移默化，春风化雨般融进陈忠实的笔底。

《四妹子》仍然是一部歌颂当下生活变革的诗章。值得注意的是，陈忠实在这部作品里，尽力地去剖析在吕老八身上折射的关中乡土文化中那积淀厚重、浓得难以化开的种种生活习俗和人生信念。

乡谚说："老子少不了儿子的一个媳妇，儿子少不了老子的一个棺材。"这是乡土中国基层村社难以颠覆的乡俗传统、家庭伦理。

可贵的是，贫穷让人邪恶，也可以让人高贵。贫穷的逼迫，促成了四妹子永不停步的奋斗。这是一种来自草根，来自底层的不竭动力。对于这种近乎原始的生命力的发现与讴歌，显然又超出了一般性的对政策调整的歌唱，有了一种向文化心理结构掘进的努力。

和《十八岁的哥哥》一样，《四妹子》写满柔情和尊重。在陈忠实作品中，这样一类倾注着满腔爱意的还有《毛茸茸的酸杏》和《到老白杨树背后去》。原来陈忠实并不总是板着爬满皱纹的脸，冷峻地审视着这个世界。他的爬满皱纹的脸，是从年轻时的光鲜历经风霜演变而来。

1985年，中篇写作间隙，陈忠实还写了些短篇。

《夜之随想曲》写得如标题所示般轻松。

一位月薪超过"我"四五倍的人，居然对"我"哭起穷来了。他一边抱怨自己的小孙女吃不到新鲜的水果和牛奶，一边又教导我（一位连糠了的苹果也吃不到嘴的孩子的父亲）要发扬延安精神，艰苦奋斗。

小说轻轻松松扔下一句话：这位地区中层领导，"四八"式干部，"未免虚伪得过于露骨"。

《广播体操乐曲算不算音乐》写一对老夫妻的退休生活中一段小故事：田部长爱跳舞，老伴反对他跳，又不便直说；部长呢，没勇气讲出为什么爱跳舞，于是编出什么锻炼身体的鬼话。

潜在的冲突，微妙的心理，借助广播体操乐曲算不算音乐的分歧曲曲折折传达了出来。

这两篇对于城市生活的虚伪的轻微讽刺，让人想起沈从文笔下的京城知识分子的空虚无聊和虚情假意。

《灯笼》中，为一块庄基地，农民田成山挑了灯笼上访，名曰找真理。公社杨书记庇护手下支部书记刘治泰坑害农民欺压田成山，县委书记焦发祥怒斥杨书记以安定团结之名，行压制群众之实的卑劣行径。

小说接触到党政管理层中一种习惯性思维，一出问题，不是责问干部是否正确，而是板子从来都打在了百姓身上。

这是一个关于社会稳定的重大题材。小说尖锐指出化解处理干群矛盾常常会陷入责备百姓的窠臼。挑灯笼而寻真理，这种农民的智慧极具讽刺意味，这一细节的捕捉，显示了作家生活积淀的丰厚。

1985年，陈忠实写出了这类尖锐性作品，直指干部队伍中的种种恶习。他对现实的关注早已不是单纯的歌颂，不再是简单的揭露，而是复杂的审视。

从1985年《最后一次收获》《蓝袍先生》，到1986年的《四妹子》，都充分表明陈忠实正在实现他创作的方向性转变。

如果说，自走上创作道路以来，陈忠实一直以业余作家身份关注着农民命运，即使在1982年成为专业作家后仍不改初衷，与时代同步，把农村体制变革中当代农民的喜怒哀乐放在作品的重心予以历史的、艺术的审视，那么，一个不容忽视的变化正在陈忠实1985

年以来的作品里悄然出现。

仍然是写农民，从心底涌现的对农民的苦难的同情，以及从苦难中走向新生的喜悦这样一种情感倾向，始终不变；但面对同样的题材，陈忠实审视的目光和开掘的视角，无论在指向上，还是深广度上都与1985年以前的作品，不可同日而语了。

从1982年的《康家大院》开启的对于文化传统与现代文明的冲突，在《蓝袍先生》这里，有了更为鲜明而又凝重的关注和思考，而《四妹子》已经不再是历史性地而是共时性地展示了关中儒家文化杂糅着游牧文化的陕北文化以及两种文化的交织、碰撞，陈忠实从政治与伦理方面向着日常生活中的文化心理结构的思考，无论在时间上，还是空间上，都有了发展，既是延伸，也是扩展。

《最后一次收获》如我们看到的，它的意蕴丰富而深刻。对于体力劳动的诗性礼赞中交织着贫困年代极端痛苦的肉体与精神的双重折磨。新的生产方式变革带来的生产力的解放以及旧的体制滋生的腐败对群众利益的侵害，改头换面，变本加厉，所有这些深层意味，把这曲赞歌唱得五味俱呈，复杂而深刻。

与《初夏》《康家小院》稍加比较，不难发现，陈忠实对于现实的思考早已从政治层面、社会层面转向了精神与心理，从当下转向了过去，从关中辐射到了更为广阔的天地：这里有城市生活的"夜之随想"和"跳舞"带来的烦恼，还有四妹子裹挟的陕北强劲的风……

从农民共反思走向民族共反思，陈忠实迈开了坚实的第一步，他将在这条精神蜕变与自我剥离的道路上继续迈步，走向20世纪80年代后期，走向他的《白鹿原》。

第七章　走向20世纪80年代后期

一　尝试"后现代"

面对现实生活的荒谬、荒诞，以严肃的、痛心疾首的态度写出，这是现代主义；以嬉笑的、嘲弄的口吻揭示，这是后现代的写作。

20世纪80年代后期，我们的社会生活和农村生活中，传统的文化道德与商品大潮带来的种种观念和行为发生了错位和冲突，生活充满了变异。

陈忠实这位现实主义作家也在其创作中回应了变异的生活，写下几篇与以往风格有别的作品。这就是向着"生活叙事"的掘进。

这种"生活叙事"的转变，出现在20世纪80年代后期，是一个信号，它告诉我们，陈忠实告别"革命叙事"的步伐逐渐轻松起来。

《鬼老汉》的出现，不是偶然的。

已经是20世纪80年代了，人们普遍拜倒在金钱和权利面前，鬼老汉这位忠厚善良的老汉居然还以土地爷、灶王爷为保护神。善良与迷信往往携手，在罪恶面前，它无力抵挡以至为罪恶吞没，历来是文学的主题。陈忠实这篇小说的深意就在于，强调了现代法制才是惩治邪恶的真正武器。作品对文化传统中迷信的批判和生活无助的揭示，在善意的讽刺与调侃中完成，轻喜剧的色彩显而易见。

这种善意的批判和近似荒诞的手法，在《山洪》里仍然延续着。

一场山洪爆发，将电霸老李卷进了洪水。冷娃把老李救上岸，一看原来是祸害百姓的"电霸"，又扔回到洪水里，在"老者"劝说下，冷娃又把老李救了上来，可是小伙子们不答应，再次哄闹起来，冷娃准备又一次把老李扔回去。生死关头，老李乞求老者救人。老者发话了，老李还得管大伙儿用电，咱得罪不起啊！冷娃悻悻地说，他不准备用电了，看他电老虎能把我坑死？骂着、唾着，转身走了。众人忙着去救老李。作者的笔转向了老李。老李明白，这些人是怕他才救他。

河边这一幕喜剧，场景描写生动，冷娃性格也"立体"般呈现。村民们的嬉笑怒骂把电霸嘴脸揭露得淋漓尽致。

村民们的恶作剧透露了一种冷峻的力量，一种正义的不可轻辱的力量。

人们不禁要问，惩治电霸，何以不诉诸正常途径，而只能在一种特殊的突发的事件中才得以倾诉和宣泄？

《石狮子》写邻里两家人的复杂关系，写嫉妒心理的危害性。传统的和睦相处的邻里关系在商品经济冲击下，有了变化。

围绕一个"石狮子"，灵虫王二耍尽手腕，厚诚老实的张三杠子却以他的忠厚善良把因"石狮子"拿到的奖金全部送给了王二。

鲜明的对比，一波三折的"石狮子"身价的估定和由此而来的王二、张三的不同态度以及掺和其间的装神弄鬼的"一撮毛"，在生活的小舞台上扮演了各自的角色，写出了整天算计别人的人终归没有好果子吃，总会出尽洋相丢人现眼。它引来的是笑声。

朴实的农民，传统的道德，不断受到冲击，它们在汹涌而来的权和钱的诱惑面前，似乎取得了最初的胜利，但市场经济这柄"双刃剑"搅起的社会结构、社会心理巨变，将会让胜利失去它的分量。

这几篇小说，喜剧性强，颇具后现代味。调侃嘲讽之意，频频出现在陈忠实笔底，从一个侧面透露出了陈忠实创作心境的平和、愉悦；也反映了陈忠实正在调试运用多种艺术手法为他日后将要进行的长篇作艺术上的准备。

喜剧与喜剧性小说在我国文学传统中，一直不太发达，倒是在民间文学中异彩纷呈。诙谐、戏谑、幽默、讽刺，笑声伴着草根历史走到今天。陈忠实这一时期的喜剧性作品的成功尝试，是生活的荒诞性的艺术响应，更显示了陈忠实从痛苦现象超越，逐渐站在了历史与现实的制高点上俯视人类，眼光闪烁在他悲悯的情怀里。

二 历史与道德的错位

陈忠实的笔出入于"当下的困惑"与"历史的反思"之间。

20世纪80年代后期，陈忠实对当代生活逐渐形成了一种较为富于远见的认识：

"这场改革开放，它在中国社会引起的震动或者说冲击波，在各个领域，恐怕比经济上的变革，要广阔得多，深刻得多"，这也是"折腾了30多年现在意识到了的一种历史眼光"。①

这促成了陈忠实在这个时期一系列作品对当下生活持续的关注。不同的是，陈忠实深入到了市场经济给社会机体特别是广大农民带来的心理情感和伦理道德的巨大冲击这样一个深层变革。

1986年的《失重》与《桥》蕴含了作家复杂的情感和思考。

《失重》的主人公吴玉山，一位忠厚善良的老中农。"中农"这个曾经处于尴尬地位的身份，今天早已失去意义。小说强调这一身份，寓意颇深。"文革"中，吴玉山曾以中农身份把遭批斗的连襟（陕西方言为"挑担"）藏匿在家，这在当时是要冒政治风险的。

改革开放，连襟已成为郑局长。吴玉山盖房，郑局长曾为之提供种种方便。郑局长因经济问题被审查，吴玉山被劝导，甚至被劫持出庭作伪证，以证连襟清白。

小说从玉山老汉陷入困境落笔，写玉山半生回忆，以老汉步出家园"脚步仍然感到沉重，提不起抖擞的精神"结束全篇。玉山的失重感让他进退维谷。

如果说《失重》写传统美德坚守的不易，那么《桥》写了丢失美德后想要重新寻找回来的艰难。

青年农民王玉林别出心裁在河边搭起一座便桥，以牟取那么一点点过桥费，备受指责。

小说结尾是这样写的："他忽然想哭，说不清为什么，却想放开

---

① 陈忠实. 创作感受谈. 西安：陕西人民出版社，1996.106

喉咙大声淋漓地嚎啕大哭几声……"

一种向良知回归的意愿,牟利与公益之间的挣扎,留给读者思考。

这两篇小说写市场经济的冲击带给农民心灵的困扰,这是作品的显层。作品还隐匿着更深一层的意蕴,就是因郑局长的被审查终日不绝游说玉山的那帮人的嘴脸和行径。郑局长编织的利益之网,是一个无形而又强大的存在。玉林之所以搭桥牟利,实迫于无奈:村子首先富起来的几家,谁个是清白的?报社记者曾为玉林写过报道,目的也只是为了自己名利双收。作家已敏锐发现了社会道德的倾斜下滑与权势者的牟取暴利存在着内在的联系,而贪污腐败的官场与商场的勾结,正在腐蚀着社会机体和社会运转。

历史与道德从来不在一个层面。人性之恶,如黑格尔所说,是推动历史前进的杠杆。历史前进的代价如此严酷而沉重,这构成历史的悖论。两篇小说都触及到这样一种两难选择。

新行为主义理论学家斯金纳认为,"人并不是作为伦理与道德的动物而开始其进化过程的。相反,应该说,他是在进化过程中达到了能创造伦理或道德文化的程度。"人与动物的差异并非在于能否具备道德或伦理,而在于能否创造一种道德的环境。这种道德的社会环境从来具有历史的延续性和延续中的变异性,以延续性而拒绝变动,或以变动性而拒绝延续都将造成灾难。我们需要的是两种对立的中和。

这两篇小说所反映的人的道德性困惑,并不局限于现实,也不局限于伦理道德,而是显示了一种历史的眼光。那种整体社会合理建构的诉求和现实隐忧，让人深思。而小说对人物心理矛盾的探索和揭示，也显示了一种艺术表现上的深化。

这种对人物心理矛盾的艺术表现的深化，在《害羞》里进一步得到发展。

《害羞》和《失重》《桥》一样，都是"当下困惑"的艺术呈现，写于1988年6月。

全民经商曾经是那个时代的潮流。如何看待这个潮流，暂且搁置。艺术家的职责是为社会留下心灵的档案。

小学老师王老师轮值卖冰棍，他始终处于一种"害羞"的情结之中，难以自拔。这位备受学生敬重的老师陷入了痛苦。

羞怯，作为一种主客体错位下反责于己的内省意识，发出的是一种近乎轻松的表情。这种心态和情绪，健康而正常，可亲可爱。在人际交往中，它松弛紧张，缓冲矛盾，成为人性美好的一道风景。

问题在于：一方面是滚滚而来的经商狂潮和狂潮下的一切向钱看的厚颜无耻、寡廉鲜耻；一方面是王老师唇边一抹羞怯的笑，它们不处在同一层面。羞怯根本无从抗衡那席卷而来的排山浊浪。

我们不是苛求作者。

超越现实的对于合理人性的呼唤，和王老师唇边那一抹羞怯的微笑，弥足珍贵。

三 向历史的幽深处诘问

"历史的反思"之于陈忠实，是"当下的困惑"的逻辑的必然和艺术的深化。

1987年冬，陈忠实写出了《窝囊——献给古原的女儿》。这是一篇革命历史题材的小说，近乎人物速写。

故事发生在1935年秋，陕北根据地一场极"左"清洗运动将一批又一批革命者处决活埋了。

出生于古原的女青年张景文（原型又名张静雯），因革命活动暴露了身份转移到陕北，她万万没有料到，自己被怀疑为特务。肃反干部的逻辑是出身财主家的洋学生只能是特务。她遭遇了"窝囊"，被活埋在黄土高原。

这篇小说的素材来自《革命英烈》一篇近千字的回忆录，出自与张景文囚于同一窑洞的女红军战士之手。这位作者在张景文遇害的第二天被周恩来"刀下留人"的命令救下。

这篇小说的出现，明白无误地告诉我们，陈忠实审视现实的目光已走向了纵深处，不再只是1949年之后而是1949年以前。

陈忠实曾说《革命英烈》这篇回忆录让他心理失控，不只是因为张景文是白鹿原人，而尤其是因为她死于"窝里斗"，陈忠实扼腕长叹不已。

悠悠岁月的历史回声激荡着历史与现实叠印交错的思考。

笔者在写《从与农民共反思到与民族共反思》一文时，曾预感到《窝囊》应该是一部长篇的组成部分。与陈忠实交谈时，陈忠实笑而不答，似乎是一种默认。

1988年陈忠实创作了《两个朋友》。

"创伤性报复心理"曾经吸引了不少中外文学名家倾心于它。

《呼啸山庄》与《红与黑》可从这个角度去解读。

《两个朋友》从朋友王益民的视角写王育才的人生故事和婚姻纠葛。

王育才精心设计了一场假离婚，报复了昔日的情人吕红，远走高飞。小说故设悬念，把谜底留在了结尾，即王育才的自述和吕红的哭诉里。

在畸形政治高压下的王育才父亲，是一个双重人格的人。王育才在父亲的阴影下，从小就善于把真实的自我隐蔽起来。

爱情成为王育才不合理生存条件下人生价值追求和确认的一个符号、一个象征。

小说的深刻在于，这场爱情的女主角吕红并不是一个见异思迁者或落井下石者。吕红屈从于当支书的父亲，实在是迫不得已。为小说的悲剧性提供的社会依据愈是充分，悲剧的批判色彩也就愈为强烈。

这场普通得再普通不过的"情变"越是在当时的社会语境里"合情又合理"，它对于一向羞怯而内向的王育才的伤害就越是尖锐而具有毁灭性。

小说的深刻还在于，被抛入生活底层、抛入精神自戕的王育才在商品经济大潮里沉浮，"魔鬼"缠身，竟在"公司"里步步攀升。他的羞怯早已被尔虞我诈所替代和置换，他处心积虑以歹恶之心报复了吕红，更伤害了无辜的秋蝉。

王育才这个形象，是在王益民的视角下逐渐显影，逐渐明晰起来的。这是陈忠实小说艺术的新探索。小说叙述人同时又是小说事件的参与者。这个双重身份,扩展和丰富了小说叙述空间,"创伤性报复心理"的形成与实施报复这样的题材和它的艺术把握,在陈忠实以往作品中,并不多见。

关于"文化大革命"的反思,陈忠实正面涉及是在《地窨》中,不过《地窨》的反思也不仅仅局限于"文革"。20多年的时空转换,中国社会结构有了巨大变化,人物关系也随之发生改变。《地窨》显示了作家艺术魄力的强大,他开始驾驭一个内涵丰富的社会变革题材,在人物命运的跌宕起伏里,作家的反思已不再只属于当下,而是指向了我们这个社会的过去与未来。这是一篇不可多得的有着厚重历史感的小说。

小说主人公当年的公社书记关志雄,被造反派追捕得无处逃生,机智地躲进了造反派司令唐生法的家,被唐生法的妻子安排藏在了地窨里。这有点匪夷所思。

小说由此展开了关志雄、唐生法之间的复杂关系和冲突。把它们绾结在一起的不是别人,是唐生法年轻漂亮的妻子玉芹。

玉芹因为没给婆婆养下孙子而是连生两孙女备受唐生法冷落,还因为"四清运动"中一家人受惠于"四清"工作组组长关志雄,"文革"中又属于"保皇派"而被造反派歧视,更因为唐生法借造反之机与造反派女政委有了"麻达"常不回家而早已不满于丈夫。玉芹收留了关志雄,并与关志雄发生了恋情与性关系,这更是匪夷所思。

但这绝非一个公社书记与一个农村少妇"艳遇"的性爱小说。这只是小说艺术框架的一个支点。

小说不仅仅为关志雄与玉芹的情爱发生与发展做了充分铺垫，而这个铺垫也就同时展开了玉芹略感屈辱与寂寞的心态。尤其是她对关志雄的好感既有原有的记忆，更有关志雄在地窖里的为人正派表现。

把"四清"与"文革"联系起来，反思极"左"路线，陈忠实在20世纪80年代前期作品中多有涉及；能在情爱发展中追述"四清"，陈忠实构思之别开生面，在他的以往小说中少见。

"文革"结束，昔日的被追捕者关志雄站在了审判席上，曾经的造反司令唐生法成了阶下囚。唐生法被要求讲清楚"文革"中的罪行，关志雄心头浮起了玉芹的那温柔一幕，关志雄有了自己的反思。关志雄突然意识到，他自己能把刚刚过去的一切说清楚吗？这个反思，对于关志雄太重要，也太不容易了，这是作家的深度发现，深度反思。在反思"文革"的小说中，被整的"当权派"常常把指责与批判指向了造反者，似关志雄这样首先反思自己的，太少了。

唐生法在反思中写下了一份忏悔书。唐忏悔自己的所作所为，更追问造成这"人整人"的社会根源，他呼吁社会对"心理卫生"的重视与培育。

被批判者唐生法成了教育者，批判者关志雄反倒成了受教育者。关志雄决心公开这封忏悔书。虽然，这需要极大的政治勇气。

作品在这里提出了一个重大的社会命题。需要反省的不只是被批判者，批判者也同样需要反省。而且，这种反省已不再只是政治的，而是精神的、心理的、文化的，不再指向外部环境，更指向人的灵魂。

人物关系在不同历史时期的位置互换，不只是小说可读性的需求，更蕴含了作为个体生命存在的人的历史性思考：把人物命运变化的合理性放到较长久的时光流程里，具体说还原到20多年的社会变迁里，我们将和作品一道痛苦地发现，这一切是正常的、必要的吗？它是历史的必然还是人为的失误？

《地窖》的成功还在于，新的时期到来，关志雄已是县人大副主任，唐生法也是明星企业家，新的关系组合将会演出怎样的故事？这种开放性结构，显示了陈忠实的艺术抱负。

值得注意的是，陈忠实关于性爱的描写，第一次出现是在《地窖》，我们不妨把它看做是《白鹿原》性爱书写的试笔。

把《地窖》与20世纪80年代初期写的《第一刀》放在一起，我们看到陈忠实创作的变化。在《地窖》里，关志雄不再是简单的歌颂或者批判的对象，他和普通人一样，与唐生法一起，站在历史与现实的交汇点上，思考人生、思考历史。这种思考也是一种更切实也更广大的人性的拷问。

台湾汉湘出版公司于1994年出版的陈忠实中篇小说集就是以《地窖》命名。陈忠实自己也看重这篇小说。

反思历史的作品，还要提到《轱辘子客》，小说写于1988年初。小说以龟渡王村为故事发生地。陈忠实以龟渡王村为背景的小说，有《桥》及《两个朋友》，也许陈忠实有过龟渡王村系列小说的创作构想，后来放弃了。

《轱辘子客》是一个成功的短篇。在陈忠实的创作发展中，有着不容低估的重要地位。

辘轳子客是北方方言，意为赌博成性的赌徒。

在龟渡王村这个人生竞技场上，赌徒王甲六与大队长（相当于现在的村长）刘耀明成了势不两立的对手，他们分属王刘两大姓氏。权力与家族联姻，是陈忠实对中国农村社会结构认识的深入。

王甲六年轻，有文化有能力，能写会画，王老支书有意把他培养为接班人；刘耀明作为刘氏代表人物，不愿大权旁落，由此展开了王甲六在刘耀明精心设计的一个又一个圈套里挣扎的情节。乡土中国，活人难，难在总有人要算计你，让你一辈子站不起来。王甲六不断反扑，不断挑战。

现在屠夫王甲六生意红火，日子好过了，钱多了，他却在心灵的幻灭中失去了对生活的一切期待，把自己投放在醉生梦死的赌博里，灵魂扭曲得近乎歇斯底里，终于被批判，被拘押，败在了刘耀明手下。

这部小说出现了祠堂——家族的符号性建筑。王甲六父亲是屠夫，一直进不得祠堂，集体化后，祠堂成了大队办公室，小说写的那些故事不少就发生在这个办公室里。

与《地窖》相比，《辘轳子客》有两点值得注意：

一、《地窖》里的关志雄、唐生法，无论谁也扮演不了永久的胜利者，在《辘轳子客》里，刘耀明却赫然占了上风，刘的胜券在握靠的是阴谋多多，靠的是权力。这个刀条脸上一脸诚恳的掌权人，他的心计在村子里可说是空前绝后。

关志雄、唐生法是因政治借"运动"之手被推到了对立面。而王甲六、刘耀明的权力之争，不再与"政治正确"相关，而是与

"家族"利益更直接地发生了关联。而且,权力的角逐,在此后的岁月里,逐渐转化为整个人生欲望和价值的追逐与争斗。

欲望的追逐因为报复心而催发,他们的心智、意志、情感乃至整个人格全部聚焦于势不两立、水火不容的人生冲突。他们彼此折腾对方,同时也折腾自己,"窝里斗"成了他们的人生目的、人生乐趣。这使得小说远远超出了政治层面而深入到他们的整个人生以及形成这种人生格局的复杂的社会文化心理和家族历史背景。人生谋略和阴谋就在这种格局里滋生成为制胜的法宝。显然,离开了权力,刘耀明的阴险狠毒也不可能保证他去击败王甲六。

二、王甲六抵御不了自身的脆弱。亡母坟头的那场祭奠,弥漫出来的人生幻灭,对于王甲六来说,不只是一种悼念,更是一种告别。告别过去,也是告别自己,"他觉得他自己可怜可笑又十分可憎。他觉得刘耀明可憎可笑又十分可怜。"当年的恋人王小妮的不幸早逝,更让他心灰意冷。他彻底放弃了自己,沉溺于赌博而被捕拘留。

面对村里将召开的批判大会,他极不愿意让刘耀明主持,他想当着乡长警长的面揭穿刘耀明,然而,他无从开口。如《白鹿原》里白嘉轩所说:人世间,有些事,能说不能干,有些事能干不能说。如关志雄说不清一样,王甲六能说清什么?

《地窖》里,唐生法以农民企业家的身份出现在关志雄面前时,不论关志雄事后有怎样一番不安与内疚,在会见的当时,关志雄毕竟是一种居高临下的心态与唐生法对话的;《轱辘子客》里,王甲六也只能在刘耀明面前,低下他的头。

这是巧合,还是一种人生命运的安排?或者说权力在这个社会,始终主宰着一切?

王甲六的人生起伏与心理结构的扭曲不再只与极"左"政治相干,它已转向更切实而又更深沉的人的社会存在、心理存在,王甲六能把握自己吗?

"内心的富足比外在的富足要困难多了。他需要更多的滋养,更多的关注……要得到内心的富足,必须知道放下不必要的东西……"克里希那穆提如是说。

人,生存在社会交往之流。人并不可能活在纯粹精神性的内心领域,他必须同时生活在与物质世间的交往之中,生活在与他人的交往之中。

王甲六和他所生存于其中的这个社会与文化是相互构成的,又是互动的。

之所以认为《轱辘子客》在陈忠实20世纪80年代后期小说中具有重要意义,正是因为王甲六、刘耀明两个人物为我们提供的思考,是一种人性与欲望的双重思考,它因此具有了长久的艺术生命力。

还要强调指出《轱辘子客》的语言试验,叙述语言几乎统领了全篇。人物对话,少而又少。我们知道,写人物对话,一直是陈忠实的"长项"和"优势"所在。现在,留其所"长",同时开始了另一种试验。流畅而富于力度和气场的叙述,让小说张扬着一种生命的活力和这种活力受阻的无奈,充满了内在的"张力"。

这篇小说的叙述语言与《白鹿原》的叙述语言相近、相似。这告诉了我们,陈忠实的语言试验正接近成功。

这篇小说中王甲六命运的陡转和刘耀明永远立于不败之地的阴

鸳，都释放出一个鲜明信号，陈忠实塑造的人物越来越丰满复杂。

小说叙述结构的复杂化，即时空倒置和交错以及生活场景形象准确的叙述，也表明陈忠实艺术上新的追求。

四 作家的艰难转型

陈忠实观念世界的整体性调整与重组发生在20世纪80年代后期。这与他不断进行"自我精神剥离"相辅相成。他从与农民共反思走向了与民族共反思。陈忠实仍然坚持着现实主义创作，但这已不再是革命的现实主义而是开放的现实主义。

20世纪80年代中后期，陈忠实不再是以公社农民、公社干部，业余作家的眼光看待生活、进行创作，他逐渐完成了一个现代作家的身份和观念的确立。1982年成为专业作家，只是这种身份转换的外在形式，关键在于文学观念、文学实践的现代转型。

作为农裔城籍作家，陈忠实和我国世纪40年代那一批从农村走出来的大多当代作家一样，是理想主义者。

古华1942年生，二月河1945年生，李存葆1946年生，他们分别创作的《芙蓉镇》、清帝系列小说和《高山下的花环》等作品，题材不同，风格不同，但理想主义却把这些作品和作家联系在一起。

他们成长在五星红旗下，从青少年起，国家意志和主流意识形态就是他们用以观察、理解和参与生活的唯一思想资源。他们基本没上过大学，接受的学校教育大多不够完整，农村和部队却比任何大学都更好地培育了他们。他们对我国社会的了解显然远远高于来自城市和学校的人。

只有了解了农村才可以说真正了解了中国。不论是革命年代、建设年代还是改革开放年代，社会成功者队伍中，从农村中成长起来的占大多数。

他们走上文学道路，无一例外都是在新时期。急剧的社会转型为他们开辟了新的视野。骨子里仍流淌着农村文化人的血脉，让他们面临着一个自我精神剥离的过程。能不能意识到这一点，并且在文学实践中完成这沉重的"转身"，在这些作家身上，各个人的情况并不一致。

如何认识农民是认识我们这个以农业立国国家的前提。当然我们所指的是前现代社会意义上的农民，而不是工业化和后工业化阶段的农民。

请重温马克思在《路易波拿巴的雾月十八》中的经典论述：

> （小农）他们不能以自己的名义来保护自己阶级的利益。他们不能代表自己，一定要有别人来代表他们，他们的代表一定要同时是他们的主宰，是高高站在他们上面的权威，其表现就是不受限制的政府权力，这种权力保护他们不受其他阶级的侵犯，并从上面赐给他们雨水和阳光。所以，归根到底，小农的政治影响是表现于行政权力支配着社会。

现代文明观念，农民作为阶级本身是提不出来的。他们只是盼望圣主、明君、好皇帝，呼唤大救星，农民是皇权主义者。

正是在这篇文章里，马克思认为由于法国农民与资产阶级处于不可调和的对立，"因此，农民就把负有推翻资产阶级制度使命的城市无产阶级看做是自己天然的同盟者和领导者。"

在1852年的版本中，马克思曾说："法国农民一旦对拿破仑帝制复辟感到失望时……无产阶级革命就会得到一种合唱，若没有这种合唱，它在一切农民国度中的独唱是不免变成孤鸿哀鸣的。"在1869年版本中，这一段话被马克思删去。

我国的革命是从农村包围城市起步的，社会主义建设从农业集体化开始，改革开放又是从农村的责任承包制入手，这与我国特有的国情分不开。

"严重的问题是教育农民"，这是毛泽东反复强调的。

不只是农民，我国的工人和士兵，我国的大部分知识分子几乎都脱不了与农村的血肉联系和血缘纽带。

长达两千多年的皇权统治与这个集权制度相伴随的文化传统，以及由此造成的普遍的人生依附、精神依附，使得这个超稳定的社会秩序、社会结构长期处于历史的循环往复之中。黑格尔就曾认为："中国的历史从本质上看是没有历史的，它只是君主覆灭的一再重复而已。任何进步都不可能从中产生。"

"在这样一个变动很少的社会中，从实际经验里累计得来的规范时常是社会共同体生活有效的指导。规范对于社会生活的功效不但在于它存在的理由，也是受到社会权威支持的理由"，"社会结构不变动，规范成了传统，以往的成效是规范取信于人的凭借。"费孝通定义的规范知识是指治人之术，我以为还应加上处世即处人之术，以及许许多多"潜规则"。复杂而诡异的人际交往积数千年经验，这些潜规则在皇权专制与乡土社会中，其有效性屡试不爽，畅行无阻。

费孝通在《论知识阶级》一文中就指出，乡土中国自然知识与规范知识的分离，传统中国士大夫就是规范知识的掌握者、执行者。

费孝通曾指出，工业革命之后所发生的那一套西洋文化是以自然知识和技术作重心的。对于此，我国知识分子是外行，不只是外行，而且是瞧不起。

这里还有西方文化的人本主义而不是民本主义思想浸润下的人文科学和社会科学，不仅是知识更是一种人文精神和价值体系。

费孝通年认为文化的传播受到社会结构的限制。西方的人文和社会科学理论传入中国，中国知识分子却并不能把这些理论与中国的实际结合，他们生活的社会结构是把知识予以分化了的结构。

费孝通在《皇权与绅权》中甚至表达过这样的观点，"以整个中国历史说，也许从没有一个时期，在社会上处于领导地位的知识分子曾像现在一般这样无能，在决定中国命运上这样无足轻重的。"

鲁迅笔下的吕纬甫和魏连殳，在酒楼上的落寞和狼一样孤独的嚎叫应该说是"五四"以后中国现代知识分子的普遍命运，这也同时反映出中国现代知识分子自身远非健全，他们还处在发育之中。

和成长在新中国的大多数人一样，和他同时代的作家一样，陈忠实的成长史是乡村文化与红色文化、现代文化交汇的历史。

一方面，他的成长的历史是与生他养他的农村代代相传的生活模式和价值标准相适应的历史。从他出生落地，乡村的习俗就开始形塑他的经验和行为；到了他能说话，他已经是乡土农村文化的产品和体现；进而到成年，参与农村工作，社会的习惯就是他的习惯，社会的信仰就是他的信仰，社会的盲点也成为他的盲点。

另一方面，陈忠实主要是在红色文化和革命文学语境中成长起来，这种文化和文学与农村乡土文化因为中国革命的特殊性而具有天然的内在联系，文学的工具性功能被提到了高于一切的地位。为党写作，是革命作家的天职。柳青、王汶石那一代作家就是以党的文艺工作者为荣，为自豪的。

陈忠实的文学活动起步于"文化大革命"，成长于新时期。20世纪90年代初的《白鹿原》代表了陈忠实文学创作的最高成就，也代表了新时期文学的最高成就。新时期农村急剧变革和由此而启动的整个中国社会结构的巨大变革和民族复兴，促成了陈忠实深刻的内心痛苦和自我剥离。在现代文化的洗礼下，他开始从我们社会的长期盲点里出走，从对民族历史文化的反思中，对自己进行重新审视，对文学进行了重新审视。没有时代的巨变，没有"思想解放"，就不可能有陈忠实；然而，更具决定性意义的是，没有"自我剥离"，没有不断地超越自我，便不会有现在的陈忠实。这实际上是与陈忠实对社会、对现实重新审视同步进行的。

在文学实践的现代转型中，陈忠实完成了他的从工具型作家到自主性作家的转型，而这正是现代作家的标志。作家不再听命于外在的要求，而是听从内心的呼唤。这种呼唤，既不是阶段性"政治正确"，也不是商业盈利，更不是个人的名利，而是"文学依然神圣"的使命感和民族复兴的责任感。

正如海德格尔所说，使艺术家成为艺术家的是作品，惟作品才使作者以艺术的创造者身份出现。作品是艺术家的本源，作品是艺术家的创造。

唐生法与刘耀明这样的农民形象出现在陈忠实作品里，绝不是什么意外或神来之笔，它标志着陈忠实对中国农村、农民的认识的深化。刘耀明这样的人物在权力斗争与谋取财富两个方面的如鱼得水并做得天衣无缝不为人知，这不只是农民智慧和狡黠所能解释的。它涉及到我们民族文化心理结构的远非合理的一面。

唐生法的忏悔对于从那个时代走过来的人，它的警示意义具有了普遍性。

"我不是一般的遵循向前看的说教，而是真心实意地希望自己从懊悔中获得解脱，我也向一切被我伤害过的人忏悔！"

这种忏悔来自对"文革"悲剧的反省。

"同是一个你，既可把全公社百分子九十的干部一起扫荡，又可给他们一个个平反，你不觉得是一份真正的悲剧吗？"

"这场悲剧的痛切之处还在于它是以人民的名义发生和演化着。"

"当人民最关心最崇拜的政治最后使人民终于发觉它不过是一块抹布的时候，哪儿脏就朝哪儿抹结果是越抹越脏的时候，自然就明白这块抹布本身就是一块肮脏污秽的一块布，那么它就只能使人失望以致厌恶了。"

作品人物的思想情感从来都是作品人物自己的，它与作者绝不处于同一层面。小说告诉我们，当年的公社书记关志雄不仅认同了唐生法，而且决定将唐生法的忏悔信向全体公社干部宣读。

对畸形政治，不健全的社会肌体、机制不合理的文化传统和文化心理构成的清醒认识和批判，与陈忠实对文学创作的规律性认识，可以说是同步完成的。

创作于 1985 年的《夭折》，写了文学青年惠畅作家梦的夭折。当惠畅沉溺于文学孜孜于写作时，极"左"路线给他以一次次的摧残。新时期到来，惠畅只能以民营企业家业余作者身份予文学创作以赞助。离开了生活，离开了对生活的激情、真切体验和深刻理解，文学将失去意义，惠畅已与文学离得太远。这从反面成为了陈忠实的一面镜子，艰难与勤奋并不能保证创作的成功，作家主体的精神建构和艺术功底才是关键所在。

从《太阳照到桑干河上》《暴风骤雨》到《三里湾》《创业史》《山乡巨变》，几乎无一例外：地主是邪恶的代表，贫下中农是革命的化身，中农、上中农摇摆于进步与反动之间，富农多半与地主勾搭，兴风作浪。必须与《中国社会各阶级的分析》与《土地法大纲》与《关于农业合作化的决议》等等保持一致；凡与此不一致者，皆属错误以致反动。文学成为政策文件的形象注释和图解，在相当长一个时期内，是一种一以贯之的存在。

对于这样一种惟阶级成分论的文学创作模式，陈忠实是在新时期的生活实践与文学实践中逐渐认识并与之挥手告别的，这也是一个蜕变的过程。《失重》的吴玉山的老中农身份的强调，表明从既定的旧模式里挣脱，并非轻而易举。

告别权威历史、政治化历史和政治化文学崇拜的同时，陈忠实走向了文学的新的建构。陈忠实完成了从工具型作家到自主性作家即现代作家的艰难转型。

这是时代的赐予，更是陈忠实的自我剥离、自我批判、自我救赎。他一步步坚挺地走向了他文学创作的制高点，从与农民共反思走向了与民族共反思。"我曾经在不少的话题里言说过对关中这块土地的热爱和理解，用一句话或者一个词概括我的直接感受，这就是：沉重。既是背负的沉重，更是心灵的沉重。"陈忠实说。①

　　这种创作主体的根本性自我转换是一个不断展开的过程，肇始于20世纪80年代中后期，延续到现在。

---

① 陈忠实．吟诵关中．重庆：重庆出版社，2008.201

第八章　第二次"精神剥离"

2002年，陈忠实在《六十岁》中说：

在他的漫长的艺术探索过程和人生过程中，有过两次自我把握和自我反省。它们成为陈忠实艺术创作和人生道路的关键性选择和转折。

后来，陈忠实把它们说成是两次精神剥离。

第一次精神剥离，发生在1978年，前文已论及。

第二次精神剥离，是在上个世纪80年代中后期。

对于陈忠实来说，这第二次"剥离"，更为关键，更具普遍意义。

如何理解这个"精神剥离"？其实，陈忠实自己已经讲得很清楚，它是一种自我反思和反思后的自我把握。

在《喇叭裤和本本》一文里，陈忠实对这个"剥离"有过形象的描述：

回想从关于"真理标准"讨论到今天的近二十年的思想历程，我给自己归纳为这样一个公式：扯断——陷入——再扯断——再陷入，及至期待新的扯断的痛快。

每当新的生活命题出现，人们总是有一种对于原来的观念的习惯性依赖和对于新的观念的排斥，这就要求主体的自我调整。自我剥离、扯断与自我的联系而进入新的自我，以迎接新的生活命题。这个推旧迎新的剥离是痛苦的。先前旧的强大的因循已经很不容易，而认识与接纳新的甚至是萌芽状态的新的事物、新的观念，更非轻而易举，这是一个方面。另一个方面，这样的自我反思、自我剥离，不会一次性完成，更没有终结的底线，它始终处在一个动态过程中。它没有终点，也不可能有终点。正如我们不可能穷尽真理，终结我们的探索和思维。我们将不断从"陷入"里"扯断"，再"陷入"再"扯断"。所谓生活之树常青，而理论是灰色的。我们也可以说，理论将给生活以新的发现、新的阐释，甚至新的变化。第三，更重要的是，这绝不意味着我们永远是被动的风向标，风吹往哪里，我们就飘向哪里。主体的识别与判断必不可少，判断后的选择更重要，而选择后的坚守与坚守后的调整尤为重要。

反省、反思、剥离，都是自我审视。人，对于自己，既是主体，又是客体：只有将自己视为客体，进行勇敢的清醒的再思考，如苏格拉底所说"洞见"到真正的"自我"，这才是人之所以为人的标志。它是一个很高的要求，没有内省，没有反思，这样的人生苍白而又单薄。

反思，在它的直接意义上就是黑格尔说的"对思想的思想"。这是一个哲学命题，但它又是每一个理性的人不可回避的问题，这就是对自己存在的反思。唯反思引领人类不断前行，创造自己，也创造历史。

让我们借用一下柏拉图的三个比喻，它们分别是"太阳之喻""线段之喻"、"洞穴囚徒之喻"。

什么是"太阳之喻"？太阳可以比作善的理念。太阳对于可感世界的关系，就如同善的理念对于可知世界的关系。太阳使万物包括它自己为我所见；同样，善的理念也使所有理念包括它自己为我们的理性所理解。善的理念是我们理解的前提，也是其他理念存在的前提。

"线段之喻"象征我们的认识能力分为不同的层次。我们不妨把认识区分为对可感事物的认识和对可知事物的认识。前者又可分为猜测和信念，后者分为仔细推理和洞见，洞见是对原型的认识。心灵不需要影像支持而能纯粹通过理念来思考。

有了太阳之喻和线段之喻的初步了解，我们就能够理解"洞穴囚徒之喻"。

"洞穴囚徒之喻"是我们对可感世界的认识和理念洞见的关系。在洞穴中，囚徒手足被绑，背对洞口，只能看见洞穴的后壁。囚徒的身后有一把火，在囚徒和火把之间，各种物体不断移动。这样，囚徒在面对的壁上，看到的是移动着的物体投射的影子，囚徒认为这些移动的影子就是实在。如果囚徒获得自由，能够转身，他将发现以前认为的"实在"不过是那些真实物体移动的影子。如果囚徒走出洞穴，面对太阳，他会大吃一惊。他回到洞穴，告诉别的囚徒他所见到的一切。这些囚徒将不会相信他说的一切。

把这三个比喻联系起来，洞穴囚徒之喻说明：我们如何能在知识的等级中，从猜测上升到洞见，从影子世界上升到白天的光线，最后看到太阳。

有学者认为，几千年来，西方哲学的发展，不过是给柏拉图的理念论做出不同的解释或批判。这本书暂不去论及，我们只是想谈谈我们对洞穴囚徒之喻的理解。

发轫于20世纪70年代的思想解放运动，让我们终于从个人崇拜的当代造神运动的洞穴里，转过了身。我们发现，我们曾经以为是"实在"的一切，不过是自造的影子。而当我们真正的解放了自己，我们将从洞穴中走出，去认识那太阳下广大的世界。

同时，当我们直面这广大的世界，我们也将转向对自我的认识，不再依赖影像的支持而纯粹通过自我以获得洞见。

布克哈克《意大利文艺复兴时期的文化》曾经这样描述15世纪的欧洲人特别是意大利人的思想历程：

> 在中世纪，人类意识的两方面——内心自省与对外观察都一样——一直在一层共同的纱布之下，处于睡眠或未醒状态。这层纱布是由信仰、幻想和幼稚的偏见织成的，透过它向外看，世界和历史都罩上了一层奇怪的色彩。人，只能意识到自己是一个种族、民族、党派、家族或社会集体的一员——只有通过某些一般的范畴而意识到自己。

布克哈克的话题，应该说准确而又深刻。

布克哈克接着认为，正是因为文艺复兴，"在意大利，这层纱布最先烟消云散，对于国家和这个世界上的一切事物做客观的处理和观察成了可能的了。同时，主观方面也相应地强调表现它自己。人，成了精神的主体，并且也这样认识自己。"

新时期的思想解放运动与五四时期的思想解放运动是发生在20世纪中国的两次重要的也是影响深远的思想史上的光辉篇章。

陈忠实的两次"精神剥离",只有在这样的思想背景下才有可能发生。

康德在论述欧洲18世纪启蒙运动时,有过如下表述:启蒙运动就是人类脱离自己所加之于自己的不成熟状态。"不成熟状态就是不经别人的引导,就对运用自己的理智无能为力。"

造成这种无能为力,"其原因不在于缺乏理智,而在于不经别人引导就缺乏勇气与决心去加于运用时,那么这种不成熟状态就是自己所加之于自己的了。"

因此,康德呼吁:要敢于认识!要有勇气运用你自己的理智!这就是启蒙运动的口号。

康德意识到"任何一个人要从几乎已经成为自己天性的那种不成熟状态之中奋斗出来,都是艰难的"。但,他同时又指出"公众要启蒙自己,却是很可能的"。

康德认为"只要允许他们自由,这一启蒙运动除了自由而外并不需要任何别的东西,而且还确乎是一切可以称之为自由的东西之中最无害的东西,那就是在一切事情上都有公开运用自己理性的自由"。

康德深刻指出:"通过一场革命绝不能实现思想方式的真正改革,而新的偏见也正如旧的一样,将会成为驾驭缺少思想的广大人群的圈套。"①

20世纪80年代，陈忠实不缺乏运用自己的理智的勇气和"公开运用自己理性的自由"。

个体的成熟首先需要其主体的确立，生命个体把自己与对象分开，包括把自己作为对象进行审视，这个个体分娩成为了主体。

作为主体，它是以独立的眼光看取对象，而不再以别人加于其上或依附于他人的眼光去认识对象、认识自己。这是一个很高的思维维度，以"洞见"到真正的"自我"和"世界"。它往往以外部世界、世俗命运为"刑具"，以拷问自我，净化自我。

陈忠实的自我拷问首先来自对自己创作的不满。

作家最好的老师不外两位：一是对自己创作的不断反思，从自己的创作中学会创作；二是经典作品的"影响焦虑"，如何学习经典，又从经典中走出来。

1984年，陈忠实曾坦诚地诉说："近几年来，我在创作的路上，经历着许多苦恼。"

"首先感到的是自己的理论对于生活理解上的无能为力"，"加之，不愿重蹈图解政策的覆辙。"② 然而面对现实的巨变，陈忠实又重申"我无法背向现实"。

《初夏》创作过程的困惑给我们提供了理解陈忠实苦恼的一个案例。陈忠实说："《初夏》可能是我写作以来写得最困难的一部作品，主要是把握不住人物，马驹这个人物把握不住。"

---

① 康德. 历史理性批判文集. 北京：商务印书馆，1996. 22—24
② 陈忠实. 陈忠实文集：二. 广州：广州出版社，2004. 493

老评论家秦兆阳和老作家王汶石都看好《初夏》的初稿，他们尤其认为冯景藩和彩彩这两个人物，有很大潜力可挖。他们还认为，冯马驹这个人物处理得简单了一点，可再丰富些。面对关爱他的长者，陈忠实不能不认真思考他们的意见。

如何塑造马驹这个人物形象，陈忠实被夹在两种不同思路里。

马驹是有生活原型的。这是一位年轻的村党支书，他热心辅导了两个青年考入了大学，而他自己却心甘情愿选择了在农村干一番事业。

陈忠实还认为，从小说的"既定情境"里，从冯景藩的沉重感叹和冯志强的幽灵里，定会走出马驹这样的冯家滩新一代青年。

然而，陈忠实的两次修改，都以失败终，发生了小说人物的"集体叛逃"。

若干年后，陈忠实回顾这段曲折，他认识到，他当年无法从革命现实主义的文学窠臼中跳出来，是《初夏》失败的根本原因。为了迁就一些既定的东西，结果很多内容反而写不进去，所以人物就叛逃了。

陈忠实认识到，马驹不应以一个救世主的姿态进入冯家滩的生活。马驹为自己倾心相爱却不能真实去爱而深陷痛苦，也在出走与留守的矛盾中动摇过、徘徊过。《初夏》的定本里，马驹与生活原型一样，留在了农村，这与其生活正处在重大变化的激流中，一切旧有的观念正受到冲刷而新的思想方式与生活理念正汹涌而来，显然有逻辑上的背道而驰。问题不在于马驹的走与留，而在于马驹是以什么样的思维与情感选择了留在农村而拒绝进城去当一名吃商品粮的跑运输的司机，这才是问题的症结所在。

要勇于面对生活的真实，面对自己的直接真实感受，而不要依赖于既定理念和生活中的原型，尤其要从"革命叙事"和"革命现实主义"的框架中突围。这样的认识，只有从反思和自省中去获得，从精神剥离中去实现。

不仅仅是《初夏》，陈忠实对自己20世纪80年代前期的作品做了一些梳理，他发现"这些作品有一个很明显的特点，它们几乎是和现实生活同步发展……直接的生活矛盾冲突比较多……大多反映的是当时生活变革中的一些现实矛盾。"[①] 与现实生活同步，难免有近距离写作的局限。但，这也并非绝对。看看契诃夫的那些短篇杰作，不难发现对人性的深度开掘，近距离并不会掩盖作品的光泽。问题在于，写"生活变革中的现实矛盾"常常陷入了对政策的图解。如果能从现实与过去、与未来的联系中看取"当下"，那么，"当下"就会因历史之链的连接而获得丰富多彩的面容；而且一旦突破政治话语而进入社会文化和心理层面，人物也就不再是政治的简单传声筒而具有了鲜活的艺术生命，不再是把昔日的批判与歌颂再次颠倒，而是回归了真实的生活逻辑和人性之源。

陈忠实的反思让他逐渐认识到，塑造人物应该是小说艺术的主要目的，为此，必须写出人物的灵魂，也就是进入人物的心理结构，而心理结构是由文化来支撑的。

从文化心理结构去理解和表现人物，陈忠实经历了一个由不自

---

① 陈忠实. 原下的日子. 西安：太白文艺出版社，2004.331

觉到自觉的过程。

1982年，路遥的《人生》在《收获》第3期发表，它的轰动效应和获奖，对于陈忠实，都是一个巨大的心理冲击和艺术创作促进。

发生在陕北高原的"城乡交叉地带"的爱情故事和人生追求，使这部作品再一次显示了现实主义生命力的蓬勃。

面对《人生》，陈忠实思考了些什么，我们无从猜测。

1984年《梆子老太》问世。正是这部中篇，有意无意间，传来了走向文化心理结构之门的第一声脚步响。

我们该回到陈忠实从理论上对生活理解的无能为力这个问题。

20世纪80年代初，以农业生产体制的变革所开启的城乡生活的巨大变化，给每一个中国人都带来了惊喜和惊喜中的迷茫。

陈忠实真实地记录了"1982年春天……怀里揣着中共中央一号文件"去落实农业生产责任制的新政策：

> 某一晚，在一个村子开完社员大会已是深夜子时，我骑着自行车返回驻地……稻田莲菜池里的蛙声浑然似一张铺天盖地的网，我突然想到《创业史》里头某些难忘的情节来，惊诧得几乎从自行车上翻跌……
>
> 我现在所做的一切与柳青当年所做的正好互为一个反动，互为一个轮回。

生活的巨变以"反动"、以"轮回"诡异呈现，陈忠实直接参与其间，陈忠实不能不在自己的情感和认识的世界里引发"裂变"。

"这不是属于我个人的……而带有历史性变迁的悲壮和叹惋……"①

告别柳青,告别柳青"原先的思路",告别柳青的文学范式,应该是时代给陈忠实提出的要求,也是陈忠实迈向新的文学境界,开拓新的文学天地的必经之痛。

陈忠实终于意识到:"我比柳青多了一份痛苦和复杂,更多了一份幸运。"②

"生活可以纠正作家的局限和偏见。"1984年,陈忠实这样表述了他的自我剥离的外在动因。对于固执己见的人,生活的变迁并不能让他改变自身。而且,生活流变也存在一个历史长河中的合理性问题。陈忠实是在"中国进步了"的这样一个肯定性判断里,实现自我的思想转化的。但进步本身是一个相当值得怀疑的概念,它只能被限定在一个与之可比的范围内,它是在什么样的意义上进步也值得追究。

曾经以为是合理的、神圣的,今天成了荒唐和灾难,这样一个颠覆性认识,对于曾经参与"神圣"的每一个生命个体,都构成了痛苦的体验。能不能从切肤之痛里醒悟,从洞穴转身并走向"太阳",挑战着每一个中国作家的神经。

陈忠实交出了自己的答卷。

陈忠实来自农村,成长于农村,长期工作于农村,国家意志和社会舆论,党的信念和学校教育,这一切所汇聚和培育的前理解结

---

① 陈忠实. 凭什么活着. 长春:时代文艺出版社,2007.184
② 陈忠实. 凭什么活着. 长春:时代文艺出版社,2007.184

构,当"一个太大的惊叹号"(陈忠实语)横亘在心头,不是身临其境,或深有所悟者,对这个惊叹号与前理解结构构成的悖反,它所带来的苦涩与沉重,将很难理解。

这是一个历史与精神的双重悖论:长期为之奋斗的农业集体化一夜之间崩坍了,信念中的公社化原来是应该抛弃的,曾经被批判的包产到户反成了合理的、倡导的。

然而,陈忠实说,像他这样,祖祖辈辈以土地为生的家庭,在新的责任制里,将会得到什么好处,以及将会发生什么困难,他其实"一目了然"。这不是关系到自己一个家庭,而是千千万万家庭。

对于责任制的"认同",来自常识,来自历史和现实的教训;它绝不是违心之举,也不是权宜之计。

在这个意义上,陈忠实的第二次精神"剥离",也可以说是对常识的回归,回归常识又不止步于常识。常识通常是对的(特别是在其实在论方面),但并不始终是对的。而真正令人感兴趣正在于当它是错的时候。

陈忠实是在从传统的意识形态的束缚中把自己解放出来。所谓剥离是从旧的被实践证明是错的观念里剥离。靠什么来剥离?依靠的是陈忠实的生活社会实践和文学创作实践。这个"剥离"以什么样的思想进程进行?如康德所说,依靠的是有勇气运用自己的理智,自己解放自己。

剥离将是一个永不止歇的过程,在这过程中,陈忠实将不断探索,不断反思。剥离不只是指向"自我",同时更重要的指向外部世界,指向实践活动。

在此期间，陈忠实还读了不少书，如《中国近代史》和《日本人》之类。在中日历史的比照里，1868年的日本明治维新，一次彻底的资产阶级革命给了陈忠实深刻印象。处在这个历史转折期的中江兆明在《一年有半·续一年有半》一书里说："如果现在不对后世子孙说几句话，难道还能算是一个读书人吗？"对于几乎是手不血刃的明治维新写下了许多他的思考，陈忠实由此反思我国的戊戌变法。这个康、梁发动的变法何以以失败告终。陈忠实陷入了沉思，中日两国在现代化追求中的不同走向，让陈忠实的精神剥离有了一个更为广阔的空间。

剥离的双向性就是在实践中剥离又回归到实践。

陈忠实说，"我意料不及的是，这种自我选择的纯粹指向自我的精神心理剥离，竟然指向了地理上的白鹿原和正在酝酿着的小说《白鹿原》。"① 地理上的白鹿原是现实中的白鹿原，《白鹿原》小说是从现实出发而虚构的小说世界。

陈忠实认为这个剥离是"划时代的"。他清醒意识到，与以前二十多年发生在身边的和白鹿原上的极"左"思潮剥离，可能并不太难。而要与沉积了两千多年封建文化封建理念、普及儒家思想的《乡约》近千年的影响，尤其面对难得以文化启蒙的大量文盲进行剥离，绝不会是一朝一夕可以完成的，这将是我们民族漫长而曲折的自我剥离的艰难进程。

所谓"剥离"不仅仅是反思自我，更是反思对象。而且，对于

---

① 陈忠实．寻找属于自己的句子——《白鹿原》创作手记．上海：上海文艺出版社，2009.104

对对象的剥离远不止于此，而尤其在于，真正的反思面对的是永恒。如果我们不能从当下的反思潜入到历史的深处、人性的深处，我们将远离永恒，这是一；第二，除了反思，还必须去把握自我与对象即在不断实践中改变自己与对象，以期一种美好的人的存在和民族存在。

一旦重新审视现实中的白鹿原，必然要在虚构的小说世界里以一种不同于自己以往的，也不同于当代作家的思想深度和历史高度审视这个世界里的生活和人物，并以一种新的完美的艺术形式予以呈现。

陈忠实的文学资源、思想背景和他的文学成长、人生成长密不可分，"革命叙述"和主流意识形态一直主导着他。他是在一天天走向极"左"的"文学场"里走向文学的。他缺乏家学渊源，古典文学，甚至如《三侠五义》《薛仁贵征东》这样一些武侠小说、演义小说，也引不起他的兴趣，反倒是与农村生活紧密相连的赵树理、柳青、刘绍棠们让他喜爱不已。青年时代的他也缺乏西学背景，他不曾系统地学习文学理论和外国文学。那时，他如大多数人一样，接触的主要是苏联文学。虽然他后来的文学修养远远超过了所谓科班出身的人，而他的文学造诣更远非一般饱学之士可比肩。他常常让我们想起肖洛霍夫，想起海明威。

他与沈从文在这些方面有不少相似处。沈从文最初是从民间文化中汲取营养，以后又在自学中丰富自己。陈忠实也是如此，除了接受正规的中小学教育，他主要靠自学。柳青、王汶石的革命现实主义作品的影响，在相当长一段时间里支配了陈忠实。要从这个影响中走出来，既是对长期形成的既定理念的背离，也是由于陈忠实直接参与其间的社会实践的根本性转向。

较之于第一次，第二次精神剥离其广度与深度，对于陈忠实来说，可以说是一次脱胎换骨的火中"涅槃"。没有两次精神剥离，特别是第二次精神剥离，不可能有陈忠实，不可能有《白鹿原》的横空出世。

陈忠实的"精神剥离"对当代作家的影响相当深远，正如《白鹿原》的影响一样，勇敢地公正地运用自己的理智，正在成为新一代作家的追求。

第九章 《白鹿原》创作的萌动和准备

一 创作实践是作家最好的老师

作家创作动机的触动,各有不同。

我一直认为:创作本身,是作家最好的老师,作家是在创作实践中成长。

对于长篇小说创作,陈忠实一直心存畏怯。对经典长篇的阅读,给陈忠实带来的是对长篇小说的"敬畏"。与当下一些人初起步就是洋洋洒洒数十万字的长篇小说不同,20 世纪 80 年代的陈忠实准备写够十个中篇之后,才考虑下一步怎么写。

陈忠实没有料到,《蓝袍先生》的写作,让他萌发了长篇小说创作的最初念头。

写到第三章"萌动的邪念",与杨龟年家寡居的年轻儿媳妇三次不期而遇撞出了蓝袍先生的欲念,陈忠实说,他突然意识到:"这个门楼里的故事不会因一份训示而了结,还会更热闹更富戏剧性地演绎下去。然而这些故事已不属于蓝袍先生。"① 这些故事将要由另外一些人物去完成。那必然会是另外一部作品,它应该是一部长篇小说。

  由一个小说人物的心灵悸动而引发一部鸿篇巨制的创作冲动,看似偶然,却符合创作的内在规律。深藏在作家"前意识"的"创作期待",长久孕育,一旦触发,即可从"前意识"的深海浮上"意识"的洋面。

  这好比年轻人恋爱中的一见钟情。大观园里,贾宝玉林黛玉乍一相见,双方就惊讶于似早已相识相知,这并不奇怪。在"前意识"里,他们原就彼此将"对方"预设在了另一个我的期望里了。"梦中情人"终于在现实世界里现身,如此而已。

  对于1985年的陈忠实,"这个长篇小说尚无任何一个具体的影像。"如果一定要找的话,那就是镶嵌着"读耕传家"的四合院门楼和这个门楼里的诱人故事。

  1986年6月,陈忠实完成了《四妹子》。四妹子的生活原型,户县的一个养鸡专业户的破产,竟然是因为家族利益的冲突。陈忠实说,他受到极大心灵震撼。家族利益的冲突,在后来的《白鹿原》里,扮演了重要角色并成为推动小说情节发展的驱动力,不是没有生活根据的。

  "恰是在蓝袍先生家门楼下的一瞅一瞥,让我顿然认识到对乡村社会认识的浮泛和肤浅,尤其是作为标志的1949年以前的乡村。"

---

① 陈忠实. 寻找属于自己的句子——《白鹿原》创作手记. 上海:上海文艺出版社,2009.4

对乡村社会认识的肤浅的这种自觉，对于陈忠实太重要了。长期以来，陈忠实一直相当自信，自信于对农村生活的稔熟。

如果没有对这种农村生活的自信，14岁的陈忠实不会尝试去写《桃园风波》。正是少年时代形成的对文字敏感的那根神经，促成陈忠实逐渐走向文学创作的无悔之路；也是由于这种自信，"廿余年来，我始终没有从现实生活的层面，移开眼睛"，"我的中短篇小说几乎全部是生活演进过程中即时即兴之作"。

关注当下，从"即时即兴"中汲取素材，构筑自己的小说世界，这是陈忠实创作的优势，同时也难免它的局限。近距离的审视，限制了作家的视野。这在陈忠实20世纪80年代前后的作品中，表现得相当明显。

这批作品与"文革"期间练笔时的那批习作，基本上保持了同一种风貌，即对于重大社会问题的关注。它们仍然限于一种简单的两极对立，或是政治上先进与后进、正确与谬误的斗争，或是伦理冲突的善与恶，大公无私与损人利己的对立，如陈忠实后来所说，某些作品内容单薄而形式僵硬。它们延续的是"革命叙事"，局限在"革命现实主义"的传统之中。

1982年后，陈忠实彻底摆脱"阶级斗争为纲"的束缚，逐渐从生活故事转向人物性格塑造，转向"生活叙事"。1985年，这种性格塑造逐渐丰满起来。不再是单一的、平面的而是呈现了一种复合状态。日常生活故事与政治斗争的纠结，让陈忠实的作品有了厚重感，这种厚重感主要来自陈忠实"精神剥离"中向着文化传统的探寻，向着人物文化心理结构的剖析。

其实早在1984年初，通过他比较喜欢的《梆子老太》，陈忠实就已经开始了这种文化审视。对于人物的文化传统积淀和心理结构的艺术烛照，在《蓝袍先生》《地窖》和《轱辘子客》这样一些作品中，有了愈来愈自觉而深刻的表现。

陈忠实逐渐意识到"文学创作，是一种文化的表现，而且是文化最直接最显露的表现方式"。① "最直接最显露的表现方式"当然是在文本的象征意义上说的。

随着文化积淀的不断探寻，陈忠实愈来愈认识到乡村生活历时性的缺席所带来的致命缺陷。陈忠实跌入了不自信。

二 "文化热"的兴起与文化心理结构

陈忠实对于文化尤其"历史之境"的长期疏离的觉醒不仅来自他对自己作品的反思，它也与20世纪80年代中期逐渐兴起的文化热、文化反思的思潮相呼应。

文化热的形成，与寻根文化的兴起不无关系。"反思文学"对历史的反思，必然会延伸到对民族文化的再思考。韩少功《文学的根》发表于《作家》1985年第四期，被认为是与启蒙话语具有不同文化姿态的"寻根文学"的宣言。

马尔克斯《百年孤独》获得诺贝尔文学奖更给当时的中国文坛带来了巨大冲击。马尔克斯从既定的历史叙述中发现了另外一种全

---

① 陈忠实. 陈忠实文集：三. 广州：广州出版社，2004.72

新的历史和文化脉络，启发着中国的青年作家从他们熟悉的本土生活中寻找民族文化的源流和精髓。

在"寻根文学"的旗帜下，聚集了阿城的《棋王》《树王》《孩子王》，王安忆的《小鲍庄》，韩少功的《归去来》《爸爸爸》，郑义的《老井》，李锐的《厚土》……文学进入了一个"文化"时代。

陈忠实对于当时文坛的种种思潮，投去了关注的目光，不过陈忠实并不是那种追风逐浪的人，他一直保持着清醒。当时，关于文化心理结构的讨论，还不曾引起人们太多注意，陈忠实说，他却"有幸领教了，也接纳了"，"而且直接进入创作实践了"，陈忠实可谓捷足先登。这与陈忠实对自己文学创作的反思分不开。

与一般心理学意义上的心理结构不同，文化心理结构强调和突显文化积淀对心理结构的影响。除了生理机能，文化积淀更是人的心理形成的前提和内容，是人的社会实践和历史生成中的条件和组成。文化心理结构既有感性层面又有理性层面；既是意识的，也是无意识的。它是人们精神世界的内在结构。

有学者认为，它是民族心理的一种稳定模式在个人心理中的表现。但每个个体生命的复杂存在不可能被民族性、地域性所穷尽，每个个体生命文化心理结构的动态发展过程，更具有独特性、不可复制性。

马克思所说的人化自然即人的文化形态。人化即"文化"。真正属于人的各种内在力量如人的认知、情感、意志、欲望等等，是生理的也是文化的，它构成了人的内容。这也是自然向人的生成。

在人的主体性纯粹形式与文化人类学存在中，前者是理念世界，只存在于一个可能的彼岸世界；后者是人的现实世界，它是现实的，有具体内容的，但又是有限的。因为历史文化本身就是限制。

人，不仅仅生活在现实，也生活在未来；不仅仅是事实，也是一种可能。可能性这一无限广阔前景构成了我们的未来，构成人的主体性的真正含义。

文化和人性，互为表里。从民族文化心理考察，它是文化传统在人们日常行为模式、思维方法、情感态度中的积淀，是民族心理的一个相对稳定的模式，它在很大程度上决定了外来文化的传播和影响。如前所述，在每个个体生命中，这个相对稳定的模式，既有民族性、地域性的同一，更有个体的特异性。

李泽厚就认为，人的文化心理结构是复杂的，它是在文化传统的长期型塑下完成的。人的文化心理结构又处在一个特定的动态过程中而不是一成不变的。它主要表现为人的自然情欲和社会理性的不同比例配制和关系的组成。

普列汉诺夫当年就曾在《谈谈工人运动的心理：评高尔基的〈仇敌〉》中提出"社会的经济决定社会的成员的心理"。他把这称之为"社会心理"。

弗洛姆则从社会心理结构是社会经济结构和社会普遍思想观念的转换中介着眼，认为社会心理结构由意识和无意识构成。

理性因素当然在文化心理结构中具有重要意义，而生理与本能的，感性和偶然的精神心理活动在心理结构中也许更具有影响力。文化心理结构是人的心理素质、思维方式和价值取向的总和。

进入20世纪90年代中国语境因了它的开放性、多元性和全球性，文化批评风靡人文学科和文学艺术，与80年代强调纯文学特权论述的主张相悖，对制约文学生产的社会力量的重视，再次被提到了前台。回归文学的政治、历史研究是透过文学研究实现的。意识形态批判，特别是福柯的话语权力理论对文学批判产生了相当影响。有识之士指出，反抗社会历史决定论，强调文学独特性，尊重文学想象世界的开放性，仍然必要。

置身于这样的文学、文化语境，陈忠实对于他自认为熟知的生活，开始用另一种眼光即文化的眼光予以审视，他开始了不自信。

当下乡村生活变革引发的农民心理秩序变动，以其蕴含的历史性文化内涵，引发陈忠实在时间的纵深线上对农村变革和农民文化心理结构展开历时性考察的强烈意愿。这种意愿因为他的阅读作品的创造性理解而更为迫切。

只要稍稍涉足于历史之河就不难突破"革命叙事"构筑的框架，发现我们生存的"当下"其实不过是历史的延续，曾经制约着历史的，仍在制约着"当下"，造成我们民族历史进程从16世纪开始落后于西方的诸多因素中，文化与民族心理不能不说是缘由之一。

对于成长于新中国的中青年作家，这种对"历史之境"的长期无知、疏忽与淡漠其实是一种普遍的遮蔽，不能说陈忠实是发现这种遮蔽的最早的作家，但他确实是以自己的长篇小说为历史解蔽、去蔽得最早也是最成功的作家。

三　遭遇卡朋铁尔

卡朋铁尔离开法国时，留下了一句话："现代派的旗帜下容不得我。"陈忠实为这一句决绝的话深深感动。陈忠实明白了现代派文学不可能适合所有的作家，作家完全有权做出自己的选择。

卡朋铁尔的《王国》，这样一部让欧美文坛惊讶的拉美长篇小说的问世，更让陈忠实震惊。在陈忠实迄今为止的阅读里，除了柳青的《创业史》，还没有一部作品如《王国》这样，给予他影响如此深远。

卡朋铁尔离开法国回到祖国古巴，立即去了海地，这是美洲唯一纯粹由黑人移民构成的小国。他在这里寻找着拉美移民的历史之根。这个"寻根"之举让卡朋铁尔一待就是几年。卡朋铁尔的《王国》被称为拉美现代文学的开山之作，成了后来被命名为"魔幻现实主义"的滥觞。

陈忠实由此产生了一种急迫的愿望，因为自己对"过去"的无知，"必须立即了解我生活着的土地的昨天。"[①]

1987年4月，陈忠实开始了他走向昨天之旅。陈忠实去蓝田，后又去长安，查阅县志和党史，在那些长久无人翻动的历史册页里，陈忠实潜入了时光的隧道。

创作之前深入钻研地方志、党史等文献和文物，现在已被相当一批作家借鉴。这种前期的"案头"准备给予作家的帮助，从后来一批历史题材作品的厚重历史感中已得到了证明。

陈忠实一旦把眼光从"当下"投向了"昨天"，历史的帷幕就

---

① 陈忠实. 寻找属于自己的句子——《白鹿原》创作手记. 上海：上海文艺出版社，2009.11

徐徐拉开，展现它复杂而鲜活的世界。这不能不被认为是文化精神的历史之旅，先辈们的生命之旅。"时间"在陈忠实的丈量里，转向了"空间"。

这不再只是自己生活的村庄近百年的演变，而且还囊括了白鹿原上那些稠如瓜蔓叶子的村庄的历史，囊括了关中平原上那林林总总的前世今生……

四　"炼狱"与救赎：动机之一

中国的农村是一座"炼狱"，陈忠实如是说。

"炼狱"是但丁《神曲》中的精神救赎。与基督教观念不同的是，炼狱的忏悔和受苦，不再只是赎洗自己的罪恶，而是要使自己成为完美的人。至善至美的追求是穿越"炼狱"的目的。

这样一个精神的自我救赎，在俄罗斯文学中，有多彩多姿的表现。无论是屠格涅夫，还是托尔斯泰，还是陀思妥耶夫斯基……在我国新时期文学中，我们也依稀可以找到它的影子，如巴金的《随想录》。

陈忠实认为："谁如果在农村这座炼狱练过三四年而仅仅只是感觉到贫穷落后不讲卫生和愚昧，那么他精神之肤浅无异于贫穷和愚昧。"[①] 在陈忠实看来，这座炼狱的博大深邃和严苛要求中国作家去体验和表现，这种体验和表现，同时也是作家的自我救赎。

---

① 陈忠实. 陈忠实文集：七. 广州：广州出版社，2004. 111

寻找历史,从中国农村这座炼狱寻找历史,这种精神救赎的出发点和归宿,应该是陈忠实翻阅地方志和党史的精神指归和历史坐标。

在一篇题为《骊山十日——1989年夏陈忠实创作〈白鹿原〉及其生活侧记》的文章里,作者峻里认为,1986年,对于陈忠实是重要的。1986年陈忠实曾深入到西安周边几个县、乡镇和村庄,新时期沸腾的生活和干部中的复杂人事纠葛尤其是肮脏腐朽的腐败行为,让陈忠实震惊,也让他深思。"窝里斗"的传统装备了现代的高级形式,陈忠实有了一吐为快的激动,想把这些写成小说,出一口"恶气"。这当然是作家正直的良知和呼唤,幸运的是,陈忠实终于沉了下来,继续他对民族命运的思考,将他艺术的触角伸向了历史、伸向了白鹿原。

峻里的这段叙述,极为重要。他为我们理解《白鹿原》的创作动机提供了最有说服力的解释。我们是从"当下"的"困惑"去了解与理解历史,了解与理解历史是为了在与历史的"对话"中寻找"救赎"。

五 人文精神与子民作家:动机之二

陈忠实说:"我对以西安为中枢神经的关中这块土地的理解初步形成,不是史学家的考证,也不是民俗学的演绎和阐释,而是纯粹作为我这个生于斯长于斯的一个子民作家的理解和体验。"①

"子民"是人民的儿子，大地的儿子，一种对人民、对大地的敬畏、谦恭，在这个"自我定位"里得到了呈现。这绝不是故作姿态，而是在人民与大地之前的谦卑。

作家并不高明，至少，陈忠实认为自己并不高明。但，既已为作家，就有一份应有的担当。陈忠实是一个社会参与意识极强的作家，既为作家，手中的笔就应该成为介入生活的利器。

在20世纪90年代文学逐渐边缘化的现实语境中，陈忠实不断重申，文学依然神圣，他所张扬的是文学对人民、对大地的担当。

陈忠实并没有把"人民"这一概念等同于俄国民粹党人的定义，没有也从不参与某些媒体所宣扬的那种对"人民"的滥用。

高尔基就不满于俄国民粹党人的"人民"的种种说辞。高尔基说，对于他，只知道一个个具体的活生生的人，看门人，牧马人，水手，小偷……他说他不知道人民在哪里、人民是谁。高尔基来自底层，他的"底层体验"与"艺术体验"直接源自他的生命，他的存在。他的认知方式、情感方式也是在"底层"受孕。这当然不是说，作家只能来自底层，我只是想强调，陈忠实的自我定位和归宿与他的人文精神、人文关怀始终如一。

这种人文精神是陈忠实涉及地方志、党史等文献的又一精神指归和历史坐标。

它表现为陈忠实翻阅这些发黄的历史册页时，始终把目光投向

---

① 陈忠实．寻找属于自己的句子——《白鹿原》创作手记．上海：上海文艺出版社，2009.16

人的生存和价值思考、人的命运的思考，具体化为农民命运的历时性、共时性思考。

早在1980年10月的小说《反省篇》里，陈忠实借公社书记梁志华之口，写出了新的形势下，一个党的农村干部的忏悔："我干这些蠢事的时候，并不以为蠢啊！""我们的农民太好了，尽管经过了三番五次的折腾……农民有良心啊"。"面对被自己折腾得一贫如洗的农民"，梁志华决心与农民一道，走向共同富裕之路。

"折腾"这个词以及这个词所涵盖的复杂与苦涩、沉重与灾难，成了陈忠实反思我们这个民族一个世纪现代化追求的关键词，也成了陈忠实对于我们民族文化心理结构的整体性思考的起点与关节点。

陈忠实是带着这样的疑问去翻阅地方志和党史的，正是在历史的沉潜里，他痛苦地发现，"折腾"的历史表象后面，民族历史文化和民族文化心理结构的奥秘和演化。

六 陈忠实的艺术心理结构：动机之三

潜入历史的文献，陈忠实的精神指归和历史坐标的第三点是，他不是以一个历史学家，也不是从民俗学的角度来审视过去、审视民族，陈忠实是以作家的眼光与历史碰撞，进入特定的历史氛围，想象和感受历史的气息、呼吸和体温。

如果以荣格在《探究心灵奥秘的现代人》一书为依据，陈忠实属于"心理学式"作家而不是"幻觉式"。

"心理学式"侧重取材于人类意识界，这些素材经过作家心理上的同化融和，把原来的日常事件提升并组合为文学的经验表达出来。文学作品就是解析并形象地揭示意识和无意识的内涵以及那些反复出现的、不可避免的人生喜怒哀乐。陈忠实拥有现实人生，现实乡村的丰富感知和体悟，从这一基点出发，穿越历史的生活事件，在被联想和想象装扮的舞台上，历史和历史生活的细节复活了，一个一个鲜活的人物，从白鹿原上走过。当然，这是从主要倾向说。作家陈忠实不可能不受"幻觉式"创作方式的浸染。幻觉式创作的素材不再是人们耳熟能详的，它来自人类心灵的深处，它说明了我们在时间上与洪荒时代的距离，同时也给我们一种明暗对比的超人世界的感觉。作家在出入这些素材时往往受到集体无意识的影响。这种集体无意识既有其自身巨大的魅力，又是对显性的意识的补充与矫正，以平衡意识带来的偏见、反常甚或危险。这在《白鹿原》里那些神秘意象、神秘文化的艺术描述中，有生动显现。

陈忠实的文化心理结构，基本上是艺术型而非科学型、务实型或其它。

一、艺术型的感觉。他的气质主要是艺术型的，艺术器官的完善以及大脑左半球的优势，使陈忠实很早就倾心文学。他的感觉层面的外部功能表现为天赋的感觉力、观察力、想象力以及对文字的敏感，他的形象观察力具体而细致入微，形状、色彩、声音、气味、气息的观察与记忆鲜明而持久。陈忠实不止一次讲过他那敏感的神经指向的是文学。他也长期被文学天才是否存在而备受困扰。

二、生活经验与情感经验。陈忠实心理结构的经验层面既有意识的，又有无意识的。陈忠实的社会实践主要来自农村以及与农村相关联的那些方面。这种直接经验的丰富性、长期性和不间断性为他的间接经验奠定了坚实基础。他在公社工作了十年,人民公社不仅是经济实体,工农兵学商一应俱全,更是政权机构,基层党政军民,全归公社掌管。他在这个中国社会缩影的社会组织、经济组织、政权组织里风雨兼程,对中国社会复杂人际关系和心理状态的认知,可以说胜过百科全书。陈忠实的尤为可贵,是他特别善于从书本、从阅读中汲取经验,善于从信息的捕捉与反馈中充实与扩大自己的经验内涵和范围,并且把意识到的经验充分调动和运用于创造性写作中。

作家的作品在这个意义上,常常被认为是作家意识与无意识的反映,在不同作家那里,它们的比重与强度将会不同。

在一个压抑得最严重的文化中,一切都为了回复到动物性生存的愿望,成为了人的主要目的,并且可以被意识到。《白鹿原》里黑娃与田小娥的最初偷情,可以看作是文化传统和生存状况造成性压抑与窒息的一种本能反抗。这种生理、心理机制的艺术呈现表明作家陈忠实潜入民族文化在个体生命中留下烙印的敏感和力度。

这种艺术呈现在曹乃谦的《到黑夜想你没办法》一书里同样有着惊人的震撼力。"食"与"性"成为他笔下"温家窑风景"穿透人物心理的剃刀。

陈忠实曾为我们描述过他阅读地方志的一段心路历程。他说,当他翻到几本地方志的贞妇烈女卷,"我意想不到的事发生了"。长达四五卷的贞妇烈女,有的只有名字而无事迹。有的守寡人连真实姓名也没有。"我的心似乎颤抖了一下","一种逆反的心理产生了",就在那一瞬间,"田小娥的形象就是在这时候浮上我的心里"。①

三、审美直觉。陈忠实的感觉被触动,那些意识到的和无意识的经验,特别是情感经验,涌动又组合,在审美直觉和想象的世界里,破土而出。

县志的贞妇烈女卷成了"田小娥"形象孕育的温床;然而,离开陈忠实丰富而深厚的乡土生活、情感经验和对文字的高度敏感,这一株胚芽无从萌生。

"在彰显封建道德的无以数计的女性榜样的名册里","纯粹处于人性本能的抗争者"作为传统礼教的对立面而若隐若现地浮现,是陈忠实对乡土中国和乡土中国女性命运长期关注和扎实而深刻观察体验的艺术之花。既是理性的,更是感性的,这个人物的故事尚无踪影,田小娥的名字也没有定,"但她就在这一瞬间跃现在我心里"。②

作家的审美直觉是直觉层面、经验层面的综合与升华。作家的创作动机或者小说人物的构思与作家的审美直觉即顿悟,有着一种直接关系。这种刹那间实现的突破与爆发,绝非空穴来风。它立足于作家非凡的洞察力,虽然省略了种种推理过程,但它却是充沛的情感经验、生活经验云层里的电闪雷鸣,石破天惊般照亮了、激活了万物万象而直抵物象和心象的底蕴。所谓"一朝风月"而顿悟"万古长空",就是这个意思。

琢磨人剖析人是一个艺术家的特长,陈忠实是从形象思维而不

---

① 陈忠实. 寻找属于自己的句子——《白鹿原》创作手记. 上海:上海文艺出版社,2009.13
② 陈忠实. 寻找属于自己的句子——《白鹿原》创作手记. 上海:上海文艺出版社,2009.13

是抽象思维去琢磨人和咀嚼人生。

作家的创作,自觉又不自觉。作家在进入创作之前,是充分自觉的,尤其是鸿篇巨制,他有他的创作目的、创作构思、创作准备,他的社会责任感和审美追求,创作准备往往有大量的案头工作要做,还有一个漫长的酝酿过程。然而,一旦进入创作,他就沉浸在艺术世界里而消失了自我。作家的"自我"被作品、被作品人物牵动。作品在创造着作家。

七 强烈的生命意识:动机之四

促成《白鹿原》创作的冲动,一个重要心理机制是陈忠实强烈而自觉的生命意识,也就是陈忠实所说的"50岁危机"。

在初步确立长篇小说的写作计划之后,陈忠实说,他划算着完成这部作品的正式稿,可能接近50岁了。

对于一般的人,50岁,怎么了?陈忠实对此却表示了惊人的敏感与惊悚。李下叔在《捡几片岁月的叶子——我所知道的〈白鹿原〉写作过程》真切而深情地记述了陈忠实这一生命感悟。

一个深夜,陈忠实与东济(李下叔本名)聊创作,聊"挖祖坟"。

他谈起自己的年龄,谈起自己艰难而又屡屡受挫的创作历程和未来走向。他谈说自己已经是45岁的人了,说一声死还不是一死了之。他慨叹自己最愧的是爱了一辈子文学写了十几年小说,死了还没有一块可以垫头的东西呢。

"但愿哇但愿。但愿我能给自己弄成个垫得住头的砖头或枕头哟!"这个令人顿生敬畏的数字,让他"平生第一次意识到生命短促的心理危机"。①

不是社会的外部刺激,也不是文学界对自己作品的臧否,而"纯粹是由生命年轮即将碾过50大关时,几近悲壮的轮声催发",让陈忠实猛然意识到,让生命不要留下遗憾和愧疚的唯一选择是:为自己造一本死时可以垫棺作枕的书。"这完全是指向自己的一次'反省'。"

阿伦特说,人的"有死性"使人感到恐惧,进而促成他追求不朽。陈忠实所恐惧的是,能否为自己建造一座非人工的纪念碑,让文学证明他自身的意义和价值。

海德格尔认为人生乃是被抛掷到世间的可能性,亦即投射一生命的远景于前的此在。在海德格尔看来,人的现实性存在并非真实,人的可能性的实现较之现实性存在,要真实得多。它才是人的真实存在。这是一种诉诸人的可能性的人生哲学。人的能动性和创造性被推到了前台。

这意味着,人,不仅生活在现实(当然,人首先必须存活在现实),人也生活在未来。也就是说,人,不仅是事实,也是一种可能,一种对未来的敞开。人的主体性纯粹形式与人的文化人类学存在,注定了人是现实的,有具体内容的,但它又是有限的。因为历史与文化本身既是前提又是限制。而人在理念世界里,存在一个可

---

① 陈忠实. 寻找属于自己的句子——《白鹿原》创作手记. 上海:上海文艺出版社,2009. 22

能的彼岸世界。正是这个可能性，这个无限广阔前景构成了我们的未来，构成了人的主体性的真实含义。

弗洛姆认为人生哲学与科学不同。科学家可以发现各种问题，但可以不问及自己，究竟何以为一发问者。而形而上学必问到形而上学家自己，由此而一直追问下去，以安顿我之身心性命。

与一般人"认可的"自弃心理相反，陈忠实面临中年危机，燃烧起更为强烈的生命之焰。陈忠实的50岁生命危机，是陈忠实对自己的人生可能性的自觉和这种自觉带来的生命的紧迫感和使命感。回眸自己的文学道路，陈忠实清醒意识到，如果不能向新的文学高峰前进，不能在年富力强的生命期内写出安妥自己灵魂的传世之作，他将愧对自己，也愧对文学。

人的生命就是一种永久的战斗和征服。这种战斗和征服的对象就是自己，克服被动停滞的存在（创作）状态，不断前进并推动生命不断超越自己。

陈忠实不止一次讲过，作家靠作品发言，那些与创作无关的非文学因素，完全可以弃之不顾，而只能指向自己。这种自我鞭策，就不再只是指向个人的人格和伦理，而且也关乎自身生命价值和文学的尊严。

1978年，陈忠实曾经有过毅然放弃仕途专事文学创作的人生选择。1991年，《白鹿原》写作进行时，先是小道消息继而正式渠道传来，省委宣传部欲让陈忠实去省文联任书记一职。陈忠实陷入了焦虑与惶恐，给时任省委宣传部长写了一封申述信，不愿调离省作协。一月后，又写了一封，并将信同时分送给了一位副部长。发信两个月后，一次会议中遇到了部长。部长恳切地说，有人托门子找关系想挂个一官半职，给你个正厅级，你却不要……

为了文学，为了50岁生命大关，陈忠实表现了一种难得的、可贵的"奉献"和"舍弃"。

人生的目的是什么？目的是人生所要实现的，目的是尚未实现而可能实现的"有"。

正是这种强烈的文学担当，促成陈忠实对自己的文学未来进行了严肃思考。

陈忠实是条汉子。他明白他应该做什么，他相信，他能够做什么。他确实就这样想，这样做了。

第一，不再只是着眼于当下，而是力求从历史的过去，现在和未来的联系中把握当下并潜入历史。

权力话语对历史的既定阐释和长期被灌输的传统阐释被陈忠实在历史足迹的勘探里重新审视，代之以一种民间的、世俗的立场来看待历史，书写历史。

与上个世纪五六十年代的"革命叙事"不同，也与上个世纪80年代政治反思的历史叙述不同，此时，一种文化的、民俗的、生命的叙述从隐形而突显。

陈忠实并不满足于"寻根文学"，或从文化传统对合理人性的戕害出发而张扬一种健康人性，或从文化传统中挖掘肯定性影响以回归过去，并拒斥现代文明。陈忠实对文化传统的理解似乎要复杂得多，深刻得多。

陈忠实亲历了"我的父亲怎样把黄牛归集体"，多少年后，我

"又把土地和牲畜分到一家一户"①。仅仅三十年，农村生产方式的巨变，让陈忠实完成了又一次自我精神剥离，这种"剥离"同时也指向了历史、指向了当下，指向了客观外部世界和历史世界。

第二，不再止步于生活体验，而是向着生命体验推进。从生活体验到生命体验的转变，让陈忠实深化了创作主体的同时深化了对审美对象的理解和艺术把握。

陈忠实认为，生活体验还局限于生活的种种表象而未能抵达对象的生命。同时，审美对象从外化而内在的化为作家生命的主体。主客体在审美创造中完全的融和为一个活泼泼的鲜亮的生命，作品是这个主客体融汇的生命对象化。

真正的生命体验不只是理性地理解世界而必然伴随着感性地与世界的拥抱。

第三，从艺术体验到艺术突破，陈忠实开始了他的艺术自觉，去寻找属于自己的句子，也即是属于自己的叙述语言和叙述方式，以实现全新而完美的艺术形式的构筑。

这集中表现在陈忠实对人物文化心理结构的探索和实践。

与传统的心理描写、与托尔斯泰的"瞬间分析"、心灵辩证法不同，与意识流不同，文化心理结构突显了文化对心理的决定性影响以及人对文化的创造性反拨和创造性转换中的文化发展。

文化与社会、文化与人性互为表里。当然二者的边界，并不完全一致。一个复杂社会是一个大文化系统，内部必有许多次级系统，

---

① 陈忠实. 寻找属于自己的句子——《白鹿原》创作手记. 上海：上海文艺出版社，2009.9

这些次级社会系统必有其次级文化系统，这种次级文化系统是独特的，有它的传承性，又处在发展中，维系于动态平衡。与上层的精英文化不同，基层的大众文化、草根文化更具地域性和相对稳定性，所有这一切，都会在个体的心理结构中留下深深的文化烙印。

艺术是一种言说，如何言说，怎样言说比起言说什么，对于艺术更具有意义。

"不同的叙述形式是与不同的现实相适应的"，"新的形式一定会揭示出现实里面的新事物"，这是法国作家布托在上个世纪60年代的话。

需要强调的是新的叙述方式与艺术思维方式的变革的内在联系。

从《地窖》和《轱辘子客》这些陈忠实写于20世纪80年代后期的作品，我们已不难发现叙述语言的变化。这种变化的成熟就是《白鹿原》的叙述方式，也即陈忠实所寻找的属于他自己的句子。

陈忠实80年代中后期的第二次精神剥离与《白鹿原》长篇小说的构思即前期准备是同步的，它们构成了一种"互文"关系，即相互说明，相互阐释。是"剥离"带来了陈忠实对白鹿原这一客体存在的历史性观照的自觉，这种对外部世界的新的观照，又促成自我的精神剥离向纵深发展，促成自我审视从当下转向历史，并从当下与历史的联系中发现历史。

也正是在这样的"互文性"中，陈忠实创作主体的深刻变化带来了他对创作对象的血肉般的深入。

置身于民族抗日战争年代的胡风就曾认为："文艺创作是从对于

血肉的现实人生的搏斗开始的。"①

对于血肉的现实人生的搏斗，是体现对象的摄取过程，但也是克服对象的批判过程。

作家与对象，既是摄取，也是批判。"在这里，批判的精神必须从逻辑的思维前进一步，在对象底具体的活的感性表现里面把捉它们的社会意义。在对象底活的感性表现里面溶注着作家底同感的肯定精神或反感的否定精神。"

胡风因此认为："一方面要求主观方面的坚强，坚强到能够和血肉的对象搏斗，能够对血肉的对象进行批判，由这得到可能，创造出它包含有比个别的对象更高的真实性的艺术世界；另一方面，要求作家向感性的对象深入，深入到和对象底感性表现结为一体，不致自得其乐地离开对象飞去或不关痛痒地站在对象旁边，由这得到可能，使他所创造的艺术世界真正是历史真实在活的感性表现里的反映，不致成为抽象概念底冷冰冰的图解演绎。"②

"与对象底感性表现结为一体"是与"血肉的对象搏斗"联系在一起的。这实际是一种生命体验的理论表述。也许陈忠实不曾系统接触这种文艺理论，但从陈忠实的创作实践中，提炼出的"生命体验"却与这种理论相通。

20世纪80年代中期，文学的主体性讨论曾产生广泛影响，这场讨论基本上是在学术争鸣范围内展开，但它却在文学界引起了热烈反响。

---

① 胡风.胡风评论集：卷下.北京：人民文学出版社，1985.18
② 胡风.胡风评论集：卷下.北京：人民文学出版社，1985.18

传统的文学反映生活本质,世界观决定创作方法以及对文学的政治功利化解释,在这场讨论里受到质疑。把人放在世界、放在文学的中心成为了当时一种普遍声音。

以人道主义为精神导向,有人把人的主体性置于文学主要价值的核心地位。与此相反,也有人对传统的人道主义提出挑战,他们从实践的主体论走向存在的主体论,认为意义世界是主体解释的产物,意识对意义有构成作用。

关于文学主体性的这些争论,陈忠实不可能参与,不过,多多少少,他有所耳闻。这于他关于《白鹿原》的艺术构思,不能不产生潜在影响,牵引他从传统现实主义走出来,走向一个更为开放的现实主义,进入自己的创作。

八 从"熟悉"进入"不熟悉"

作家一般总是喜欢从自己熟悉的生活进入文学创作。这在作家创作活动的初期,几乎是一种普遍现象。陈忠实的创作发展也证明了这点。可贵的是,陈忠实在将近人生的50岁时自觉地向着自己不熟悉的领域去构筑他文学的高地。

20世纪上半叶的白鹿原,对陈忠实而言是陌生的。它因为陌生而成了诱惑。

时间的距离,为陈忠实提供了一个从容审视的可能,以求避免与生活同步写作而带来的近视与尴尬。20世纪70年代初的那些习作,因为"政治正确"出了问题,给予陈忠实的教训已让他难以解脱。两次反思，两次自我剥离更使陈忠实坚定地走向了白鹿原的过去。

翻阅地方志和地方党史，给予陈忠实的不止是历史知识的补课，更为重要的是让他进入了历史的话语语境即历史的"场"，并从这个"场"里孕育了他小说的人物。而他关于我们民族文化心理结构和民族文化的思考，也逐渐明晰日趋成熟。

陈忠实知道了发生在白鹿原上的鸡毛传帖，知道了刘振华围西安城与西安革命公园的来历。陈忠实知道了发生在"章坪镇"的红二十六军全军覆灭的故事，其事实是在蓝田张家坪。小说中的习旅长的原型是许权中，曾与刘志丹一起发动渭华暴动。陈忠实知道了国民革命军第十七路军孙蔚如、赵寿山中条山抗击日寇的英雄业绩，知道了蓝田巩村召开的省委第五次扩大会议，在小说中写为大王镇高小的非常代表大会……

可贵的是陈忠实没有沿袭革命叙述的传统，以重大事件为线索去写线性时间推进中的敌我斗争，并在残酷斗争中去塑造人物。写人并把人放在核心，写人的个人历史，而不是写大历史中的人，这是《白鹿原》的贡献。当然，个人历史与大历史不可分。

重要的还在于白鹿原的文化承传民间习俗如《吕氏乡约》，如民国十八年（1929）年馑，民国十九年（1930）蝗灾，民国二十一年（1931）"虎疫拉"（霍乱）……

陈忠实曾说他摊着工夫抄写资料其实是一种"心理需要"，"需要某种沉浸，某种陈纸旧墨中的咀嚼和领悟"，以及"进入一种业已成为过去的乡村的氛围","感应到一种真实真切的社会秩序的质地"。①

这对于创作是太重要了。不仅只是氛围,更重要的是质地,历史的内在的质的规定性和那些逝去的人的生命质感。

陈忠实曾说白嘉轩这一族长形象的影像如何从村里老人们关于陈忠实曾祖父的细节描述里获得生命,呈现出质感,"这个人的禀赋,气性几乎在这一刻达到鼻息可感的生动和具体了。"

人性相通。柳青当年从"人物角度"去写人物,被陈忠实继续承接。而"文化心理结构"更让人物内心世界复杂而深刻地被陈忠实把握与呈现。上个世纪前50年的人物,对陈忠实来说是陌生的。但陈忠实扎实的乡村经验和丰富的乡村想象,足以让他成功地穿越,打通了半个世纪的时空间隔,给他笔下的人物注入了血液和生命。对那些已经酝酿着的人物的"文化心理结构"的把握使陈忠实"顿然确信获得了'人物角度'写法的自由"。②

潜入记忆,在故居老屋,厦屋爷呻唤的声音,竟然在一个夜深人静的时刻响了起来。连着几夜,陈忠实反复回嚼着这呻唤,把厦屋爷想象为白鹿原,由此而扯开陈忠实与笔下人物距离的纱幕,获得了一种前所未有的沉静的写作状态。

案头准备还必须辅之以实地考察。白鹿原对于陈忠实相当熟悉,少年陈忠实即曾为挣学费多次来过。当了公社干部,更参加改天换地的水利工程,然而,一旦以"一种连自己也说不准要干什么的眼

---

① 陈忠实. 寻找属于自己的句子——《白鹿原》创作手记. 上海:上海文艺出版社,2009.14
② 陈忠实. 寻找属于自己的句子——《白鹿原》创作手记. 上海:上海文艺出版社,2009.44

光"穿越白鹿原,这种审美的情境,勾起陈忠实绵绵不尽的思绪,"我发现这沉寂的坡原不单在我心里响动,而且弥漫着神秘的诗意。"① "我"之前的两代或三代人,他们以怎样的社会秩序生活,又经历过怎样的喜悦和灾难?

查阅县志地方党史的同时,陈忠实还读了不少书,除了近代史,还有心理学、犯罪心理学、弗洛伊德的《梦的阐释》、李泽厚的《美的历程》、余秋雨的《艺术创造工程》、王蒙的《活动变人形》、张炜的《古船》等,特别是马尔克斯的《百年孤独》,劳伦斯的《查泰莱夫人的情人》及谢尔顿的畅销小说。

与一般性阅读不同,作家的阅读有明确的目的,如人物心理的理性分析和感性呈现,如性心理及其审美表现。特别是谢尔顿小说的可读性、趣味性,对陈忠实创作《白鹿原》于思想性、艺术性的考虑中不乏可读性大有启发。

记忆是陈忠实从熟悉走向不熟悉的通道。所谓"不熟悉",是建立在"熟悉"的雄厚基础之上的"新"的领域。借助于记忆的唤醒和丰富的联想,"不熟悉"在想象的飞翔里,和"熟悉"携手,一个崭新的小说世界被建构、被创造。

白鹿原的昨天,向陈忠实发出了文学的庄重请柬。

《白鹿原》从陈忠实的笔底向我们走来。

---

① 陈忠实. 寻找属于自己的句子——《白鹿原》创作手记. 上海:上海文艺出版社,2009.6

第十章 《白鹿原》的沉静书写与顺利出版

陈忠实说：

> 仍然舍弃不了以余光扫描现实的兴趣，真正的用心已经专注于民族秩序的探视与把握。这个民族心理秩序的平衡、紊乱乃至颠覆，受制于民族文化所培育的心理结构形态。我自信终于找到了解析这个民族精神和心理历程的途径，直接导致了《白鹿原》长篇小说的写作欲望。

历经长久的构思、案头准备和实地考察，《白鹿原》进入到实质性写作。

《白鹿原》的构思是1987年完成的，原计划这年冬天起笔，母亲生病住院，陈忠实是孝子，将写作推迟。

1988年清明前后即公历4月1日，陈忠实在乡下祖居老宅，坐在长沙发一头，打开了一个16开本的硬皮笔记本，写下了《白鹿原》的第一行。[1]

1989年元月，《白鹿原》完成了初拟稿，约40万字。

---

[1] 陈忠实. 凭什么活着. 长春：时代文艺出版社，2007. 97

陈忠实说，这是连他自己几乎都不相信的一次顺畅写作。

因为用的是笔记本，心理上是松弛的、自如的，没有了稿纸上写作时的紧张和拘谨。

> 一个个首先会令自己兴奋莫名的细节是在草拟过程中源源不断地纷至涌来，让我常常处于忘我的兴奋之中，又不禁对自我发生惊讶的反问。这些近百年前的人们的生活方式、交往方式和语言方式，是什么时候存储到我的记忆深处而又毫不觉察，现在却一桩桩一件件被激活了。

小说，或者说文学创作，是一种记忆的复制与重组。历经时光的过滤，留存在记忆深处的往往是菁华、精髓。写作进入到最佳状态，唤醒的不仅是记忆，而是把前意识潜意识的大海调动起来，汹涌而至的浪花甚至早被遗忘，现在却唤醒了。写作一旦成为下意识的，他的笔似乎为神明驱使，不能自已。

陈忠实进入了小说的世界，"那一刻，我的新置的书房已不是书房，而是鹿三的马厩牛槽和他将死的土炕……"[①]

又一个清明到来，1989年清明前后，陈忠实开始写《白鹿原》正式稿，"超乎意料的顺手"。

8月西安酷热难当，《白鹿原》写成前11章，"遇到结构安排的第一道障碍，走向了骊山南麓统称北岭的一个村子峻里老家的窑洞，凉爽与友情让我静下心来，完成了第12章。"绝不可小觑了这个"卡脖"。长篇小说的书写，如果一味"滑行"，并不一定是好事。

---

① 陈忠实. 寻找属于自己的句子——《白鹿原》创作手记. 上海：上海文艺出版社，2009.31

"滑行"常常会让作家在"顺畅"里松弛手中的笔。

此后《白鹿原》的写作中断了近4个月，年底，陈忠实重新进入《白鹿原》的世界。到了1990年酷暑，写作因别的工作再次中断。

再次中断，陈忠实反而不着急了，写作在沉静中进行。虽然不能如曹雪芹"批阅十载，增删五次"，但陈忠实显示了一种"定力"：不乱方寸，拒绝平庸，从容不迫。

1991庚午年腊月二十五即1992年1月29日，生命历程中的一个下午，陈忠实划下了小说的最后一个标点。

短暂的"不知觉"状态后，"我背靠沙发闭着眼睛，似乎有泪水沁出。"

《白鹿原》的写作历时4年。

写作是在沉静专注中进行的。"与其说是我必须以沉静的心态去探究白嘉轩们屋院和祠堂里的气脉，不如说是那些气脉迫使我的心境必须沉静下来。"[①]

作家创造了对象，对象也征服了作家。这是一个双向的主客体互动。

"写作，在最成功的时候，是一种孤寂的生涯。一个在寂寥中独立工作的作家，假若他确实不同凡响，就必须天天面对永恒的东西，或者面对缺乏永恒的状态。"1954年海明威在诺贝尔文学奖受奖仪式上如是说。

《白鹿原》的写作，是陈忠实在面对永恒，这就是我们民族生生

[①] 陈忠实．寻找属于自己的句子——《白鹿原》创作手记．上海：上海文艺出版社，2009．30

不息的伟大生命力。不论狂风骤雨，不论天灾瘟疫，这个民族都不能被压垮；不论是外族入侵，还是内乱连连，它仍将坚定地挺立在亚洲的平原和昆仑之巅。

陈忠实也常常面对永恒的缺乏。惟其缺乏，他在民族文化的深长根系里，民族生存的广大百姓里，寻找营养，寻找春天的希望。这个民族的自我修复，自我更新的巨大潜流，穿过历史的河床，奔涌而来，必将创造民族新的辉煌。

这是一种"自信"。创作的沉静心态因为文学的"自信"，民族振兴的"自信"而拒绝急躁与轻浮。

一部杰作得以出现，成为那个时代的精神标志。奇峰之所以突出，是在一个相对的高地上挺拔。没有陈忠实个人的文学历练，没有始于1972年的新时期文学近二十年的丰厚积累，便不可能有《白鹿原》。

《白鹿原》——一部杰作的完成，它与文学编辑、出版机构有切不断的关系。作品的出版与销售是艺术生产的重要环节，而编辑是从创作到出版的关节点。在人民文学出版社人文分社的编辑这里，商业利益不可能压倒社会效应，他们更看重作品的精神价值。

在《何谓益友——我的责任编辑何启治》一文里，陈忠实深情回顾了他与人民文学出版社何启治数十年的文学交往和深厚情谊。在某种意义上，《白鹿原》的成功，与这份交往和情谊有着内在的精神联系。它也折射了我国出版和编辑部门里的一个优良传统：编辑出版人员与作家的良好互动，为双方赢来了巨大的收获，更为精神生产中的精神建构不断谱写出新的道德和人格篇章。

1992年2月,陈忠实写下了《白鹿原》最后的一个标点符号,"一时还不能确定该不该把这部书稿拿出来投出去"。

"如果不是作品的艺术缺陷而是触及的某些方面(社会)不能承受,我便决定把它封存起来,待社会对文学的承受力增强到可以接受这个作品时,再投出书稿也不迟……如果仅仅只是因为艺术能力所造成的缺陷而不能出版,我毫不犹豫地对夫人说,我就去养鸡。"[①]

不论是社会承受力的担忧,还是艺术上的缺陷,《白鹿原》的写作,都有背水一战的悲壮。

《白鹿原》问世后引发社会轰动,证明了我们社会的巨大进步,证明了小说艺术的成功。

《白鹿原》的出版,是何启治鼎力促成,由人民文学出版社顺利完成。

早在1973年冬季,"文革"的硝烟正浓,而文艺紧绷的弦在毛泽东两个批示后稍有松动。人文社编辑何启治来陕西组稿,看到了《接班以后》,认为这应该是一部长篇小说的框架,可以充分展开来写。何启治的眼力和热情让陈忠实感动(其时陈忠实31岁,何略长陈忠实几岁),一诺千金的陈忠实却不能对此要求作出应诺,但从此他们成了朋友,时有书信往返。

1980年初,何启治为《当代》再次来西安组稿,之后陈忠实的

---

① 陈忠实. 凭什么活着. 长春:时代文艺出版社,2007.53

第一个中篇《初夏》1984年在《当代》刊发。"《当代》在我从事写作的阶段性探索中成就了我。"① 对于《当代》陈忠实始终心存感激，《白鹿原》最早也是通过《当代》与读者见面的。

《初夏》几经修改，陈忠实说："在这个过程中，令人感佩的是《当代》编辑，尤其是老朋友何启治显示出来的巨大耐心和令人难以叙说的热诚，他和他们的工作的意义不单是为《当代》组织了一部稿子，而是促使一个作者完成了习作过程中的一个跨越，得到了属于自己的一次至关重要的艺术体验，拯救了一个苦苦探索的业余作者的艺术生命。"把《初夏》的修改过程中来自何启治等编辑的关怀视之为艺术生命的拯救，突显了《初夏》在陈忠实迈向中篇创作中的意义，也突显了何启治在陈忠实心目中的地位。这是一种建立在文学事业上的纯洁友谊，不带任何个人的私欲。"正是从自身写作的这个意义上，我是十分敬佩老何这位良师益友的。"② 刘勰说："知音其难哉。音实难知，知实难逢，逢其知音，千载其一乎！"何启治这位知音，与陈忠实的交往，堪称文学的一段佳话。

何启治一直没有忘记陈忠实，也没忘记陈忠实的长篇写作。陈忠实终于透露了他关于长篇的想法，"仅仅只是个想法"。令陈忠实不解的是，"老何约稿的依据是什么？"他没有错看陈忠实，他信任陈忠实，《白鹿原》的成功证明了何启治是文学事业的伯乐。慧眼识英雄，何启治不止有一双慧眼，更有君子之风。

何启治守约如禁，他从未向第二个人透露陈忠实的长篇之约。

---

① 陈忠实. 陈忠实文集. 六. 广州：广州出版社，2004. 256
② 陈忠实. 凭什么活着. 长春：时代文艺出版社，2007. 57

"如同农家妇女蒸馍馍，未熟透之前是切忌揭开锅盖的。"①

陈忠实始终守口如瓶，绝不透露向外界他进行中的长篇制作。1990年在西安到成都开会的卧铺车厢里，陈忠实曾向笔者叙述过《白鹿原》的一些情节，彻夜长谈，仍再三叮嘱，绝不可外泄，笔者当然也三缄其口。

1991年夏，曾有上海文艺出版社老张约陈忠实的长篇小说稿，作家出版社的老朱来西安面约陈忠实的长篇稿，陈忠实都以老何有约在先辞谢了。

1992年的二月下旬，陈忠实听到了邓小平的南行讲话，"思想要再解放一点，胆子要再大一点"，陈忠实的心有被撞击的感觉，陈忠实断然决定把《白鹿原》稿拿出手。

博尔赫斯在评价安德烈·纪德的《伪币制造者》时说："这是一个时代而非一个作者的作品。"

我们同样可以说，《白鹿原》是这个时代——改革开放时代的作品，而不只是陈忠实个人的作品。时代为陈忠实创作提供的不止是生活积累而首先是思考生活的前所未有的思想解放，其次是读者接受作品的可能性，时代接纳作品的可能性，正如《文心雕龙》所说："文变染乎世情，兴废系乎时序。"

《白鹿原》问世以来，声名鹊起，在这个意义上，是《白鹿原》造就了作家陈忠实。正如福楼拜所说，"小说家是努力消失在自己作品之后的人。"

----

① 陈忠实．凭什么活着．长春：时代文艺出版社，2007.58

围绕《白鹿原》，不同的声音始终没有断过，在可以预见的未来，人们对《白鹿原》仍难免纷争和分歧。

"仁者见仁，智者见智"，这是常态。库切这位诺贝尔文学奖获得者在《何为经典》中谈到巴赫曾受到同时代音乐家的攻击时说："对经典的质疑不管如何充满敌意，总是经典自身的一部分。这种质疑不仅不可避免，甚至还是应该受到欢迎的。"批评不仅不是经典的敌人，而且实际上，最具质疑精神的批评恰恰是经典用以界定自身，从而得以继续存在下去的理由。经典生命力的获得往往依赖于富于质疑精神的批评，这种相反相成，构成了文学史的诡异和多彩多姿。

一件真正的艺术作品，像一件真正的大自然的作品一样，能够在心目中不停地扩展，永无止境，我们观察——我们被深深的感动，它产生了它的效果；然而，它永远不能为人完全理解，它的本质，它的价值，更很难用文字来说明。

顺着时光推移，后来的读者在《白鹿原》里将会读出什么，是与他们所处时代的困惑分不开的。这种理解的开放性取决于文本自身的复杂性内涵。一部小说，为构筑民族秘史所抵达的高度，将与它的艺术生命的长久同在。

1992年早春，陈忠实写信给何启治，时任《当代》常务副主编的何启治回信让高贤钧和洪清波两编辑来西安取稿。

1992年3月的一个清晨，陈忠实冒雪步行七八里，坐公交车赶到火车站，与人文社高贤钧、洪清波见面。安排好他们的住宿，陈忠实又赶回了乡下老屋，一边修饰最后几章，一边守护病中输液的母亲。

3月25日清晨，陈忠实赶往省作协，将《白鹿原》的手稿交给了两位。那一刻，一句话突然溢到嘴边，陈忠实想说：我把生命都交给你俩了。但终于把这句话噎了回去，他不想给两位造成精神压力。

中午，陈忠实招待两位在作协的家吃了一顿饺子，陈忠实还不具备请他们去餐馆的经济实力。

当晚，陈忠实赶回老屋，老母病情好转，稿子已经送走。

陈忠实点燃了一支烟，松弛到轻松柔软的感觉袭满全身。

"这个世界距离我很远……只剩下我一个人面对着星光下白鹿原的北坡。"[1]

然而，《白鹿原》手稿被取走后，陈忠实的心理发生了逆转，他陷入了极度的焦灼和不安。

"以一种不可抑制的惊喜发生创作冲动，兴味十足地完成构想，满心自信乃至不无得意地进行创作。"现在陈忠实却失去了自信。笔者和李星是《白鹿原》手稿最初的读者，分明感受到了陈忠实的这种复杂心理。

这种完成作品后的"自我否定"，陈忠实说《信任》写完后，有过，《霞光灿烂的早晨》写完后有过。

20天后，高贤钧很快自北京来信，"评价之好之高，是我连想也不敢想的事。"不久，何启治来信，高度肯定了作品，并告知《白

---

[1] 陈忠实. 寻找属于自己的句子——《白鹿原》创作手记. 上海：上海文艺出版社，2009. 153

鹿原》稿处理意见。

何启治在《白鹿原档案》一文中曾详尽回顾了《白鹿原》审阅出版的过程。这个回顾，不仅让我们得以了解人文社是如何以最快速度推出了《白鹿原》；更让人们深思的是，人文社的编审们为社会主义文学事业的繁荣和发展，担当了护花人的角色。为促进文艺的"百花齐放，百家争鸣"，人文社的编审们是在内部"一致看好"的情况下，处理《白鹿原》的。

1992年4月18日洪清波写下了他的初审意见：

  作品最突出的优点是，所描写的生活非常扎实，因而就大大丰富了作品的内涵。……当代文学创作中，如此生动、丰富、真实描写农村生活的还不多见。

  其次，人物形象非常成功。白嘉轩、鹿子霖是两家的家长，他们的命运无不与历史许多重大事件相关，所以他们是那个时代中国农民的缩影。用既定的思想观点很难判断他们一生的是是非非，但是读者无法怀疑他们的真实性。

  在艺术表现上，总的看来十分朴素。作品以叙述为主。一般说来叙述的比较清楚，并显示出一定的丰富性，但也有个别地方有枝蔓（和）不合理的问题。当然，作为一部长篇，这种朴素的表现方式，显得有些单调，特别是有时候该出情绪的地方，烘托不上氛围。但是这也与作者的写作风格、描写内容有关。此作是比较冷静的现实主义，很少渲染夸张。

  总之，此作可读性较强，内容丰富，认识深刻，我们以为是很不错的作品。

常振家的复审意见（1992年5月3日）：

  这是近年来一部比较扎实的作品。历史感强，人物形象鲜明而丰满。特别是作者能把人物的命运与性格的展示同整个社会的历史变迁结合起来，这就不仅加强了人物性格的深刻性和丰富性，而且作品产生一种厚重感。

  作品不足之处在于笔墨过于均匀，变化较少，"浓淡相宜"注意不够。有些性的描写似应淡一些。但总的来说，这还是一部描写不错的作品。

何启治的终审意见（1992年6月30日）：

  这是一部扎实、丰富，既有可读性又有历史深度的长篇小说，是既有认识价值也有审美价值的好作品。

  一、此作体现了比较实事求是的历史观、革命观。在政治上是反左的，是拥护十一届三中全会正确思想路线（实事求是）的。写国民革命，写国共合作又斗争的历史相当冷静、准确、可信，可以说比较形象、准确地描绘了国共两党初期闹革命阶段的真实面貌。如十六章写白灵、鹿兆海以铜元的正反定入党的对象，其后又在实践中互为另一党的党员，就很有特色。

  二、此作透过白、鹿两个家族，两代人的复杂纠葛反映国民革命到解放这一时期西安平原的中国农村面貌，也是准确而有深度的。我们有一个时期以简单的阶级斗争（甚至扩大化）观点来统帅一切，事实已证明这是不符合历史真实的。《白鹿原》在这一点上显示了作者的冷静与勇气，而作为文学作品，则显得既新鲜又深刻、准确，因而特别值得肯定，值得重视。

三、作品的历史观和革命观都不是概念的表述，而是通过活生生的艺术形象塑造和生动、形象的生活画面来表现的。如老一代的白嘉轩、鹿子霖、朱先生就写得很好。朱先生作为一个有骨气的正直博学的知识分子写得很成功。白嘉轩作为一个有原则且能身体力行的倔强的族长形象也很动人。白嘉轩作为一个打断了腰仍不失威仪，夺过鹿三的牛鞭子在夕阳中扶犁耕地，就像一幅充满悲壮意味的夕阳图。鹿子霖干尽了坏事，但也不是简单地（写他）干坏事，都按一定的生活逻辑落笔，凡此，显示了作者的冷峻和艺术功力（长工鹿三的形象也值得注意）。

当然，鹿兆鹏、鹿兆海兄弟和白灵、白孝文、黑娃等形象也不错。特别是小娥这个表面看是淫荡而实际上并未泯灭人性的艺术形象也是成功的，值得注意的。

这就牵涉到此稿的性描写如何处理的问题。首先，我赞成此类描写应有所节制，或把过于直露的性描写化为虚写、淡化。但是，千万不要以为性描写是可有可无的甚至一定就是丑恶的、色情的。关键是：应为情节发展所需要，应对人物性格刻画有利，还应对表现人物的文明层次有用。自然，应避免粗俗、直露。试想，如果《静静的顿河》去掉了阿克妮亚会成个什么东西？如果《子夜》删掉了冯云卿送女儿给赵伯韬试图以美人计刺探经济情报这段情节，又怎么样？（这情节不但写活了赵伯韬的狂傲，冯云卿的卑鄙，也写出了冯女的幼稚和开放）《白鹿原》的小娥就是个很重要的形象。她在鹿子霖挑唆下拉白孝文下水这一段性情节，就很能表现鹿子霖的卑鄙，白嘉轩的正直、严厉以及小娥和白孝文的幼稚与基本人性，为人态度等等，是不可少的情节。

此外，作品还有一些比较弱的或比较经不起推敲的部分（如992页的白灵发动学潮，1218页鹿兆鹏让鹿兆海送白灵到张村，1427页反反复复讲白孝文买鹿家门楼等等），应在编辑时或删或作适当改动处理。

陈忠实迄今最重要，最成功的小说就是这部。……赞成适当删节后采用，刊《当代》今年第六期和明年第二期，请发稿编辑把文字加工工作做细一些（大约可删去五万字左右）。

朱盛昌（时任人文社副总编辑，实际主持《当代》杂志工作）意见（1992年8月10日）：

按何启治同志意见处理。

关于性描写，我不是反对一般的两性关系描写。对于能突出、能表现人物关系、人物性格和推动情节发展所需要的两性关系的描写是应当保留的。但直接性行为、性动作的详细描写不属此例，应当坚决删去，不应保留……不要因小失大。

当代文学一编室 刘会军的初审意见（1992年12月18日）：

这部作品既有严肃深刻的思想内容，又有生动、引人入胜的故事情节。两者完美的结合，提高了小说的品位。它对生活的冷峻、深邃的描写，对人物琢磨不定，但又入情入理的性格刻画和总是出人意料的情节发展，以及篇幅宏大而情节、人物单线发展却又完整自然的框架式的艺术结构，都显示出作品的独到之处。它既能引起作家、出版家、评论家、学术研究者的重视，也能受到一般文学爱好者的喜欢，能引起社会的强烈反响。它的经济效益在目前情况下不敢期盼过高，但希望在文学评奖中获奖，还是保有信心的。

高贤均的复审意见（1993年1月11日）：

同意刘会军同志的评价和估计。采用这部书稿主要侧重在它的思想和艺术的价值。一部好书迟早会得到社会和读者的重视。基于这点，我们对它的经济效益也是有信心的。

何启治（1992年9月调任人文社副总编辑，分管当代文学的出书工作）的终审意见：

同意初、复审对《白鹿原》的基本评价。这是一部显示作者走向成熟的现实主义巨著。作品恢宏的规模、严谨的结构、深邃的思想、真实的力量和精细的人物刻画（白嘉轩等可视为典型），使它在当代小说之林中成为大气（磅礴）的作品，有永久艺术魅力的作品。应作重点书处理。

何启治说："《白鹿原》就这样在《当代》和人文社编辑们的赞赏关注下走向社会，走向读者。"而有心人在读过上引审稿意见之后，也当更能体察《白鹿原》诞生时所处的社会气候、土壤和环境。

1992年第六期，1993年第一期《当代》杂志分两期全文刊发《白鹿原》。这两期《当代》一度脱销，读者街头巷尾，争相阅读，文学重新有了"轰动效应"。

1993年6月,《白鹿原》由人民文学出版社印刷发行,上市已是暑天的七八月份。西安市与中央台先后长篇连播,《白鹿原》风靡全国。何启治还在这篇文章里引用了1993年11月15日《香港作家》第七版郑文华的文章,转述了《白鹿原》签名售书的盛况:

> 从清晨6时到烈日当空的中午,西安市和从咸阳、铜川、临潼、宝鸡等地赶来的读者排成了长队。甚至还有从北京到西安出差的人,也加入到签名售书的队伍。向陈忠实致敬的读者,不但有送红玫瑰的小伙子,还有送上两把梳子,并说明如何使用梳子才有益于大脑的理发师。

在读者蜂拥,好评如潮的同时,也出现了另外的不同声音。

1997年《白鹿原》问世四年后,被授予中国长篇小说最高荣誉第四届矛盾文学奖。真正的杰作,为读者、为社会接纳并喜爱,总会有一个过程,阅读才是文本的真正完成,获奖不过是这种公众认可的确认而已。

陈忠实从中国西北的关中平原偏僻乡村走出来,为中国当代文学的繁荣创造了辉煌篇章。

这不单是陈忠实个人的凯歌,他至少给我们这样的启迪,我们这个民族所潜存的义无反顾的进取精神和旺盛而又蓬勃的艺术创作活力。

陈忠实在翻越文学大山的艰难跋涉里,登上了卓越的文学高地,这也是这个时代这个民族的艺术群山里的一座标志性高峰。他已经形成了开阔宏大的视野,深沉睿智地穿透历史和现实的思想,强大的不断超越自我的艺术创造力，现实文学理想所必备的坚韧不拔，这一切成就了陈忠实，也彰显了这个古老而又优秀的民族的勃勃生机和美好未来。

第十一章 "民族秘史"的构筑(上):历史与革命

《白鹿原》为"中国记忆"在20世纪末收获了它的"世纪性"文学"总结"。

把宏大的民族国家叙事和个体生命及人格尊严这样一些现代性文学主题对接并完美地结构为一扎实而恢弘的长篇巨制和现代汉语叙事,我国新文学史上有过《子夜》和《山雨》,1933年因此而被称为"山雨子夜年"。但《子夜》的理念性过渡不能不给这一长篇投下阴影。

立足中国乡土,而又不囿于乡土,或者说从乡土出发,全景式统摄和观照我们民族的生存尤其是精神的重构,时代把这一文学要求托付给了陈忠实。

这应该是中国新文学跋涉了一个世纪曲折旅程的成功总结之一。40年代末,我们收获了《传奇》。"新的文化种种畸形产物的交流,结果也许是不甚健康的,但是这里有一种奇异的智慧。"张爱玲如是说。我们收获了《围城》,小说展示了最丰富的知识界众生相和最犀利的文化智慧。

进入新时期以来，当代中国长篇小说在叙事形态上，基本沿着两条不同的文学传统各自形成了不同的文学景观。

一个是秉承司马迁《史记》、班固《汉书》这样的史传统传，以重大历史事件为叙事线条，而又以人物刻画为叙事中心，重事实而少议论。《史记》创立的纪传体，是历史散文的典范，是《左传》某些篇章的发展，它同时为小说创作即虚构性写作提供了经验。金圣叹就曾赞《水浒》胜似《史记》；毛宗岗说，《三国演义》叙事之佳直与《史记》仿佛。

从《科尔沁旗草原》《财主的儿女们》《死水微澜》到《四世同堂》《三家巷》《红旗谱》，这些小说都与历史的某个结点或拐点相牵连，在一个广阔的背景中，书写人物的命运。人物与历史的相辉映相嵌结，让这批作品呈现一种"史诗气象"。《芙蓉镇》《古船》与《活动变人形》都是史诗性文学的新发展，借人物写时代风云或者说在时代变迁中写人物悲欢。

另一个是发展了宋元话本，尤其是明清小说《三言二拍》的传统，这个传统更多注入了民间血液和市民精神诉求，从日常生活琐事里写平凡人生的吃喝拉撒，生老病死，男欢女爱。一种生活流程的事无巨细的铺排和流水账般的记录里，不难体验生活的意趣和况味。《红楼梦》是它的登峰造极。《海上花列传》是从传统向现代转换绽放的第一枝迎春花。张爱玲、沈从文及贾平凹的作品标志了这种小说叙事现代转型的不同阶段。

我们还要提到另一种现代小说叙事形态，这就是先锋派叙事。明显地，它们与西方现代后现代小说叙事有着分不开的渊源关系，是它们的中国版。这使它们与中国记忆中国经验呈现了全然不同的面貌,给我们的小说叙述带来了全新的元素。将叙事置于比情节更显要的位置,荒诞、非理性成为这种叙述的常态。

余华的《活着》《许三观卖血记》可以说是这种先锋叙事向传统叙述靠拢接近的表现。

残雪的作品则呈现了一种决绝的彻底,这已经不是叙述方式的策略选择,它表明了一种观念、感受和创造的另种思路,另类情景。

《白鹿原》属于中国纪传体小说的当代发展,标志了这个传统的当代转换进入到新的阶段。换言之,它影响并带动了一批作品沿着这条道路继续前行,这只要看看后《白鹿原》时期,中国长篇出现了那么多写家族、写大背景、写文化、写民族精神的作品,就不难理解。

《白鹿原》不是家族小说。家族小说的园地,承载不了《白鹿原》这样的厚重和沉雄。它是在民族历史文化和国家重大政治事件背景中对人的生命存在的全方位探询和叩问。人的生命意义和人格尊严也即鲁迅小说以来的现代性主题,在《白鹿原》里被提到突出地位,而这,又是与民族精神的解剖与重构联系在一起的。

《白鹿原》不是"五四叙事"的挪用,也不是"延安叙事"的复归,它创造性地形成了一种复式叙述即民族性与现代性的契合。

一 《白鹿原》的历史叙述

不妨看看《白鹿原》的历史叙述。《白鹿原》书写的不是"历史真实"的本身,而是人物对历史事件的参与、感应、评说和联想,呈现为一种隐喻模式中的历史。

在我国文学的历史文本的建构中,《白鹿原》可以说独树一帜。它与"五四叙事"与"延安叙事"更与"文革叙事"不同。姚雪垠的《李自成》以当时的主流意识形态话语阐释农民起义、阐释历史的小说叙述,《白鹿原》显然与之判然有别。它高扬着生命的主体意识,关注个人命运的悲剧性流程,将历史融汇在艺术思维的对象之中,并予以陌生化,以获得对历史的整体性体悟,对人性存在的不懈的诗意追寻。

《白鹿原》拥有一个宏阔而深长的时空背景。

在时间之点的纵向延展上,它上起辛亥革命前夕,下迄共和国建立之初,但它并不局限于此,它也涉笔于更久远的过去并延伸到18世纪80年代。

它以白鹿原为中心,也点染了西安、延安、照金,还有南方。这个空间设置,不是封闭的,是一种开放形态。

对这一时空下的历史事件,作品并没有正面展开;虽然这些事件至关重大,它不仅关乎民族和国家,更关乎每一个黎民百姓。

作品从白鹿原这一规定性地域里生活着的一群人在这样一些重大历史冲击波里,感受着历史的变迁,既适应又不适应社会的巨变,坚持着传统的生活方式又从传统中感到巨大困扰,受制于历史又参与着历史的创建。在这个动荡的年月里,个体生命经历了以往不曾经历的种种新旧交织的人生困境,体验、感悟历史和人生。

小说是在人物的展开中借人物去写历史,这样的历史当然不会是历史教科书中的历史，而是艺术人物生命中的历史。人物镜像中的历史不能不成为一种隐喻。

小说叙述了复杂的重大事件，它们具有不同的背景。

这里有辛亥革命、皇权专制解体，新的中央集权仍在建立中，白鹿原进入混乱动荡之中，"交农"事件和刘镇华围西安城是这种动荡里的重大事件。接着红色风暴来临，农民运动兴起，白色恐怖笼罩了白鹿原。国共分裂后渭华暴动波及了白鹿原。红二十六军进攻西安失败转向蓝田并溃败，在小说中也有了叙述。发生在陕北根据地的肃反扩大化让白鹿原女儿白灵付出了年轻的生命。

1929年陕西大旱连续三年，白鹿原不能幸免；1930年蝗灾，1932年霍乱流行，都给白鹿原带了死亡和灾难。

抗日战争爆发，孙蔚如将军率国民军第三十八军改编的第三十一军于中条山抗击日寇，战功赫赫，鹿兆海在战斗中立下奇功。

1949年，彭德怀率部解放了西安，鹿兆鹏为家乡解放做出了突出贡献，后远走新疆。

一部中国现代革命史在白鹿原上演绎了它的全部辉煌与挫折，展示了民族的苦难与新生。

所有这一切，组织成人物命运的主线和人物交往的网络。

地理上的白鹿原与小说中的白鹿原，并不是同一个对象，后者是小说家的艺术虚构，它们之间当然存在联系，但并非对应，而是后者对前者的创造性提升与凝合，是作家的审美建构。

清末，近三百年的皇权统治面临瓦解。"奥吉亚斯牛圈"到了不得不彻底清扫的时候。

处于蓝田、长安、西安交界之处的白鹿原，因为它的边缘性相当封闭，仍处在小农经济的自给自足之中，儒家伦理的《乡约》从精神到日常生活仍牢牢统治着白鹿原人。

白鹿原因此成了一个个案。它与当时的东南沿海，与陕北、陕南都不一样，甚至与西安古城，与蓝田、长安县城都不一样。

边缘性和交通的不便利带来的封闭性，使白鹿原的社会形态更呈现了古老中国乡土社会风貌。这是一个熟人社会——现代社会是陌生人组成的社会，而熟人社会法律无从产生，人和人之间的关系依靠的不是法理而是礼俗，是规矩，是《乡约》。礼俗是"习"出来的，是先在的。这与东南商业发达地区不同，地处西北黄土高原关中地带的白鹿原，农耕文化的儒家传统依然根深蒂固。

小说《白鹿原》在这些方面，都有艺术的表现。

辛亥革命爆发，西安"反正"，消息传到白鹿原，已是十二天之后。小说写第十二天夜里，冷先生（从西安城）回到白鹿镇的中医堂，立即叫来了白嘉轩鹿子霖，有了一番对话：

白问：是不是反了正了？

冷答：反了正了。

鹿又问："反正"是咋回事？

冷说：反皇帝，反清家，就是造反哩么。说是反了正了，还说是革了命了。

白问：那皇帝现时……

冷说：皇帝还在龙庭……皇帝只剩下一座龙庭了，你想想还能坐多久?

……

白说：没有皇帝了，往后的日子咋样过哩？

鹿说：皇粮还纳不纳呢？

……

冷说：龙一回天，世界的毒虫猛兽全出来了，这是自然的。

小说冷峻地说："城里反正只是引起了惊恐，原上的白狼却造成了最直接的威胁。"

把《白鹿原》的关于辛亥革命在乡村引起的惊恐与鲁迅当年笔下对这一历史巨变在鲁镇的反响如《风波》这样的小说略加比照，不难发现，"没有皇帝了，往后日子咋样过"成了当时中国老百姓的普遍困惑，共同困惑。不同的是，一条辫子的风波在白鹿原，已为迫在眉睫的白狼骚扰所取代，鹿子霖第一个剪去辫子似乎并不曾引发多少议论。区别还在于，《白鹿原》在一个广阔的时空背景上，展开了没有了皇帝的白鹿村民如何走到1949年共和国成立的心灵史、生活史。《风波》毕竟是一个短篇，有其无可替代的文学史地位，与《风波》定格于辫子不同，白鹿原的故事远为复杂而深远。

以血缘关系为纽带，以地缘关系为网络结构而成的家族中心，儒家伦理支配了人与人之间的交往，《白鹿原》呈现的就是这样一幅社会图景。

这与某些学者所阐释的传统中国，皇权一竿子插到底，地方并不自治，是不太一样的。这些学者认为，儒表法里，以吏为治是旧中国东方专制主义的一个特点，表面上承认多元共同体而实际上独属一元,无论是封建社会论,还是儒家文明论,都面临着解释危机。

作为皇权的基层单位,"里"不是别的,它是专制国家对编户齐民的直接管制,它的合法性来自郡县及朝廷即能办事(强)承上志(谨)可为吏,而不必求之民间的道德形象。"里"是国家权力的下延及末端,它绝不是自发的草根组织。秦末农民起义,刘邦以里长身份起事,终成高祖,足见里长的合法性并不在民间。

儒家礼教的真正意义在于反个人主义而不在反国家主义。专制主义对家族组织的支持是为了抑制臣民的个体权利,把百姓捆绑在家族宗祠里,它绝不是要扩张族权,更不支持家族自治。

如果这些观点成立,那么《白鹿原》里的白鹿原就与这种学说存在差异。

在小说所描述的白鹿原,延至清末,"家国"同构似乎相当明显。不过,到了国民政府,白鹿原的基层政权是乡约,属于联保所,属于县。那一套政权组织是"三民主义"的产物。重要的是,如小说所述,虽然国民党、共产党合作时期有过"农会"的短暂红火,国共分裂后,统治白鹿原的仍然是国民党的岳维山、田福贤、鹿子霖。鹿兆鹏一直处于地下,到1949年前夕,地下党在白鹿原已成气候。

也许,正是白鹿原处于边缘,20世纪20年代共产党才在此建立了支部,此后又一直是共产党地下活动活跃、军事活动频繁的地带。同时,它也给土匪出没提供了便利。

《白鹿原》为我们展示了一个无论在地理上还是艺术中都特殊的白鹿原。

歌德在《格言与感想》中指出:诗人究竟是为一般而找特殊,

还是在特殊中见出一般,这中间有一个很大的区别。第一种程序产生出寓意诗,特殊是作为一般的例证或典范出现;而第二种程序,根本就是诗的本源,它表现一种特殊,并不想到或明指一般。歌德认为,谁若是生动地把握到这个特殊,谁就会同时获得一般。

卢卡契把歌德的这一思想发展为特殊性范畴是审美的结构本质。

卢卡契认为:个别性、特殊性和普遍性三个范畴是客观现实各种对象之间的关系的本质标志,特殊性不仅是一种相对的普遍化,不仅是由个别性通向普遍性或由普遍性通往个别性的道路,而且是个别性与普遍性的中介,必要的中介。这种中介,不是简单的连接环节,而是具有独立的意义,从心理学看,普遍性与语言和概念的形成有关,而个别性则与人直观的感性确定性相联系。

在审美中,既不能脱离现象的个别性,同时又必须包含本质的普遍性,它不再只是一种特殊判断,而是融合着人的主观情感。艺术作品要成为人的存在心理与外部世界的有机统一,人的人格与他在世界上的命运的有机统一。这种内在与外在、本质和现象的统一,正是特殊性范畴的主宰,也是审美构成的拟人化本质。特殊性被卢卡契提升到了一个独立中项的重要地位,而不仅仅是普遍性与个别性的中介。他同时认为,只有自由的艺术才能承担并完成自己的社会职能。

《白鹿原》正是作家陈忠实的自由创造和审美建构。他为我们创造和建构了一个特殊的白鹿原,艺术的白鹿原,它不仅是上个世纪上半叶关中地区的生活缩影,同时也是旧中国的社会缩影和精神观照,成为一部我们民族从衰败走向复兴的精神史和生存史。

《白鹿原》不是革命小说、历史小说，也不是家族小说，它是对白鹿原近百年的从清末民初到小说完成的1990年代止的"昨天"的记忆和"今天"的回眸，是对白鹿原的整体性艺术构造，是百年中国的一个隐喻。

　　白鹿原，1949年前作为历史的家乡，它的乡村生活和文化心理结构的形态和秩序，成为《白鹿原》的主要内容和叙述对象。

　　白鹿原人如果仅仅依靠木犁和自织的棉布维持着，又何以能够延续两千多年？作家认为《乡约》应该是支撑生命的内在因素，是繁衍生命的强大力量，同时也是精神的沉重枷锁。

　　整体性反思，对我们民族的过去和未来的整体性反思来自对"当下"的深刻而清醒的认识与体验（情感的、生命的），它通过百年白鹿原的历史追溯而实现而完成。

　　从新时期伊始，即1978年写下《信任》开始，陈忠实的作品一直围绕着发生在身边的农村变革。紧贴当下生活是陈忠实创作的优势，而同时，又被当下生活所限制。"谁把思想局限于现在，谁就不能了解当今的现实"，密芝勒早就说过。

　　《蓝袍先生》（还有《康家小院》）在陈忠实创作中的意义，当然首先来自这个中篇自身的思想、艺术价值。但它同时更具有一种开启的意义，一种向过去、向1949年以前"敞开"的更重大、更深远的艺术引导效应。

　　作家陈忠实在《蓝袍先生》写作过程中突然意识到，那个"读耕传家"门楼里的幽深宅子，可能发生的故事，已不是蓝袍先生的生活故事所能概括的，也就是说蓝袍先生承载不了一个更为弘大更为深远的长篇小说构思和艺术创作。

从当下出发,把思考的触须伸向遥远而又可及的过去,这种思考的深度与创作的魄力使得陈忠实一下子把自己与同时代的许多作家拉开了距离。

陈忠实从一个业余作家、工农兵作家而跻身于当代作家的前列,成为20世纪末中国当代作家的领军人物,是因为他给当代文坛贡献了他的《白鹿原》,这是一部20世纪后半叶标志性作品,中国新时期文学的代表作之一。

那时,与陈忠实先后同期调入陕西省作协成为专业作家的有好几位。他们都曾是业余作家,各自有着不同的本职工作,成为专业作家后也都勤奋创作并取得了各自的成就,然而,如与《白鹿原》比较,显然不可同日而语。

之所以把他们放在一起比较,只是表明:成功的作家总是从对自我的否定中不断走向新的高度。有没有这样一个不断的"自我剥离"以及连带产生的对对象的"剥离",他的创作状况会完全不同。"自我剥离"得越是彻底,对象剥离得越是深广,自我创新就能脱胎换骨般焕然一新,攀登到新的高度。

京夫,原名郭景富,1942年1月出生于商洛,1961年自商洛师范毕业后,从事小学教育并开始业余文学创作。"文革"初,京夫受到批判,新时期到来,京夫收拾旧业,重返文坛,1981年以《手杖》获1981年全国优秀短篇小说奖。1985年调入陕西省作协,成为专业作家,相继出版《文化层》《八里情仇》《鹿鸣》三部长篇,获广泛好评。2008年,京夫积劳成疾不幸病逝。

京夫一生，低调为人，与陈忠实一样，历经贫穷与苦难，坚忍不拔，矢志文学，才情不外露而深沉真挚。

《八里情仇》是1993年被媒体称为"陕军东征"的五部作品之一（另四部作品分别为《白鹿原》《废都》《最后一个匈奴》《热爱命运》）。"八里"是汉江岸边的一个小镇，水路交通的便利，让"八里"有小巴黎之称。特殊的地理、经济与人文环境与战争、"文革"、"文革"后的时代变迁，演绎了两家三代人的戏剧人生。

京夫和许多陕西作家一样，善于表现人生的苦难，通过苦难揭示从苦难中站立起来的不屈灵魂。在京夫看来，苦难乃人生的一种基本存在方式和存在感受。京夫并不想也未曾消除他的历史的和道德的判断，他把他的这种历史的、道德的判断寄托在、融合在他的审美创造里，他从一种合理的人性构架、合理的人生存在这样的层面审视发生在八里古镇的人生悲剧与社会悲剧。这让京夫的小说有了深刻的批判性和强烈的社会担当的责任感。

不过，京夫的作品也让我们深思，虽然痛苦与苦难总与人生、与社会相伴，但对痛苦的超越，对苦难的超越应该始终与痛苦与苦难同在；其中任何一方面的缺席，都不足以构成人生、社会。艺术家的责任，并不是要给读者一个黄金的世界。正如鲁迅所说："有我不乐意的在天堂，我不愿去；有我所不乐意的在地狱，我不愿去；有我所不乐意的在你们的黄金世界里，我不愿去。"而且，为了所谓的黄金世界，我们也吃够了苦头。

《八里情仇》告诉我们的，也许正是这种寻觅比预约更珍贵、值得珍重的人生启示；只有穿越寻觅的栅栏，《八里情仇》的苦难才可能获得它的意义。

　　《八里情仇》追求一种如汉江流水一样平淡、平静的叙述方式和艺术境界，然而，就它的简约和对生活的提炼而言，仍然还有不少有待改进的余地。

　　我还要提到另外一个作家，1946年出生于礼泉的邹志安。他1966年毕业于乾县师范学校，1972年开始发表作品，《哦，小公马》《支书下台唱大戏》分别获全国第7、8届优秀短篇小说奖。与陈忠实同时调入省作协成为专业作家。

　　这是一个热情洋溢、才华出众的作家。1993年病魔过早地夺去了他的生命，为"土地造影"是邹志安的创作目标，矢志不渝。

　　1985年邹志安转向了"爱情心理探索"系列长篇小说创作，《眼角眉梢都是恨》是这个系列的第一部，第二、三部是《迷人的少妇》《女性的骚动》。

　　情与欲、爱与性，成为邹志安小说世界的主题，当然与20世纪80年代兴起的市场经济分不开，更与邹志安对人性的艺术探索分不开。

　　邹志安以大胆、直率的笔触伸向了青年男女欲望的海洋，表现了一种原始的性的渴求和追逐，这种性欲的追逐往往与金钱、与地位纠结为一体。

　　继《女性的骚动》之后问世的《多情最数男人》转向了男人的世界。

　　《独身女人》是探索系列的压卷之作，从乡镇转向都市，从丑恶走向理想，邹志安一步步完成他的探索中的社会批判、文化批判与人性批判。

性爱与情爱从来是文学的母题，邹志安写得过于匆忙急促，如果能够从容一些，冷静一些，他的探索将会逐渐逼近爱欲与文明的人性深度，过多的揭露性将他局限于浅层，"诗性"因此与他的作品有了距离。邹志安是一个成长中的作家，英年早逝，给文坛留下了深深遗憾。

如果放眼全国，浩然是陈忠实最好的一个参照，浩然终其一生，在"革命叙事"这条道路上，不改初衷，这让他的作品如一个休止符，定格在"文化大革命"的特殊思维和极"左"政治里。

还可以在不同范围、不同层面，将这种比较继续下去，但这并不是我们的目的。

我们只是想强调，起笔于20世纪80年代末完成于90年代初的《白鹿原》之所以横空出世，绝非空穴来风，更不是一蹴而就，它是那个年代社会思潮的反映，更是作家陈忠实从"当下"突围，从"自我剥离"的思想和艺术的结晶。就作家个人而言，能否从社会思潮、文艺思潮中汲取营养是完全不同的。而尤为重要的是，能否自我剥离，有没有这样的内在要求，是一回事；自我剥离到怎样的深度与广度，又是一回事。

令人高兴的是，作家陈忠实强烈的自我超越和这种自我超越达到了一个时代所可能实现的高度。

这样，我们拥有了《白鹿原》。它和那些千人一面全景摄影的长篇小说全然相异，呈现了自己的秦人风貌、秦腔韵味。

《白鹿原》是小说，小说本身不是历史，但小说既然以发生在上个世纪初以来近百年的白鹿原人的生存为对象，作者就不能不在事实上描述历史。尽管他在叙述历史时，会形成一种对历史的自己的讲述方式，但是小说毕竟不是对历史的简单传达，小说自身的复杂性决定了其可能要承担比历史更幽暗而深邃的任务。这就是说，故事本身和历史之间虽然可能重合，但它们显然有一种离间性，从而在某种角度上，有助于形成历史，同时又远离着历史，又审视与批判着历史。

这里，历史究竟为何物，仍然是一个待决的问题。

历史是一种叙述，当然不同于文学的叙述，不仅叙述的内容及对象有别，而且出发点也不同。

文学的叙述是一种虚构，在文学中有崇高地位的想象力被历史所排斥。历史必须从事实出发，曾经发生过的人和事件以及这些人和事件的时空关系是不允许更改和变动的。

文献的考证与文物的考古因此是历史事实所不缺失的前提。然而，面对历史事实，如何理解与阐释变成了历史研究的第二重任务。

面对同一文献、同一文物产生的理解与阐释往往不同，这也是时有发生的。这种发生，这种阐释的不断延续，除了技术上的原因，也难排除历史的盲点和人为的扭曲和遮蔽。而且不同时代，不同历史叙述者积累下来的对历史的理解与阐释，既为我们提供了知识谱系中的资源，也成为了接近历史事实的障碍。每一个历史的理解者、阐释者都不能不从自己的前理解结构出发，又从自己所处特定时空的现实困惑、现实需要出发，去理解历史，阐释历史。

前理解结构是与生俱来、又伴随着生命成长的精神架构，是一种文化心理结构。而现实困惑与现实需要,更集中了时代社会和个体生命的对未来、对社会合理性的探求。从这个意义上说,历史仍是当代人与发生在过去的人与事件的"对话"。

这种对话,面对的首先是曾经发生过的人与事件的关系,其次是此后对"这一人与事件关系"所有的理解与阐释,最后形成当下的理解与阐释。而这种理解与阐释,如前所述是前理解结构与现实视阈交叉于历史事实。历史积累下来的对历史事实的理解与阐释,可能进入前理解结构,也可能构成一种挑战,成为现实的困惑,成为时代需要的障碍。

历史的话语权因此便占有极重要地位。是谁在叙述历史,也即谁与历史事实对话?这种对话的目的是什么,他要解决的困惑与需要是什么?这将决定历史对话的内容与走向。

一部《资治通鉴》最充分地说明了这种话语权在历史理解、历史阐释中的优先地位。以司马光为首的宋代学者,将这部集前代史书大成的书命名为《资治通鉴》,明白无误地告诉了我们,它为统治者提供的是可资借鉴的统治术,即如何治理被统治者的历史经验与教训。

波普尔在他的《开放社会及其敌人》中认为:科学史表明,科学的理论常被试验推翻,而推翻理论恰恰是科学发展之路。所谓"历史科学",它与普遍性的科学是不同的,那些历史解释所运用的普遍规律既没有提供一种选择性的、统一的原则,也没有为历史提供"观点"。

许多所谓"历史理论"（它们也许最好被称为"准理论"）在其性质上与科学理论有很大的不同，在历史（包括像历史地理学这种历史性质的自然科学）中，我们所使用的事实常常受到严格的限制，而不能随意被重复或补充，它们是根据一种先行的观点来收集的。所谓的"历史资料"仅仅记录了那些足够引起兴趣而加以记录的事实，因此，资料通常只包含那些适合一种先行理论的事实，同时，如果没有进一步的事实可资利用，通常就不可能检验这个或任何其它的后续理论。

波普尔因此认为：这些不可检验的历史理论是与科学理论相反的，他只能被称之为"一般性理解"。

在波普尔看来，任何一组确定的历史记录，只能给予唯一的方法加以理解的这种观点必须抛弃。

每一代人都有其自身的困惑和问题，因此有其自身的兴趣和观点，这导致每一代人都有权以自身的方式考察和再阐释历史，并且和前代人的方式相互补充。

波普尔得出他的结论："不可能有'事实如此'这样的历史，只有历史的各种解释，而且没有一种解释是最终的，每一代人都有权形成自己的解释，他们不仅有权形成自己的解释，而且有义务这样做，因为的确有一种寻求答案的紧迫需要。"

波普尔因此认为，"那些我们所需要的、公正的各种解释，那些我们决心采用的这种或那种解释，就像我说过的那样，能够比作一架探照灯，我们用它来照射我们的过去，并且希望用他的光芒照亮现在。"在波普尔看来，"历史主义者的解释也可以比作探照灯"，但它"是一架对准我们自己的探照灯","尽管我们并不是不可能看清我们周围的任何事物,但他使这变得困难,并且使我们行动变得瘫痪。"

波普尔认为:"历史主义者没有认识到正是我们自己在选择和安排历史事实,而他们相信'历史本身'或'人类历史',通过其内在的规律,决定着我们自己、我们的问题、我们的未来,甚至我们的观点。历史主义者没有认识到历史的解释应该符合一种需要,这种需要来自我们所面对的实际问题和选择,相反,他们却相信,我们理解历史的欲望反映了一种深层的直觉,那就是,通过思考历史,我们可以发现人类命运的秘密和本质。历史主义试图找到那条人类注定要走的'路',他试图发现'历史的线索'或'历史的意义'。"

波普尔的历史哲学充满矛盾。我们自己在选择和安排历史事实,这无疑是对的,问题在于波普尔认为"我们自己承担自由的历史责任"。

我们能承担自由的历史责任吗?我们不能随心所欲地创造历史,正如历史不能随心所欲地创造我们一样。我们来自历史,我们就在历史之中,我们为历史所规定,同时,我们又在"规定"中寻求"突围"来创造历史。

恩格斯就曾指出,历史的发展是历史的合力所致,不可能仅仅因为自由的历史责任将历史继续。

世俗的成功不是判断我们行动的唯一和最后的准则,无疑有助于我们的人生价值选择的多样性和自由度。他的合理性理应得到认可。正是从这种认识出发,波普尔认为,"那些被遗忘的,不知名的个人,他们的忧伤和快乐、痛苦和死亡,这才是迄今为止人类体验的真实内容。"然而,波普尔清醒认识到,"这样的历史,不会,也不可能存在。"

文学,正是文学,在这些方面将担当起历史所不曾也不能担当的"人类体验"的伟大职责,把历史的"真实内容"以虚构的形式"还原"或"呈现"。小说担当了较之历史更为幽暗深邃的任务,使它与历史拉开了距离,同时也有助于形成历史,正是在这个意义上,文学得到了它的阐释历史的依据。

在我们所熟悉的《史记》和《汉书》关于汉高祖刘邦的记载里,我们看到的是如下文字:

《史记·汉高祖本纪》载:

> 十二年,十月,高祖已击布军会甄,布走,令别将追之。高祖还归,过沛,留,置酒沛宫,悉召故人父老子弟纵酒,发沛中儿得百二十人,教之歌。酒酣,高祖击筑,自为歌诗曰:"大风起兮云飞扬,威加海内兮归故乡,安得猛士兮守四方!"令儿皆和习之。高祖乃起舞,慷慨伤怀,泣数行下。谓沛父兄曰:"游子悲故乡。吾虽都关中,万岁后吾魂魄犹乐思沛……"张饮三日。沛父兄皆顿首曰:"沛幸得复,丰未复,唯陛下哀怜之。"高祖曰:"丰吾所生长,极不忘耳……"

《汉书·高帝纪》下:

> 十二年冬十月,上破布军于会缶。布走,令别将追之。上

还,过沛,留,置酒沛宫,悉召故人父老子弟佐酒。发沛中儿得百二十人,教之歌。酒酣,上击筑自歌曰:"大风起兮云飞扬,威加海内兮归故乡,安得猛士兮守四方!"令儿皆和习之。上乃起舞,忼慨伤怀,泣数行下。谓沛父兄曰:"游子悲故乡。吾虽都关中,万岁之后吾魂魄犹思沛。且朕自沛公以诛暴逆,遂有天下,其以沛为朕汤沐邑,复其民,世世无有所与。"沛父老诸母故人日乐饮极欢,道旧故为笑乐。十余日,上欲去,沛父兄固请。上曰:"吾人众多,父兄不能给。"乃去。沛中空县皆之邑西献。上留止,张饮三日。

《史记》《汉书》几乎相同,这是"正史"的记载。

然而,一千多年后,元代文人却以一种别样的文字为刘邦画了像。请看睢景臣的《套曲·般涉调·哨遍·高祖还乡》:

[三煞] 那大汉下的车,众人施礼数,那大汉觑得人如无物。众乡老展脚舒腰拜,那大汉挪身着手扶。猛可里抬头觑,觑多时认得,险气破我胸脯。

[二煞] 你身须姓刘,你妻须姓吕,把你两家儿根脚从头数:你本身做亭长耽几杯酒,你丈人教村学读几卷书。曾在俺庄东住,也曾与我喂牛切草,拽耕扶锄。

[一煞] 春采了桑,冬借了俺粟,零支了米麦无重数。换田契强秤了麻三秆,还酒债偷量了豆几斛,有甚糊突处。明标着册历,见放着文书。

[尾声] 少我的钱差发内旋拨还,欠我的粟税粮中私准除。只通刘三谁肯把你揪捽(提手旁)住,白甚么改了姓、更了名、

唤做汉高祖。

《史记》《汉书》是史书，《高祖还乡》是文学，孰为真实？是一个需要探讨的问题。重要的是，在元代，异族统治下的汉人睢景臣，是在借古讽今，该是我们理解他笔下的《高祖还乡》的一个比较接近作家创作动机的途径。历史事实中的高祖还乡如何，睢景臣有着与司马迁、班固完全不同的理解。这不同，与他对元代蒙古人的最高统治者的态度有着不可分割的内在联系。与其说他在解构刘邦，不如说他同时在解构元代皇帝，此其一。其二，在以儒家学说为生的士人普遍处境恶劣的环境下，对刘邦揶揄嘲弄一番，以吐心中块垒，所谓嬉笑怒骂皆成文章，有元一代，不乏其人其文。"皇帝"在他们眼里是丑陋的，正如世界的荒谬一样。

文学完成它自己对历史的建构，《高祖还乡》为我们提供了一个样板。它帮助我们在另一种情境下体验刘邦还乡，也重新回味那一段历史。

也正是在元代，士人们、诗人们对历史有了从草根出发的理解和阐释。这种理解和阐释显然与《资治通鉴》属于全然不同的阐释系统。

让我们看元代张养浩对"历史"的解读。

这位关心民生疾苦的官吏，曾官至礼部尚书，他敢于直谏，屡遭贬斥。关中大旱时，他复出，为治旱救灾，劳瘁而死于任所。他曾写下如下两首散曲：

中吕·山坡羊·潼关怀古

峰峦如聚,波涛如怒,山河表里潼关路。望西都,意踌躇。伤心秦汉经行处,宫阙万间都做了土。兴,百姓苦;亡,百姓苦。

中吕·山坡羊·骊山怀古

骊山四顾,阿房一炬,当时奢侈今何处?只见草萧疏,水萦纡。至今遗恨迷烟树,列国周齐秦汉楚。赢,都变做了土;输,都变做了土。

张养浩从底层大众的命运,也从自己的切身遭遇里,反思历史,得出了他的对历史的参悟。他的参悟,也因此成了至今流传的名句,吟唱不休。

正如《三国演义》开篇的《临江仙》词所说:

滚滚长江东逝水,浪花淘尽英雄。是非成败转头空。青山依旧在,几度夕阳红。

白发渔樵江渚上,惯看秋月春风。一壶浊酒喜相逢。古今多少事,都付笑谈中。

这是一种白发渔樵眼里的"历史"。从民间史观出发,古今多少事,都不过付诸笑谈而已。百姓们仍然自由自在地生活在自己的田地里。英雄们的历史,被阻断在另一个时空,这是另一部历史。百姓们、渔樵们甚至不再把英雄业绩、兴与亡与自身联系在一起。在一个更高的境界里,获得了俯瞰"历史"的智者的眼光和情怀。

当文学与历史碰撞,我们发现"历史"被不同的心灵感应,被不同的心灵参与。"历史"因此被构建在不同的基点上，有了较之"正史"远为多彩的姿态与意蕴。

《白鹿原》是对生活的整体性艺术把握，是作家陈忠实揭示我们民族的"秘史"的艺术抱负的完美实现。

写人的历史而不是历史中的人，构成了这部民族秘史的显著审美特征。和"延安叙事"不同，尤其和《创业史》《山乡巨变》以及之前的《太阳照在桑干河上》《暴风骤雨》不同，《白鹿原》采取了别样的审视民族生存和民族精神的切入点。

这些"延安叙事"的长篇无一例外的是在明确的主流意识形态和国家意志的既定模式里展开叙事的。历史在这些作品里早已进入了教科书里的统一复述，人物也分别在阶级关系的复杂而又明确的谱系里占有各自的位置。

这些作品自有它们的历史价值和艺术地位。《白鹿原》从这一传统出发，予以新的发展。从柳青和《创业史》突围，是作家陈忠实自我剥离和文学剥离的标志性追求。

长期以来，阶级性与人性一直处于对立之中，没有普遍的抽象的人性，有的只是阶级性，这种观念曾经支配我们的文学相当长时间，《创业史》就是完全按照合作化中各阶级的不同表现以及因此而形成的阶级斗争模式展开的。

今天，关于人性与阶级性的话题早已进入到常识。

20世纪90年代初出现的《白鹿原》，不言而喻地为这一常识性的时代进步从艺术上开启了一扇历史之门，思维之门。

《白鹿原》并不否认阶级性，但又不唯阶级成分论。他是从人性的全部丰富性、差异性和特殊性中去塑造他笔下的人物，阶级性不再是一个标签，一个固定模式，而是与人的社会存在、现实存在、历史存在交汇为一个个具体的血肉丰满的鲜活的真实的人。

白嘉轩、鹿子霖是地主吗？按照小说描述的两家土地占有与劳动力雇佣关系，似乎是。《白鹿原》于此却保持了沉默，这是明智的。小说还没有写到"土改"。遵照朱先生的叮嘱，临近解放白嘉轩把地给分了，送人了。他躲过了一劫。

如我们所看到的那样，白嘉轩是以"族长"身份出现在小说世界里的。

"五四"以来的我国新文学，有过族长形象。囿于文化激进主义立场，新文学的族长不是昏聩而腐朽如《家》中的高老太爷，就是如《子夜》里那位吴老太爷，一旦进到十里洋场，只有呜呼哀哉，成为了"古老的僵尸"。而那位前清举人冯云卿寡廉鲜耻拜倒在股市与公债阴谋里，更将新旧人物的冲突置于现代金融交易的波诡云谲之中。《科尔沁草原》的丁半仙，贪财好色，装神弄鬼，成了家族衰败的象征。

白嘉轩也必然走向衰败，这是作为族长的白嘉轩人生之路的必然归宿。在辛亥革命之后的短暂权力真空里，早已分崩离析的家族制度及其社会组织宗祠祠堂，在白嘉轩手下一度起死回生。在一波又一波的国共两党的殊死较量里，祠堂的回光返照只是证明了他的最后一搏。临近新政权的建立，白嘉轩不得不宣布，除了除夕祭祖，祠堂不再参与家族成员的任何事务。

《白鹿原》的深刻不只是写了家族制度的灭亡和白嘉轩如何退出历史舞台，而尤其是揭示了白嘉轩身上的人格力量和人格尊严。这正是作家陈忠实远远高出于他的前辈作家之处。作为制度的象征，族长是衰亡了；但作为个体生命，白嘉轩即使已成了罗锅，他仍傲然地以他的精神力量出现在小说世界里。直到小说延伸的时间之矢指向合作化时期，白嘉轩的刚梆硬正使他断然拒绝加入合作社乃至公社。

　　白嘉轩并不是精神力量的苍白化身，他的不屈不挠，他的言行如一（除了他所忏悔的换地迁坟），他的嫉恶如仇，他的以德报怨等等，小说都有生动而形象的叙述。他以朱先生为样板的人生追求，他作为族长的责任感和勇于担当，他与鹿子霖的不懈较量，既有家族内部矛盾的利害冲突，也是两种不同人生态度、人格操守的博弈。

　　白嘉轩作为一种文化符号，体现了儒家精神。"仁"和"义"曾是白嘉轩、鹿子霖以他们的交手换来的给白鹿村的褒奖，"白鹿仁义村"也一度扬名于白鹿原。

　　绝不可忽视和轻看了鹿子霖，鹿子霖正是儒家文化的必然产物。在仁与义的大旗下，我们不难发现它遮蔽了人性的复杂存在。原儒并不否定人性的生理基础，告子早就说过："食色性也。"饮食和男女本是人性的原始的也是最基本的要求。而且，孟子也承认："人之异于禽兽，几希！"然而，随着统治者对儒家学说的不断改造和儒家对专制主义的不断靠拢，所谓非礼勿视、非礼勿听等等的严格规定和限制，发展到宋明理学，对人性合理要求的扼杀和戕害越演越烈。

鹿子霖道貌岸然下的卑劣和淫乱，正是儒家学说自身的虚伪性脆弱性的体现。

白嘉轩和鹿子霖是清末民初到1949年儒家文化这根老藤上的一对孪生兄弟。

"学为好人"是朱先生的一生劝导。他身体力行，言行一致，在白嘉轩和白鹿人眼里，朱先生已是"圣人"。"人人皆可为圣贤"正是儒家的追求。《白鹿原》深刻揭示"学为好人"不可得已成了白鹿原人生存之困。这个生存之困除了证明儒家学说如不予以创造性转换已不再可能成为民族文化的精神支柱之外，还反映了更为复杂的社会矛盾和精神困境。

朱先生有如孤雁之掠过长空，死在了兵荒马乱时；鹿兆谦刚刚步入"好人"之列，就倒在了白孝文枪口之下。

这深刻地表现了儒家文化在白鹿原的影响江河日下，早已失去了它曾经的权威性和合理性。曾有论者认为："《白鹿原》的全部故事表明，历史给予白嘉轩活动的范围愈缩愈小，最终只能局限于白鹿村，从而定格为一个不合时宜的乡村遗老。"这个判断是准确的。需要修正的是，即使在白鹿原，白嘉轩也越来越处于孤单处境，他甚至早就失去了他对儿子白孝文的控制力。《白鹿原》的意义正在于此。无论是朱先生，还是白嘉轩，他们所代表的儒家文化正面临溃败。写出这种溃败及其必然，是小说的现实主义精神的胜利。

在《白鹿原》文化精神的探寻里，在《白鹿原》民族性格的探秘里，我们看到不同文化冲突交织下白鹿原人的精神困境。朱先生、白嘉轩、鹿子霖代表的是以儒家为核心的的文化传统，而岳维山、田福贤代表的所谓"三民主义"文化在白鹿原几乎全凭政治权力而被推行，始终不曾在白鹿原落地生根。国民党执政的苛捐杂税和无休止的拉壮丁成了三民主义文化宣传的绝妙讽刺。这与岳维山、田福贤的个人品质无关。《白鹿原》的深刻在于，它绝不漫画化、妖魔化国民政府人员。不近女色、不侵吞鹿子霖的家产，与岳维山、田福贤坚定不移地效命于国民党政权的立场是完全一致的。

还要提到鹿兆海，曾是共产党员，而后成为国民党年青军官，坚定的国民党员。就政治信念的选择而言，鹿兆海可以说逆历史潮流而动，不识大局。然而，就个体生命和民族精神论，无论是爱情的坚守与忠贞，还是抗日于中条山的无畏与英勇，他仍是堂堂一汉子。朱先生甚至予鹿兆海以民族精魂的极高评价。白鹿原上给鹿兆海举行的空前绝后的追悼仪式，显然寄托了白鹿原人的英雄观和民族大义，这是一个承传久远的文化传统，从屈原到岳飞，从文天祥到史可法。鹿兆海的人生悲剧在于，作为军人，他被指派到了反共的战场，并且死在了这场罪恶的战争之中，兆海有他自己不可推卸的责任。

白鹿原文化格局的第三方是以鹿兆鹏、韩裁缝及白灵为代表的新民主主义文化。小说准确地叙述了随着国民政府的日趋腐败，共产党逐渐把白鹿原改造成了"红窝子"。小说以曲笔将这一新文化的潜流与党的地下活动交织在一起，作为小说深层结构的隐性存在，推动小说的发展。

革命利益高于一切是原上原下共产党人精神的一致体现。他来自党的革命宗旨，来自党与人民的血肉联系。鹿兆鹏与乃父的断然决裂，对鹿冷氏的断然拒绝，都表明了他与文化传统、与伦理传统的决不妥协的叛逆和彻底告别。他与黑娃、与白灵的关系，无论是作为朋友，作为同志，作为丈夫，在角色的转换里，鹿兆鹏自有他的道德标准和情感选择。而且，特别需要指出的，在白鹿原唯一能与朱先生展开对话交流的只有鹿兆鹏，在朱先生眼里，鹿兆鹏无疑代表了一种新的精神、新的政治力量和文化追求。鹿兆鹏的统一战线策略使他不仅策反了黑娃，而且，总会不失时机的予朱先生以提示，以警醒，以告白。是鹿兆鹏明白无误地告诉了鹿兆海死亡的真相，可以看出，朱先生始终对鹿兆鹏另眼相看，朱先生从来不会忽视鹿兆鹏的存在和鹿兆鹏的提示。朱先生倒是从不把岳、田之流放在眼里。

还要提出小说中另一隐形文化形态，就是白嘉轩的二姐夫皮匠。皮匠是西安城里人，手工业作坊主，他以城里人自居对乡下人的瞧不起，不仅白嘉轩反感，朱先生也很看不上眼，这种城乡文化差异带来的隔膜，虽不曾在作品里充分展开，却彰显了作家陈忠实对白鹿原文化格局、文化构成的理性认识和艺术把握的整体性。

人性的、人格的、文化的、与家族的、政党的政治的冲突的纠结与缠绕，构成了《白鹿原》瑰丽而奇诡的风景。

二 《白鹿原》的革命言说

主流的革命话语依然存在，只是言说的方式有了改变。鹿兆鹏始终如一面旗帜，一个风向标，预示了也代表了白鹿原未来的走向，但这已不再是纯粹的、单色的。窃居人民政权的县长白孝文把鹿兆谦置于死地的阴谋得逞，给白鹿原的未来涂上了浓重阴影。革命并不能一劳永逸地为社会问题的解决划上句号。它只是一个新的开始。所谓万里长征，还只是迈出了第一步。

曾有论者认为，剔除"革命"叙事，无损于《白鹿原》。意思是"革命"叙事对于《白鹿原》可有可无，因为关于党领导的革命，叙述得并不成功。它完全落入了"俗套"。可是，离开了新民主主义革命，离开了鹿兆鹏为代表的农运及其后的地下斗争，白鹿原的生活与历史还会是真实的、完整的吗？

小说并不是单线条地将革命斗争置于中心，而是把家族斗争与革命斗争交织为一个多维度的立体结构，全景式地表现我们民族在20世纪前半叶的生存状态和精神与情感世界。从传统向现代的转换这一历史要求，被小说予以了深刻揭示与准确叙述。这种历史要求与发展趋势绝不是外在的，强加的，而是小说人物关系与冲突的内在合理性与必然性的真实存在。

这种内在要求，体现在白鹿原年轻一代身上，如鹿兆鹏、鹿兆海、白灵与黑娃、田小娥等，也体现在鹿子霖这样比较开明的人身上，以及田福贤、岳维山等国民党人身上。不论是共产党还是国民党人，都投入到改变白鹿原旧有生活秩序之中，只是"目标"与"道路"的选择不同以致严重对立、分道扬镳，兵戎相见而走向武装斗争、国内战争。

正是国共两党的合作与分裂构成了白鹿原人的命运跌宕起伏，这种党派斗争与家族矛盾的纠结是《白鹿原》的与众不同之处。阶级斗争与家族矛盾错综复杂让《白鹿原》呈现了罕见的历史真实性和历史整体感。

局限于"家族",这是对《白鹿原》的误读。我们只有把《白鹿原》放在民族现代性追求的背景下,才可能理解发生在白鹿原的长达半个世纪的生死搏斗与恩怨情仇。

《白鹿原》的深刻不仅指出了政权更替的复杂性,还在于,正如小说所叙述的,从鹿兆鹏发动火烧乌鸦兵粮仓以来,他在白鹿原的地下活动以及党的武装斗争,经历挫折和失败,终于迎来了决定性胜利。不回避错误和失策,不把革命写得一路凯歌,一帆风顺,这种现实主义的清醒和真实性,让《白鹿原》给传统的"革命叙事"注入了新的元素并把它提升到一个新的高度。

正如张养浩散曲的"草根说"和《三国演义》开篇的《临江仙》词的"隔离说",对于发生在白鹿原上的错综复杂的不同政治政党、军事力量的较量,《白鹿原》也发出了不同的声音。

除了革命话语的复色调,《白鹿原》还有来自民间的对于政治、政党的理解和阐释。在一定程度上,朱先生成了民间和草根的代言人。在朱先生看来,白鹿原之成为"鏊子"折腾不休,是因为国共双方之争,不过是"天下为公"与"天下为共"之争。这当然是一种非主流话语,正因为这个非主流,才能突显主流话语。它有助于从不同角度处审视这段历史。而且尤为重要的是,朱先生以一个哲人的眼光,指出:天下必定是朱毛即共产党的,你不能不承认,也不得不佩服,这种超越党派的先见之明,也足证民间与草根的智慧与远见。它绝不是无稽之谈,更非戏说诳言。历史与现实早已给国共两党作了判断,如朱先生所言,共产党必将战胜国民党,是国民党政府自取灭亡,是共产党代表了民心民意。回荡在小说中的朱先生的声音与鹿兆鹏的声音构成了二重奏,这复调给小说谱写了异样的丰富而动人的乐章。

对于文化传统,对于政党冲突,对于革命和历史,《白鹿原》的整体性民族生存和民族精神的思考和探索,都无不显示了一种难得的甚至罕见的历史洞见和智慧。

第十二章 "民族秘史"的构筑（下）：伦理、风俗、性和神秘文化

一 《白鹿原》的伦理生活

在民族精神、民族生存的整体性勘探中，伦理生活和伦理道德是不可回避的重要内容。陈忠实的小说一贯重视乡村伦理的艺术表述，百年新小说中，像《白鹿原》这样，把伦理提到如此重要地位的，还不多见。

传统中国是一个重伦理的国家。"这一伟大的伦理制度在中国的地位之重要相当于法律和宗教在西方共同所占的地位。"费正清认为"孔子是中国第一位伟大的伦理学家，是这个最重视伦理价值之文明的伟大伦理传统的缔造者"，"他确定了东亚的那种总是寻求妥协和中间道路的模式"。① 这就是中庸，"仲尼不为已甚者"，孟子是这样评价孔子的。

从传统中国、乡土中国到现代中国的社会转型是长期的、复杂

---

① 费正清，赖肖尔. 中国：传统与变革. 江苏人民出版社，1996.16

的。在这个历史的转折点上，伦理成为了五四新文化运动的重要关注点，打倒旧礼教是那个时代风靡知识分子的口号。白鹿原处于百年动荡中，即使它封闭而深陷传统，仍不能不感应时代的巨变；而且，正由于它的封闭性、边缘性，共产党的地下活动和军事活动才特别活跃，同时它也成了土匪武装频频骚扰的处所。如朱先生所说白鹿原成了"鏊子"，这种持续不断的折腾，对于白鹿原人的伦理道德的冲击是尖锐的，颠覆性的。

传统中国是一个以伦理为本位的社会，这是由于在老中国，传统伦理与传统社会几乎重叠。

传统中国以家庭及村落为中心，生产方式以农耕为主，以饲养家畜和小手工业为副，村落与村落之间，除了姻亲和市集交易外，很少走动，基本上是一种自足自给的生活。这样，一连几天的外台戏，几乎成了附近村庄的一件大事。过会耍社火以及抗旱祈雨等活动，就成了一种民间的狂欢。这是一个熟人社会，在这样的几代几辈聚族而居的环境里，民俗习惯便成了个人行为的准则而具有约束力。文化、价值观念和信仰的高度同质性，使村人与村人之间，不仅彼此熟悉，也使认知与情感的沟通不存在障碍。这是一种"全人格的关系"。在这样的乡土社会，传统是行为规范和社会制裁的依据，甚至生产工具也是代代相传而极少变化。

这样的家庭村落社会，往往村落就是一个家族。"三纲五伦"在家庭中就得到了体现。父子、夫妇、兄弟三伦外，朋友虽非家庭成员，但也属家庭化的，而国君也就无异于大家长，而且超过"父亲"。

传统中国，家长制度之精神，广泛而持久不变，它是儒家为中心的传统伦理的基础。

小说开篇就写到了"反正",中国从此没有了皇帝,并不意味着皇权统治思想从此销声匿迹,它不过以另外的形式出现。

白嘉轩是一族之长,一家之长,一直要以祠堂和《乡约》维系白鹿村,使之成为"仁义村"。白嘉轩的道德上精神上的权威性,来自他的族长身份,来自他的人格力量。

老子给儿子娶媳妇盖房,儿子给老子养老修坟,是农村人天经地义的现实追求和道德责任。

白嘉轩如同父亲秉德老汉为他娶媳妇一样,他先后为孝文、孝武、孝义娶了媳妇。每娶一个媳妇,他都有过考虑,孝义媳妇"借种生子",生动表现了农村人的生育观、子嗣观如何顽固而又灵活。

鹿泰桓曾棒打过孙子兆鹏,爷爷的权威性使身为校长的兆鹏在家里也奈何不得。

鹿子霖比起白嘉轩要开明。白嘉轩只要求孝文、孝武上完高小就让儿子们回家务农去了,理由是认得几个字不上当受骗就行。鹿子霖不同,祖辈的"耕读传家"在鹿子霖这里有更高的追求:进入仕途,光宗耀祖,他让兆鹏、兆海去西安上了中学。

具有讽刺意味的是,晚年鹿子霖除了兆海遗孤,他的膝下是孤单的。白孝文与白灵,前者堕落而后者忠贞于革命,两种不同人生态度,让白嘉轩无可奈何!家长的权威受到无情挑战。

除父为子纲外,夫为妇纲,在《白鹿原》里表现得尤为惨烈。白嘉轩的前六房,哪一个不是妇女"三从四德"的牺牲品?白灵之被认为"早已死了",就是因为她拒绝了包办婚姻。田小娥的生命悲剧正是她对"三从四德"的公然挑战酿成的。

董仲舒明确树立了"三纲"为不可逾越的道德标准和社会基本构架。他说:"王道之三纲,可求于天,《春秋》大义也。"

蔡元培甚至认为,我国以儒家为伦理学之大宗。在儒家一切精神与科学悉以伦理为范围,宗教与科学因此无以发生。然而,当历史进入20世纪初,这一切都发生了变化。

"三纲五伦"在白鹿村的根深蒂固,以及在社会转型中的动摇与受到的质疑,来自现实生活,同时更来自作家对伦理问题的思考。

作品关于"勾践精神"的批判,充分表明了这一点。

《白鹿原》的伦理倾向很明确,人,必须是也应该是目的,而不能是手段,更不是工具,这似乎是古典主义的,但《白鹿原》同时又是伦理现代性鲜明的文本。

司马迁在为勾践作传时,曾借范蠡之口评说勾践:"飞鸟尽,良弓藏;狡兔死,走狗烹。越王为人长颈鸟喙,可与其患难,不可与其同乐!"天下初定,勾践即大杀功臣,赐宰相文种自裁。

勾践的一生,就是不择手段的一生,自己把自己视为工具,更把他人视为工具。

《白鹿原》并不曾涉及这些史料,作家从蓝田"勺勺客"的发家史而推及鹿子霖性格的形成,这是小说对于民族性格发展史寻根溯源的重要内容,但他却触及到了伦理学上的一个根本立足点。

在海德格尔看来,中国原儒从孔孟开始,讲的是方向伦理。孔子讲仁,仁不只是理,它也是心。心,在孟子那里,不是形而下的,不是气之灵,心以理言,心是形而上的,情即理,即本体。先秦儒家《中庸》《易传》及《论语》"即存有即活动"为本体。《中庸》"喜怒哀乐之未发，谓之中；发而皆中节，谓之和"，"中也者，天下之大本也；和也者，天下之达道也。"

从朱熹始，中国有了本质伦理。朱熹从《大学》注、从伊川、从格物致知讲，将知识与道德混而为一。

康德就是要把知识与道德分开。在西方，康德之前的伦理学是本质伦理，以存有来决定善，以"本质"决定"道德法则"。自康德始，有了方向伦理。

儒学内圣之学最高峰在陆、王。王阳明提出了传统伦理学极为重要的命题"心即理"。王阳明的"心"并非笛卡尔的"思维之心"，而是孟子的"道德之心"。在王阳明看来，人的道德情感并不来自"认知"，而是来自内心的"直觉"，有它自身的内在依据和规律。经世致用在清代考据学即乾嘉学派那里得到了充分体现。

朱先生之所以反感江南儒家，以为后者空泛、虚浮也。

爱尔维修认为"利益支配着我们对于各种行为所下的判断"，幸福是以感觉为物质基础的快乐。人，从本质上就是自己爱自己，愿意保存自己，设法使自己生存幸福，所以利益或对于幸福的欲求是人的一切行动的唯一动力。

康德认为永恒的星空和心中的道德律令（不是道德法制），是绝对的命令。而在康德看来，道德律令作为任何有理性者都运用的原理，对于有感性血肉之躯的人来说是一种无条件的强制性的，必须服从的绝对命令。这与以人的利益、幸福为基础的、有条件的相对的"假令命令"根本不同。

人是目的，决不能当作工具。人，作为目的，与道德律令有一种必然的先天综合关系。人，自己为自己立法，"每个有理性的存在者的意志作为普遍立法的意志"，这就是意志自律。

黑格尔曾经认为，康德是空虚的"形式主义者"，康德的意志自律、绝对命令，抽去了具体的社会历史条件和时代内容。

黑格尔在《历史哲学》中提出："人类绝对和崇高的使命，就在于他知道什么是善和什么是恶。他的使命便是他们鉴别善恶的能力。总而言之，人类对于道德要负责的。不但对恶要负责，对善也要负责；不仅对于一个特殊事物负责，对于一切事物负责，而且对于附属于他的个人自由的善和恶负责。"叔本华"物极必反"，提出了"唯意志主义"，企图恢复"生命欲望"在人的行为中的特权和尊严，以矫正康德。

无论是康德，还是黑格尔，都是强调了对于道德的承担与实践。不同的是，在黑格尔看来，道德义务或者说"善"总是与利害相关。黑格尔倡导的是本质伦理。

《白鹿原》并没有任何的道德说教。合理的伦理建构是在小说人物关系中，自自然然形成并呈现给读者。在作家看来，朱先生是传统伦理的垂范者、实践者，白嘉轩亦如是。不过，正如小说所揭示的，朱先生与白嘉轩的伦理有待变革和修正。

当古老中国的"牛车"从白鹿原走过，当鹿兆海乘汽车"访问"岳维山，传统伦理在白鹿原的现代转换就成了一个既定的事实。新的伦理的出现自然带来对旧伦理的冲击，造成旧伦理的自我更新。这是一个复杂的痛苦的过程。小说对于这一旧伦理的裂变和新伦理的建立，有生动的展现。白灵与包办婚姻决裂、和鹿兆鹏结合为夫妻，就是以突破旧伦理束缚为起点的。对旧伦理的冲击，不只是来自共产党人，也来自国民党人，如白孝文之枪杀张团长；更来自民间，如大拇指。

在以家庭和村落为中心的熟人社会，费孝通认为"一切普通的标准并不发生作用，一定要问清了，对象是谁，和自己什么关系后，才能决定拿出什么标准来"。关系和人情一直是支配人际关系的重要甚至唯一依据。但是，当政治与政党冲突君临白鹿原，这"传统"不得不败下阵来。

白嘉轩曾以父亲身份要求白孝文不要枪毙鹿兆谦，白孝文根本不予理睬。这与鹿泰恒先下跪后又棒打鹿兆鹏，鹿兆鹏却拒不与鹿冷氏同房，虽属不同范围的事，但子以父为纲的规定显然在政治与革命面前全然失效，却是冷酷的现实。

传统伦理因它的神圣化而具有宗教性。祠堂和祭祖是一种庄严的仪式，而《乡约》是伦理道德的通俗化、规则化。当白嘉轩宣称祠堂除了祭祖不再活动，而《乡约》也在几度反复后形同虚设，这就意味着传统伦理无可挽回地走向了它的末路。这与传统的白鹿原的解体几乎同步，并成为传统白鹿原解体的一个重要组成。

注重人与人的关系而不十分注重人与神、人与自然的关系，在传统伦理价值中，是一个特色。道德至上曾经长期制约了中国人的科学创造和宗教信仰。从一个极端走向另一极端，当物质主义、享乐主义淹没了一切，不要道德又成了时尚。唯功利、唯享乐构成了唯道德的反动。"等差之爱"是乡土中国的伦理基础，从父母之爱，父子母子之爱而递减至兄弟之爱，而朋友之爱，而及他人之爱；从君臣之爱而递减至主仆之爱等等，这与"普世之爱"是不同的。"爱仇敌"是从宗教的精神修养说的，唯有爱仇敌的襟怀，才能取得精神的征服或最后的胜利，这与"等差之爱"存在巨大差别。朱先生让鹿兆海将斩首的日寇的毛发留作纪念，从"等差之爱"说，从民族立场说，当然有它的合理性；但从"普世之爱"说，却是不可取的。

"五伦"说是人与人的关系说。"三纲"说则将人与人的关系转化为人对理念、对位分、对常德的片面的、绝对的关系。常德是行为所止的极限，它与柏拉图的理念、与康德的道德律令或绝对命令，是同一所指。这样，忠君是忠于位分、理念与绝对命令，而绝不是做暴君的奴隶。正是在这个意义上，孟子说："贼仁者谓之贼，贼义者谓之残。残贼之人，谓之一夫。闻诛一夫纣矣，未闻弑君也。"仁与义是理念，也是绝对命令，但是仁与义以及"三纲"在事实上却并未达到这个理念与绝对命令的深度。它是靠强制实现的，它不是出自"自由意志"而只能让人感到礼教的桎梏。事实上，享有绝对权威的君、父、夫，并不是一个理念，而是一个人，一个具有多方面人性弱点的人。这样，他可以为所欲为，将强制的权威遮蔽在理念的神圣里，使权威的服从者成为礼教的牺牲品。"三纲"与"自由"从来不在一个层面。

《白鹿原》是在仁与义的理念层面、绝对命令层面赋予白嘉轩、朱先生道德意义的吗？这是一个值得深究的问题。

反求诸己和推己及人曾被认为是儒家伦理最光辉的所在。其实，它们跳不出差序的格局。有人问孔子:"以德报怨,何如?"孔子说:"何以报德?以直报怨,以德报德。"意思是该用公正来回报怨恨,用恩德回报恩德。这与老子的"报怨以德",佛教的"舍身饲虎",《圣经》的"爱敌如友"完全不同。

白嘉轩之要救黑娃、救鹿子霖是以德报怨吗?

"学为好人"是白嘉轩对自己也是对他人的要求和期冀。在这个意义上,白嘉轩是在"以德报怨"。但真正救黑娃的是大拇指,救鹿子霖的是鹿贺氏。《白鹿原》在这些方面,清醒而真实。

从民族史讲,也许伦理是一个涉及心灵与情感、价值与意义的深层问题。新旧伦理的冲突构成了新旧文化冲突的重要内容,社会形态的表层变化与深层的社会精神的转变并不会一致。伦理秩序新旧交错仍将长期存在,《白鹿原》写出了这种复杂性、长期性及新伦理秩序建立的历史与现实要求。

二 《白鹿原》的风俗世界

风俗从来是约定俗成的,浓郁的地域性和持久的承续性相得益彰,它是涂抹了不同民族不同地区不同风俗的多彩地图,以至不能相互兼容。往往七里八乡相距不远,风俗就大不一样。"入乡随俗"在这个意义上,就成为了生存的智慧。

风俗因此成为文学艺术倾心的话题。打开这个窗口,我们便获得了认识风俗后面的心灵与情感世界的通道,接近了一个人、一个民族的精神奥秘。

《白鹿原》关于关中地区农村民情风俗的叙述历来被读者津津乐道，这不是没有原因的。小说为我们提供的关中农村民情风俗画卷，真实、精确、传神，几乎可以当民俗史来看。当然，作品是从叩询我们民族心灵秘史这样一个基点出发，对关中农村民俗民风予以了艺术扫描，陈忠实无意于为风俗而风俗。炫耀之于陈忠实，从不沾边。

关中农村的衣食住行、婚丧嫁娶，在《白鹿原》里，都留下了画面。它们是与人物的生存和命运的流变联系在一起的。

小说开篇，白秉德老汉暴病身亡，白嘉轩立即派出四个近亲分别按东、南、西、北四方向向亲友报丧，又派八个远亲选址打墓，敲定人数为八挂五的乐班……这都是白鹿原上通行的。

白嘉轩第六房女人半夜被鬼缠身，白嘉轩以撒抛豌豆驱鬼，天明又请法师"一撮毛"行法事捉鬼。在农村，这些事相当普遍。

小说中白兴儿庄场的配种猪，从少不更事的兆鹏、孝文与黑娃的眼中写出，这几乎成为最早的性启蒙，为黑娃以后的性事埋下了伏笔。

还有鸡毛传帖，交农事件，轰轰烈烈的一场自发抗捐运动，居然以最古老的方式发动群众，写得神秘而动人。

最能表现风俗的莫过于红白喜事。

公祭鹿兆海是《白鹿原》"绝无仅有的一次隆重的葬礼"。小说从祠堂里的祭奠"切入"：白嘉轩早已不参与祠堂事务，这次亲自出面，这就非同寻常了。朱先生更是亲自迎接灵车并跪倒在灵前。焚烧43撮倭寇毛发，把祭典推向高潮。"白鹿原上顶好的一个子孙战死了……他是你养的；你不要光是难过，还应该豪气一些……"朱先生劝勉鹿子霖。小说写出殡，黑白两色的绸蟒高扬，民间乐人与军乐乐队的齐奏，震天撼地的火铳……"一个英雄的灵魂震撼着古原的土地和天空"。

弘大的场面，与朱先生的丧事恰成对照。与兆海的公祭不同，朱先生是家祭。按照朱先生遗嘱，家祭一切从简，在静默中进行。一个细节写得动人：穿寿衣时，儿媳给朱先生错穿了白线袜，换成家织的套布袜后，朱先生打弯的双膝这才自动放平。朱先生一辈子穿土布衣裤，从不与"洋"字沾边。除了直系亲人，家祭不允许任何人参与，连妹夫白嘉轩也被挡在门外。

让读者深思的是，公祭鹿兆海的庞大场面，留给后人的却是若干年后，兆海坟前墓碑上的污秽。

人间的正义与邪恶该怎么判定？谁个判定？而朱先生家祭的寂寞引来的是灵车走过大雪覆盖的白鹿原，形成了"原上原下亘古未见的送灵仪式"。鹿兆海的葬礼表面隆重难掩他死后的被贬，朱先生丧事力求从简反倒成了让白、鹿子孙咀嚼不尽人生真谛。

若干年后，更为久远的若干年后，朱先生的预言一一被证实。这当然是塑造人物的一种方式，而更为重要的是，这种艺术方式所透露的作家的历史思考。

生死乃人生大事，它们具有的一次性与不可选择性、不可复制性让它成为人生与哲学的重大课题。海德格尔甚至认为人是"向死而生"。这也许是受弗洛依德"死亡本能"的影响，而与我国的文化传统并不相容。

小说关于死亡的叙述，贯穿了小说的开篇与结束。白秉德老汉的死亡是开端，鹿子霖的死亡是小说结束。这寄寓了作家的深思。

"死亡叙述"是《白鹿原》的重要内容：白嘉轩前六房妻子们的死，无情证明了她们不幸的工具性存在。

刘镇华围城，城里城外死了多少无辜百姓？"风搅雪"及其后的国民党清党与反攻倒算，又有多少人死于权力斗争、政党冲突？三年大旱饥饿而死的不只是白贺氏，那是一长串名字。瘟疫中死亡的也不仅是鹿惠氏、白吴氏。

还有大拇指、习旅长及其手下，红三十六军的战败，中条山抗日战争中的牺牲……白灵、黑娃及鹿兆海……一个个鲜活的生命在无尽的苦难里凋谢了！作家对他们的死，各有不同的艺术处理和人生感悟。陈忠实也写了生的欢乐与豪壮：白灵留下了遗孤；鹿兆海留下了遗孤；白孝武媳妇怀孕了，生了个胖小子……这与棒槌山的风俗多少有关，生生不息。

小说借白孝文之口，说了下面一席话：

> 好好活着！活着就要记住，人生最痛苦最绝望的那一刻是最难熬的那一刻，但不是生命结束时的最后一刻；熬过去挣过去就会开始一个重要的转折，开始一个新的辉煌历程；心软一下熬不过去就死了，死了一切都完了。

古中国思想体系里，生死问题一直是人生中的大问题。

《论语》里子路问生死。子曰："未知生，焉知死？"重要的，首要的是真正了悟"生"。

而死呢？"逝者如斯夫，不舍昼夜"，仍然强调了"生"的自强不息。

白鹿原仍在生生死死、死死生生中岿然，白鹿精魂仍在留传。《白鹿原》奏响的是生命之歌，民族精神之歌。

祠堂是宗法社会的象征，它与戏楼一起，成了"风俗"中的耀眼风景。

祠堂里的故事惩恶扬善，慎终追远：白嘉轩重修祠堂，唱了三天三夜大戏。惩治农协会员，重颁《乡约》是在再次修建祠堂之后。鞭打白孝文、田小娥和狗蛋更是在祠堂。鹿兆谦祭祖，白孝文祭祖，在祠堂。

黑娃（鹿兆谦）祭祖受到了白鹿村最高规格的迎宾仪式欢迎。黑娃那一声"黑娃知罪了"宣告了黑娃对传统的彻底回归，给黑娃"披红"则是族长和祠堂对他的认可和褒奖。

祠堂的权威性来自祖先崇拜，也来自《乡约》。然而，祠堂无可避免地走向了衰微。对祠堂的挑战，来自鹿兆鹏、白灵、黑娃等等，特别是白鹿原已成了"红窝子"这一历史趋势。

戏楼，乡土社会高台教化之地，也是草根文化、民间文化演绎之所。

白鹿村的群体性事件几乎都离不开戏楼："风搅雪"、"反攻倒算"都上演在戏楼。白孝文被田小娥拉下水始于戏楼。

祠堂、戏楼、关帝庙，白鹿村的这几个"结点"，是乡土中国熟人社会的公众空间。

而"行礼"在乡间是人际交往中的一件大事。

白孝文浪子回头，回家送礼：给父亲是兰州水烟，给婆婆是一件宁夏皮袄筒子，给鹿三是四川什邡卷烟，两个弟弟弟媳是衣服料子。施礼与受礼者的亲疏及关系从礼单即可看出。各色礼品的选择更显示了白孝文用心之深与细，各投所好而又各有身价。

让人难忘也属意外的是朱先生年轻时挑媳妇的那个场景与细节，被陈忠实生花之笔写得特别富于北方生活气息，符合朱先生的性格特征。真可以说，与任何作品都写得不一样。写情爱而有"独创"，写"一见钟情"而有"特色"，这是一个绝妙的文本。对于完成朱先生这一艺术形象，这一细节、这一风俗画实在是不可缺少的一笔。

不是在正式场合而是在涝池边（北方旱原特有的公共蓄水池），农村妇女染布时，皂角树下，白嘉轩大姐朱白氏和母亲正把刚刚淘洗干净的褐黑色棉布一段一段铺在池边泥坑里。朱先生想换一个角度看看这位待字闺中的少女，不料几乎摔倒在淤泥中，一阵笑声里，朱先生看到了她的"眼睛"。

朱先生事后对媒人说："就是这个，八字不合也是这个。"

朱先生已经挑选了七八个女子了，"在涝池边瞅见白家大姑娘的眼睛时心里一颤，那种朦胧的追寻顿然明朗起来：刚柔相济！男子眼里难得一缕柔媚，而女子难得一丝刚强"。朱先生连八字不合也在所不惜，就选定了"这一个"。这就是朱先生慧眼识"珠"。"在朱先生看来，即使自己走到人生的半路上猝然死亡，这个女人完全能够持节守志，撑立门户，抚养儿女……"

而这个场景又是在"现在，朱白氏眼睛周围布满了细密的皱纹，愈见深沉，愈见刚正，愈见慈爱了"时浮现。几十年岁月淘洗，那一双刚柔并济的慧眼,从遥远的回忆里钩沉而出。

这已经有了一种距离感。但这又是在审视外甥女白灵的眼睛时涌上心头的联想性回忆,给这种距离感抹上了浓浓亲情。

朱先生说白灵:"你的左方有个黑洞。你时时提防,不要踩到黑洞里去。跷过了黑洞,你就一路春风了。"白灵终于没有跷过黑洞。朱先生借"相面"给白灵提醒。两代人的对照,把朱先生超凡睿智不经意间托出。

相亲是风俗,相面也是风俗。而叙述一转再转,让风俗民情在曲折的叙述里,有了情趣,更有了地域色彩。

说风俗,不能不提《乡约》在白鹿原世俗生活中的影响。

《乡约》是礼俗,礼俗是风俗的核心。《吕氏乡约》被朱先生倡导、白嘉轩重颁。《乡约》由德业相劝、过失相规、礼俗相交、患难相恤及罚式、聚会、主事七个部分组成:德业相劝、过失相规主要讲个体的行为规范。前者从正面讲,后者从负面说。过失分为三类,犯义、犯约、不修。礼俗相交、患难相恤主要从人际关系中的大事讲,婚葬庆吊,规定得相当细密。而水火、被盗及孤弱、遭诬陷、贫乏者,皆当获救恤。罚式有罚款、书于籍、众议及众绝之,并无体罚规定。聚会为举族一月一聚食、一季一聚会,有不便之事亦可共议更易。主事,约正为主事,众推正直不阿者为之,另有值月,以长少轮次为之,一月一更。

《白鹿原》关于《乡约》的践行,似乎与《吕氏乡约》不尽一致,这也证明《乡约》是在不断变动中。常常需要以严苛的体罚来维系礼俗,至少表明《乡约》的制约力日渐式微,面临失控。

三　《白鹿原》的神秘文化

　　神秘文化与民间风俗紧密联系，它们分属不同层面。风俗主要是在日常生活里，而神秘文化是在精神层面、心灵与情感层面。那是另一世界，是对未知世界的向往与敬畏，但它必然与世俗生活相连，与民间风俗互相渗透。

　　小说以白嘉轩的发家起笔。他的发家源自大雪天野外一株奇异的草的发现。这颗酷似白鹿的草把白鹿传说一下子给具象化了，这给小说披上了一件神秘的轻纱。

　　白鹿是笼罩《白鹿原》的精魂，不是任何一个什么人能够感知白鹿。只有朱先生、白灵让人联想到白鹿。

　　美可以在对象的形式中，它着眼于感性、经验和时间。崇高只能在主观的心灵中，着眼于超感性、绝对和永恒。《白鹿原》把朱先生、白灵推到了美与崇高。既是感性，又是超感性；既是经验，又是绝对；既是时间，又是永恒。

　　白鹿是朱先生、白灵走向崇高与美的"中介"，又是崇高与美的直接呈现。如艾略特所说，它们是人的情感的客观对应物。

　　还要谈到祈雨，这在各民族各地区都不乏先民巫术的传承。

　　白嘉轩在大旱之年，挺身而出，充当马角，这是《白鹿原》最悲壮惨烈的一页。白嘉轩的急公好义，在祈雨一幕里得到了突出表现。

　　小说严格遵循祈雨"仪式"的过程写祈雨，更写祈雨的人。

"仪式"在这里，既是内涵，也是形式，具有双重导引的力度，指向上苍，也指向百姓。它是差序格局、轻重等差的秩序认同，也是超出自身能力的愿望表达。

关帝庙大槐树下先后四人（包括鹿子霖）不能接过烧红的铁铧，纷纷倒下，关键时刻，白嘉轩毅然出场，这种欲扬先抑的笔法，一下子把主人公推向了非同寻常的特殊地位。

弗雷泽在《金枝》里就写过：当部落的福祉有赖于这些巫术仪式的履行时，巫师就上升到极具影响和威望的地位，且有可能取得首领和王者身份和权势。

民间祈雨，"马角"已不再具有这种特权，但他在"仪式"中扮演的角色显然会给他带来不同一般的事后效应。

烧红的钢钎自左腮而穿过右腮，再以吊带护住，白嘉轩被抬向秦岭黑龙潭。黑龙潭边小铁庙里，那细脖儿瓷缸，那"弟子黑乌梢拜见求水"的叩首，那黑龙潭边跪倒的一片，半夜的祈祷、细脖儿瓷缸的投入汲水再度提起……在作家笔下，写得惊心动魄而又神秘莫测。

白嘉轩直到第二天返回关帝庙，才完成了全部仪程。他随即就扑倒在地不省人事。在整整两天的祈雨过程中，马角已进入癫狂而迷失了自我，他已经转换为能主宰人间命运的神祇或龙王，或能与神祇、龙王交谈恳请神祇龙王赐人间以好运、好雨。整个仪式的自虐到了血腥地步，而不血腥怎能换得好运、好雨。

巫术不是宗教。它是强迫或压制神灵，对其施以慧法，使大自然符合人类愿望。

巫术曾长期被认为是迷信，这是误读了巫术。巫术和科学在认识世界的观念上是相通的，都认为事件的演替是有规律的，因而可以预见或推算出来。巫术和科学都强有力地刺激着人们对知识的追求。在我国古代，巫师把对世界的认知潜藏在操作的原理和规则中，形成了星占之术、历算之学以及它们所象征的灾祥、吉凶的知识与技术。

对于这种不可控力量的抵御，在田小娥死后化蛾引发白鹿原的一场瘟疫中，小说进行了神秘文化叙述。情急之中，大家都主张修庙塑像，而朱先生、白嘉轩则力主盖塔镇妖。这也是我国各地都有的一种传统。

田小娥死后，鹿三被小娥鬼魂附身，不只是鹿三，小娥先后附身在白赵氏、白吴氏等人身上，写出了小娥不屈的灵魂。

《西游记》中有幔亭过客袁于令的题词云："文不幻，不文；幻不极，不幻。是知天下极幻之事，乃极真之事；极幻之理，乃极真之理。"

拿这一说法，可以理解小娥极真之情、极真之理，只有托寄在极幻之文中，才能得到艺术的表现。

这种以"幻"而"文"在《白鹿原》里还表现为"梦"的叙述。关于梦，弗洛伊德的研究早就揭示，它并不神秘，只不过是人类潜意识的产物。但在前科学时代，在我国广大农村，对于梦，一直被视之为上苍力量即神秘的神鬼善意或恶意的表示。

小说开篇就写假借白秉德托梦给白嘉轩，诉说墓穴进水了。白嘉轩开始迁坟之举。阴阳先生被请来看风水，"坟墓的具体方位正好让他发现白鹿精灵的地点相吻合"。

小说写白嘉轩"刚睡着就看见咱原上飘过来一只白鹿……我看见白鹿的脸变成灵灵的脸,还委屈哭着叫一声'爸'……"与此同时,白赵氏也做了个与嘉轩同样的梦,朱白氏也做了个同样的梦。

小说告诉我们,在这个奇异的梦后十几年不到二十年的一个春天,有关部门正式通知了白嘉轩"白灵同志牺牲了"。"我灵儿死时给我们托梦哩……世上只有亲骨肉才是真的……啊嗨啊嗨",白嘉轩浑身猛烈颤抖着哭出声来……

小说还有一段叙述:

> 黑娃从腰里掏出那把梭镖钢刃,撕掉裹缠着的烂布,捉住酒瓶把烧酒倒洒到钢刃上,清亮的酒液漫过钢刃,变成了一股鲜红鲜红的血流滴落到地上;梭镖钢刃骤间变得血花闪耀。黑娃双手捧着梭镖钢刃扑通跪倒,扬起头吼叫着:"你给我明心哩……你受冤枉了……我的你呀!"

奇异的是:

> 黑娃紧紧盯着梭镖钢刃说:"我媳妇小娥给人害了!"话音刚落,梭镖钢刃上的血花顿时消失,锃光明亮的钢刃闪着寒光,原先淤滞的黑色血垢已不再见。

屈死的小娥附体于鹿三,已是奇事;而尤为奇的是竟然附体于钢刃,在诉明了真相后,"奇迹"自行消失。

所谓"幻不极,不幻",《白鹿原》把"奇幻"推往极致,就是对小娥的惨遭杀害,发出最强烈的抗争。

不难发现,《白鹿原》写鬼而不写神。朱先生说,他不是神,他根本不信神,祈雨当马角,是祈求龙王,"龙王爷,菩萨心,舍下水,救黎民……"

陈忠实之所以写神秘现象,不仅是因为神秘文化是一种乡村普遍存在的现象。它不是作为一种观念出现而是一种现实的存在、真实的存在。坚持现实主义创作的陈忠实以一种开放的态度将这种真实存在予以艺术的审视,就是一种必然。更为重要的原因在于,神秘文化,神秘现象是一个民族文化心理结构的重要组成,一个通往民族秘史的神秘通道。

四 《白鹿原》的性描写

《白鹿原》在探询民族秘史的弘大而又坚实的艺术构思里,"性"成为重要内涵。

因弗洛伊德的巨大影响,在"性"的理解上,存在着种种不同声音。尤其是在我们这追逐高度刺激的转型时期,我们很有必要区分爱欲与性欲,以避免陷入弗洛伊德将"力比多"与"爱欲"混而为一。

罗洛·梅的《爱与意志》认为:性行为是一种神经生理模式,而性问题是人如何运用性器官的问题。

爱的本质是从前面导引我们,而性的本质是从后面推动我们。

爱欲是一种存在状态,是对个人意向和行为意蕴的体验。就两个人在"性"的结合而言,"这两个人由于渴望战胜个体生而固有的分离性和孤独感,而在那一瞬间,参与到一种由真正的结合而不是孤立的个体体验所构成的关系中。由此产生的共享状态乃是一种新的经验统一体,一种新的存在状态,一种新的引力场。"

性欲是刺激与反应的韵律,肉体紧张状态的积累与解除。性行为在动物学和生理学意义上,其目的是在达到性高潮。

20世纪90年代初《白鹿原》因"性"的"撕开来写",一时引起种种议论。二十年过去,这些早已不再成为"焦点",而已被世人普遍认同。人们在欣赏《白鹿原》"性叙述"的前瞻性的同时不免会问,《白鹿原》"性叙述"的创造性贡献究竟在哪里?我们将从罗洛·梅的理论出发,尝试走进这"性叙述"的秘密园地。

不是为了写性而写性,而是因了人物塑造的需要而涉及性,这是一个重要的标志性区分。

与那些猎奇或兜售"性"以赚取商业盈利的非文学目的不同,陈忠实是在文学的审美创造这个崇高的目的下写性的。这样《白鹿原》关于性的叙述就与暴露、窥探隐私之类,与挑逗、刺激、把玩之类拉开了距离。

陈忠实说,在写作过程中,"随着一个个人物的出现,关于性的命题突显出来了。"[①] 在当时,无论是就整个文坛,还是就陈忠实个人的创作论,这个性描写的命题,有着特殊的"严峻性"。

陈忠实素以善写乡村老汉形象而备受文坛称颂。1982年《康家

---

① 陈忠实. 寻找属于自己的句子——《白鹿原》创作手记. 上海:上海文艺出版社,2009.74

小院》即涉笔青年男女爱情与婚姻，但，关于"性"也只是"点到为止"。这种"点到为止"一直延续到陈忠实20世纪80年中后期的创作中。

《白鹿原》的构思与创作对于陈忠实来说，不能不说是一次空前的自我"挑战"，这个"挑战"当然是多方面的。而关于"性描写"不仅是对长期以来"性"描写禁区的突破，更是对陈忠实自己写作心理的突围。一个严肃的作家，能不能写"性"，居然成了一个问题。这在今天，也许不可思议，可80年代末，这确确实实是个问题。

强烈的创作欲望，尤其是勘探我们民族秘史即心灵史的弘大抱负与艺术雄心，促成了陈忠实决心涉"性"。他意识到"性"之于人、人性，是不可回避的，要真正写好一个"人"，写好人的"人性"，不能不涉笔于"性"。

作为小说意象的和作为地理存在的白鹿原，陈忠实清醒意识到："封建文化封建道德严密缠裹了不知多少层的爱和性，同样是支撑这道原的最重要的柱或梁式的构件。"① 从白鹿原的精神世界的复杂构成元素——爱和性着笔，无疑是揭秘民族秘史的内在要求。有了这样的体认，陈忠实决心闯"关"。"严肃性"已被"庄严感"所替代，这种庄严感对于《白鹿原》来说意义十分重大。是严肃地，还是轻浮地、轻佻地、轻率地看待"爱和性"，这是很不一样的。即使在后现代的西方，"爱和性"也不是仅仅在性爱层面，总是与人的存

---

① 陈忠实. 寻找属于自己的句子——《白鹿原》创作手记. 上海：上海文艺出版社，2009. 78

在的思考联系在一起。

《白鹿原》的"爱和性"叙述的庄严感或曰严肃性已得到公认，这也是《白鹿原》深受读者喜爱的原由之一。

这种庄严感或者说严肃性在创作过程中，在技术操作层面，就体现为如何拿捏分寸。如何写、写到什么程度，这种分寸感的把握与拿捏，不同的作家自会有不同的控制。从《白鹿原》看，始终围绕人物的文化心理结构来剖析人物的性心理、性行为是陈忠实掌握分寸的一个内在标准。

"不回避、撕开写、不做诱饵"因此成为陈忠实创作《白鹿原》涉性叙述的原则。直面"爱与性"，突破极"左"禁区，撕开蒙在"性"领域的种种迷雾和"遮羞布"，勇敢而严肃地展开叙述。但这种"叙述"是有分寸的，它绝不是商业性的炫耀与挑逗，不是"无底线"的暴露与泄欲。

人类文明在漫长的发展过程中逐渐认识"食色性也"（告子语），与此同时，也有了种种"性禁忌"。不允许同氏族通婚即为人类经验的长期总结。

"性禁忌"与古老中国皇权专制主义的道德传统、伦理传统中的关于"性"的"禁锢"是两个不同层面的问题。

一方面"食色性也"得到承认，这只是在"不孝有三，无后为大"的前提下受到肯定，而且孔子也清醒的看到"人能弘道，非道弘人"，"吾未见好德如好色者也"。

另一方面，《论语》说："非礼勿视，非礼勿听，非礼勿言，非礼勿动。"将"人"放置在"礼"的规范里，一直发展到宋明理学的所谓"存天理、天人欲"。

相比较而言《吕氏乡约》（宋代熙宁所定）倒显得平实而可行。

《白鹿原》的"爱与性"的叙述基本上在"爱情与婚姻"的框架内展开。这应该是"不做诱饵"的一个方面。

白嘉轩16岁初入婚姻。"他在完全无知完全慌乱中度过了新婚之夜，留下了永远羞于向人道及的可笑的傻样，而自己却永生难以忘记。"

这种男子在新婚之夜的无知，小说不止一次写过。

新婚之夜，"孝文在盲目的慌乱和撕扯不完的羞怯中初尝了那种神奇的滋味，大为震惊……"

白孝义也是如此。吃罢合欢馄饨钻进了被窝，他对男女之间的事几乎一无所知。然而，他终于开了迷津……次日兔娃大惑不解："你跟女子娃钻一个被窝害羞不害羞？"孝义却俨然地训斥起了兔娃。在他看来，"他们幼年的友谊无可挽回地终结了"。

在这种场合，几乎总是女性充当了引导。性启蒙来自女性，世界各民族皆然，这也许与女性的母性角色有关。

在"爱情"的名义下展开性爱叙述与婚姻名分里的性爱叙述似乎更多了一些情感色彩。这突出表现在鹿兆鹏与白灵肉身结合的叙述里。

两个革命者，志同道合，以"名义"夫妻同居一室，本就相互尊重，惩除叛徒，喝了庆功酒后，终于"结合"。小说关于他们的性爱，完全是知识分子色彩的，柔情蜜意。情感在这里显然较肉欲更占主导地位。而且，性爱叙述，也层次分明。

"这是一种无法遏止的回味",白灵事后这么想。

这还表现在田小娥与黑娃"偷情"叙述里。

"欲"较之于"情",占了更大比重。这是黑娃与田小娥初次交欢的显著特点。全然不谙性事的黑娃如何被田小娥牵引,步入性事,获得性的快感,被作家写得充满激情。这种激情更多来自欲的宣泄与满足。无论是小娥还是黑娃,他们的感受的是生理性的本能焦渴的解除。与白灵的诗性感受相比,小娥更多的是一种对武举人的性占有性剥夺的潜意识报复与抗争。

偷情与乱伦是有区别的。

小说写了鹿子霖对田小娥的性侵犯、性占有、性乱伦。鹿子霖心怀鬼胎、觊觎小娥已久,以救黑娃为名,占有了小娥。小娥的羞涩表明,她对"乱伦"是顾忌的、恐惧的。小娥终于惩治了鹿子霖,泼辣而犀利,痛快中满含辛酸与惨烈。

白孝文是田小娥勾引的。白孝文因了羞耻,因了"要脸"而不能,又因了"不要脸"而能。这个性爱过程,揭示了"性禁忌"在潜意识里是如何控制制约着性意识性功能。

田小娥与白孝文的"偷情"历经了曲折。小娥由玩弄而同情而真心相悦,被作家完整而细腻地予以了艺术地叙述。而白孝文也由纯粹的偷情而彻底堕落到不顾廉耻地寻欢作乐又演变为割舍不了的"情与爱"的双重需要。然而,无论是黑娃,还是白孝文,在他们眼里,在他们的感情深处,从来不曾把小娥视之为真正的人生伴侣,真正的心灵与肉身的另一半"自我"。白孝文放走了被捕的黑娃,两个人都明确表示,他们两人的账"算清了"。小娥在黑娃、白孝文的

259

人生博弈中，充当的不过是一个"筹码"。这无情到冷酷的真相，写尽了男权社会女性地位的真实处境：低下而又卑贱。

作为家族正常生育的补充，小说中出现了棒槌山。这风俗出现在乡土中国，自有其合法性。小说写到，孝义不能生育，白嘉轩又不愿让孝文媳妇去棒槌山，这就有了借兔娃让孝文媳妇怀胎的性事叙述。与新婚中的男子初夜不谙性事一样，兔娃当然朦朦胧胧。但因这是一桩需遮人眼目的事，小说的叙述有了变化，借鹿赵氏的"耳朵"写，而不是正面落笔。这表明了作家的智慧与伦理观念。

需要强调的是，白嘉轩允许让兔娃给孝义媳妇怀胎，却绝对不能容忍黑娃把田小娥带回家，绝对不能容忍他们进入祠堂。这种双重标准，不正暴露了儒家伦理，儒家性观念、性道德的自相矛盾吗？

鹿兆鹏曾在动员黑娃火烧镇嵩军白鹿粮仓时，说："你——黑娃，是白鹿村头一个冲破封建枷锁实行婚姻自主的人。你不管封建礼教那一套，顶住了宗族宗法的压迫，实现了婚姻自由，太了不起太伟大了！"这绝非过誉，这是由衷的赞叹，甚至是一种艳羡。

鹿兆鹏说得很清楚，这叫"恋爱自由"。小说告诉我们，黑娃与田小娥的人生悲剧正是从这里开始的。厄运不断降临到黑娃与田小娥，正是因为这个"恋爱自由"，何止"恋爱自由"不为白鹿村所容，举凡一切新事物、新思想、新文化，白嘉轩、朱先生全都持怀疑与排斥态度。

《白鹿原》的"爱与性"的叙述因此被赋予了对民族历史文化与民族文化心理结构的反思这样一个深刻内涵。

还要提到，在《白鹿原》恋爱自由得不到承认却必须承受严峻惩罚只是一个方面；另一方面，纵欲在白鹿村也是一个受到严格控制的问题。

白孝文初尝禁果，喜难自禁，夜夜贪欲，立即引来了白赵氏、白吴氏的惊慌，于是就有了两位老人对媳妇白冷氏的责难与围攻。鞭子不是打在孝文身上，而是唯白冷氏是问，这突出地表明妇女在家庭的地位。"三从四德"历来是对女性的规范性要求。除了白灵，也除了田小娥，我们看不到白鹿原妇女对"三从四德"的违抗。鹿冷氏的出格言行另当别论，她的合理要求的丧失，是冷先生、鹿子霖与兆鹏共同造成的。她不可能也无力从这重重包围突围。她的"性缺失"恰与孝文的"性放纵"构成对照。

白孝文的"一度"性泛滥与鹿子霖的性无耻、性泛滥同是男权社会性权力操控在男性手中的反映。

鹿冷氏试图把失去的性权力收回却根本无望，兆鹏不愿也不可能满足鹿冷氏的最低要求。

这就表明，在"爱与性"的艺术叙述里，批判的"矛"不只是指向了传统的文化、伦理、道德和性观念，同时，也指向了男权社会、男子中心主义。

《白鹿原》关于田小娥、白灵的性爱叙述的意义在于，性爱的羞耻感、罪恶感已与她们无缘，她们正从男子中心主义突围。这与鹿冷氏的压抑中寻求解脱处在了妇女解放的不同阶段。无论如何，鹿冷氏值得同情，她如果不是指向鹿子霖而是谋求另一种途径，将会面临怎样"结局"？然而，这是一种苛求，她是冷先生的女儿，她只能如小说所叙述的，在"规定情境"里因疯而死亡。

如果《白鹿原》"爱与性"的叙述仅止于此，《白鹿原》也就成为"五四叙述"的历史延续而缺乏了时代新意。

当年郁达夫的不少作品都曾在反封建束缚求个性解放的思想旗帜下书写过"性的解放"，如《沉沦》等。丁玲的《莎菲女士日记》更以女性自觉，高唱"爱与性"的自由选择和选择中的困惑。

沈从文在他的湘西叙述里，以纯肉身的快乐歌唱过大自然赋予人的生命和生命力的张扬，生命美的静好，如《萧萧》《月下小景》等篇章。

《查太莱夫人的情人》是陈忠实创作《白鹿原》准备阶段阅读过的。小说关于性爱的描写大胆而裸露，但作家戴维·劳伦斯的写作是严肃的。作家对英国贵族阶级的守旧、空虚和极端自私，对英国工业摧残人的肉体与灵魂都予以了深刻揭露。小说对于性爱与性事的描述，充满了一种精神的解放感，审美的诗性与肉欲的快感有了完美的结合。

而米兰·昆德拉与劳伦斯又不同，他是在性的肉身快感里去写性。也许，把性爱与情爱分离，把爱欲与性欲分离是一种现代意识。长期以来，性爱与情爱、爱欲与性欲是交融为一体的，这也是中外作家的共同讴歌对象。然而，《生命不能承受之轻》这样一些作品，却甩开了情而直接写性，但又不是为性而写性。性爱在昆德拉的作品里是一个"隐喻"，是人的独立生存的生命呈现，而不只是刺激。

从这个角度看，《白鹿原》关于性爱的叙述也就有了它独立的价值即性爱本身的美好与快感，被陈忠实第一次艺术地呈现给了读者。

第十三章 《白鹿原》人物论

一 "革命"符号里的白灵和黑娃

20世纪上半叶的中国,"革命"是这个时期的关键词。革命与反革命的殊死搏斗构成了上半叶中国的二重奏:1911年的辛亥革命,1926年至1927年的北伐战争以及此后的第一次国内战争和1937年至1945年的抗日战争,1946年至1949年的解放战争即第二次国内战争。

在小说创作上我们有了《死水微澜》,有了《科尔沁旗草原》,有了《呼兰河传》《财主的儿女们》,有了《红旗谱》《三家巷》和《青春之歌》等长篇小说。

"革命叙事"是分别由"左翼"传统和"延安"传统实现的。它当然还在延续中发展。

《白鹿原》的"革命叙事"与上述两类相比较,显然采取了一种有别于它们的"另类叙事"。

在"左翼"传统中,小说叙事的合法性站在一个广泛的对于老中国旧传统的全面而彻底的否定中，一种对自由公正的未来世界的向往使叙述被激情和乐观催动着，年轻和年轻人的苦恼与彷徨给这种叙述带来了另外的一种辅色调，让叙述有了丰富的和声。在柔石的《二月》、胡也频的《光明在我们前面》、叶圣陶的《倪焕之》、茅盾的《虹》等作品中，我们都能看到。

而"延安"叙述，知识分子的主角地位开始让位于工农，大众的斗争走向了前台。随着作家身份的转换，作品叙述追求一种工农所喜闻乐见的民族形式和大众趣味。这使赵树理的《李有才板话》等作品成了成功的样本。丁玲的转变充分说明这种叙述的过渡与更换。

《白鹿原》的"革命"叙述，不同于"左翼"叙述，也不同于"延安"叙述。这是拉开了时间距离，经过了现代理性反思后的对"革命"的清醒叙述。这种清醒和建国后诸如《青春之歌》《三家巷》《红旗谱》的单色调不再一样，而是呈现为复色。一种力求全面的眼光下的审视，使革命既有它的英雄气、正义性，也有它的难以避免的局限性。这种对革命的歌颂以及从汲取历史教训出发的反思，让"革命"愈来愈接近它的真实历史面貌，愈来愈启示我们从历史的双重性里体验历史、体验革命。

小说里的鹿兆鹏是白鹿原"革命"的发动者和领导人。小说相当完整地叙述了这位青年知识分子成长为革命者的艰难历程。

鹿兆鹏长期潜伏于白鹿原，出入于革命军队、革命根据地和土匪队伍，他舍身忘家，几度从死亡线上脱身，后来又远走新疆，为革命事业而奔赴茫茫边陲。他是陈忠实笔下一位让人崇敬的革命者。

鹿兆鹏是白鹿原撒下革命火种的播火人,他深刻地影响了白鹿原乡亲,尤其是黑娃和白灵。

白灵和黑娃,有太多的命运相似性。当然,他们之间又有着各自的特异性,相互的差异性。正是这种"同中之异"或者说"异中之同",把他们连接在了一起。

黑娃,长工鹿三的儿子,白鹿原上"白狼"意象的现实版,"白狼"的化身。这个关中"冷娃",率直而硬气,敢作敢当,冷倔而仗义。白灵,白嘉轩的爱女,"白鹿精魂"的象征性人物和人间体现者。

"白狼"出没于尘世,给白鹿原带来了惊恐和骚乱。它是旧秩序的破坏者,在这个意义上,它为人们向往和欢迎,但它并没有建立新的合理秩序,因此只能造成动荡和不安。"白狼"作为一个符号,意义丰富而具有两重性。

在何县长眼里"白狼是个人,是一帮子匪盗的头领……这个白狼比嘈传的白狼恶过了百倍!那个白狼不过吮咂猪血,这个白狼却烧杀奸淫无恶不作,有上万号人马,全是白狼"。这是从统治者眼里看到的"白狼"。

何县长不可能认识"白狼"出现的必然性、合理性以及它的巨大破坏性后面的原始复仇。他把"白狼"的非人性、非理性作了歪曲和夸大。

白鹿,高悬于、飘逸于天宇。

在久远的亘古的传说里:"原上出现过一只白色的鹿,白毛白腿白蹄,那鹿角更是莹亮剔透的白。白鹿跳跳蹦蹦,像跑着又像飘着从东原跑向西原，倏忽之间就消失了"，"一只雪白的神鹿，柔弱无骨，欢欢蹦蹦，舞之蹈之，从南山飘逸而出，在开阔的原野上恣心嬉戏。所过之处，万木繁荣，禾苗茁壮，五谷丰登，人畜兴旺，疫疠廓清，毒虫灭绝，万象乐康，那是怎样美妙的太平盛世"。

小说关于"白鹿"的诗一般描绘，不止一两处，可以说"白鹿精魂"笼罩全书，"白鹿理想"统领全书。这是白鹿原人的集体无意识，是白鹿原的乌托邦！

一个没有乌托邦的民族是可悲的，一个沉溺于乌托邦的民族也是可悲的。拥有乌托邦而走出乌托邦，那是一个民族走向成熟的标志。《白鹿原》写了白鹿原人的乌托邦，也写了这种乌托邦的不可实现性，这是《白鹿原》的深刻。

白灵和黑娃，不论是天宇的精魂，还是尘世的白狼，他们在对革命神圣性的向往里，走向了革命。这种"神圣性"从他们自发反抗的合理性里一步步发展、提升、演绎而成。然而，他们又都在传奇性的"革命之旅"中死在了"自己人"之手，死在了"革命"的光环所不能照耀的"死角"或曰"死结"。

这几乎是中外文学叙述中一个永恒的母题：正义者死于借"正义"之手的邪恶中。

《白鹿原》的创造性在于，这种历史悲剧、人生悲剧的发生，放在中国文化、中国历史的特定时空的大背景下，有它的必然性，也有它的人性的复杂性和革命本身的复杂性。这不能不是双重悲剧。它体现了一种严峻而沉重的历史反思和人性反思。对于我们这个民族，这种反思太重要了。

黑娃和他的父亲鹿三处于极端对立之中，鹿三越是安于现状，安于"奴隶"的地位，黑娃越是要反抗，要越轨。

鹿三严格遵循世代相传的儒家伦理。儒家的做人"准则"渗入骨髓，他是一个彻底为"伦理传统"浸泡的人。假如他不是一个"长工"，而是步入官场，他就会是包拯式的人。

鹿三也曾义无反顾地顶替白嘉轩，做了"交农事件"三个领头人之一。在回顾自己一生时，他曾不无自豪的认为：他这一辈子，做了两件大事，一是领头交农，一是杀了田小娥。

前者，不无正义性，来自儒家的"仁政"思想和"为民请命"的合法性。正如孟子所说："君子之事君也，务引其君而当道，去于仁而已。"一个有道德的人为君王服务，就要引领君王走上仁义之道，如此而已。"君不向道，不志于仁，而求富之，是辅桀也。"君王不向着仁，为仁而执政，你却帮君王聚敛财富，这不是辅助君王，是帮着桀这样的恶人为虎作伥。鹿三不过是以朴素的为民请命的思想去反对民贼之类的恶人。后者充满了血腥与强暴，不诉诸法律，以所谓道德审判代替法律审判，这在中世纪的黑暗欧洲，所谓"宗教裁判所"曾不止一次上演过。时至20世纪，一个公公居然以梭镖将儿媳妇活活刺杀，而沾沾自诩，认为是杀得好，杀得光彩！这种为道德和理念而杀人的悲剧，其惨烈，其震撼，显示了作家陈忠实思考的尖锐而深刻。对于弥漫于古老乡村的道德传统的残暴与持久，作家有着从当代理性出发的洞察和批判。

白灵面对的是白嘉轩。白灵走向革命是从反抗包办婚姻起步的。这正是从"礼教"中觉醒的一代又一代中国女性争取人格独立的必由之路，也是贯穿于"五四"叙事、"延安"叙事的共同主题，只是各个女性自我解放的形式不同而已。

如同黑娃面对鹿三，白灵面对的是白嘉轩。白嘉轩和鹿三，可以说是白鹿村最顽固的"礼教"堡垒。恰恰是白嘉轩和鹿三，培育了白鹿村最具反抗活力的白灵和黑娃，堡垒从来都是从内部攻破的。

小说有一段黑娃吃冰糖的生动叙述。

鹿兆鹏有如其父，自小喜欢关心别人的事，这是一种情感倾向。这与白嘉轩爱管祠堂的事全然不同，白嘉轩是出于维护和推行《乡约》的神圣性，一种理性支配下的坚定不移。

黑娃从屈辱中猝然与"甜蜜"相遇，"呆呆地站住连动也不动了"。太美妙，也太意外！黑娃幼小的心承受不了这突然降临的幸福！"无可比拟的甜滋滋的味道使他浑身颤抖起来，突然，哇的一声哭了！"

无论是对痛苦，还是对幸福，黑娃都有一根过于敏感的神经。这与白灵一样，正是这种对痛苦的敏感，促成了他们对幸福追求的无比执着。

作家陈忠实在这一细节的准确而鲜活的叙述里，寄寓了极为丰富的内涵。

一块冰糖能引爆如此强烈的反应，当时白鹿原人的贫困可想而知，这是一。第二，鹿兆鹏对贫困孩子的关心与他以后走上革命为广大群众谋求幸福，有一种心理上、精神上的必然联系。第三，小说并不就此止步，小说的深刻在于继续向着人性的纵深掘进。

"黑娃悲哀的扭开脸，忽蹦起来说：'我将来挣了钱，先买狗日的一袋冰糖。'"

如果只写前述一段，而没有后面这一跳一说，黑娃也就只是一个一般的小男孩，可有了这一跳一说，黑娃较之一般孩子，就突显了他的自尊和自信的特点。不是再要一口冰糖，而是自己去买，不是一块、两块，而是整整一口袋！作家在这里把这个天不怕地不怕的农村男孩的个性挖掘到了灵魂的深处。

不止于此，作品还写黑娃把鹿兆鹏给他的水晶饼咬了一口，咬一咬牙，把那水晶饼扔到路边草丛里去了。

他竟然对兆鹏说："财东娃，你要是每天都能够拿一块水晶饼一块冰糖孝敬我，我就给你捡起来吃了。"他强烈地意识到主奴的不平等、贫富的悬殊以及由此而产生的人格自尊。

他毕竟还是小孩，他突然回心转意，他气馁了，自我瓦解了："我再也不吃你的什么饼儿什么糖儿了，免得我做梦都在吃，醒来流一滩涎水……"

不要怜悯，不要赐予，一切都可以在自尊自强里去夺取，去获得，这是在黑娃性格中占主导的一面。如果明白了只是一场梦，那就干脆丢开，另走一条不同的路。这是黑娃性格发展中的又一种可能性，这种可能性在黑娃童年时代已埋下了种子。

作家仍不止笔，围绕这一细节，作家写了成年后当了土匪"二拇指"的黑娃与冰糖再次"遭遇"。

你绝对想不到，当黑娃实现了童年的梦，看到手下抱起来的一桶冰糖，他，竟然当众尿了一泡尿！

是童年遭遇的不堪回首,还是破坏比占有更能发泄人世郁积的愤怒?应该是后者。

当年攻打冬宫,那些来自农村的红军,看到沙皇收藏的那些精美艺术品、工艺品,来不及掠走,一律踩在了脚下,毁掉。

美好,如果不能独自占有,不如统统毁掉。我吃不到,你也别想吃!我吃到了,你更别想吃!

这是人性中的卑劣,还是阴暗?

人物心理情感很少是线性的、平面的。率真耿直如黑娃,对一块冰糖经历了如此曲折的多层面的反应。在这些情感波动的后面牵连到了黑娃变化了的生存境况和心绪心情的复杂性。

《白鹿原》细节描写的深刻性当然不仅这一例。仅这一例,也足以让我们看到,作家对生活的发现与稔熟,对生活的提炼与升华。

黑娃的匪气、霸气,走向了极致,走向了极端,他如果不就此毁灭,他必然要改弦更张另辟一条人生之路。

黑娃结识了田小娥。

这个原始生命力极其旺盛的小伙邂逅了同样具有旺盛生命力的小娥,他们碰撞出了爱的蓬蓬烈火。黑娃的人生之路,发生了根本转折。他们双双陷入因"大逆不道"被拒之于祠堂之外的困境,有如祥林嫂之不得参与祭祀而迷狂,而疯癫,而死亡。

黑娃不是祥林嫂。

黑娃有幸与鹿兆鹏同学,更有幸一直被鹿兆鹏关注。这个不是平地卧虎的黑娃在兆鹏的点拨下、启蒙下站了起来,他要啸傲山林,闯荡江湖了!

这是黑娃人生的又一转折，与婚恋相比，这是黑娃命运的真正拐点。他卷入到了政治斗争。

在传统的"延安"叙事里，"哪里有压迫，哪里就有反抗"是普遍法则。而在《白鹿原》里，黑娃早已平静，他已经准备好"就这么没脸没皮活着算毬了"。

鹿兆鹏的引导和激发，让黑娃点起了焚烧粮仓的第一把火！黑娃从个人反抗走向了社会反抗，从自发反抗走向了自觉，从情感、婚姻反抗走向了暴力！

"白狼"如影随形，把黑娃引向了神秘和恐怖。民间起事，往往以此为符号。符号自有它神秘的魅力。革命者往往以此为最初的助燃剂。

黑娃参加了为期三个月的培训，成为"风搅雪"农会十六兄弟的老大。

黑娃际会风云，领着大伙批斗游街，铡刀起落，碗碗客、大和尚人头落地，民愤大的总是被首先开刀。白鹿原卷进了从未有过的社会动乱，与当年鸡毛传帖、交农事件相比，农运有了广泛的社会宣传、社会动员、社会组织、社会权威，这就使其与国民党的分手具有了必然性。国民党、共产党在建立怎样一个国家形态上的对立，是这种必然性的根基所在。

小说对于"风搅雪"批斗会的描述有两点需要关注：一是背景、气氛的渲染；第二点是大场景里的小细节的捕捉与色差对比。

鹿兆鹏的冷静，黑娃的冲动，贺耀祖的丑态，老和尚的瘫软，碗碗客的死硬，田福贤的冷眼，鹿子霖的恐惧，金书手的当众揭发，岳维山的不以为然，共产党儿子斗老子的群众议论，特别是白嘉轩的置身事外……复杂的阶级、阶层、政党对立和不同人物的心理情感态度在聚焦镜前一一显形、现身、亮底。

大革命失败，贺老大被活活墩死，白色恐怖把白鹿原淹没在血泊里。黑娃的命运随之发生变化。

有论者以为黑娃是撬动《白鹿原》情节发展或者说叙事结构的支点。此论忘了支点离了推动力将失去意义。推动力何在？是鹿兆鹏、是岳维山、是国共两党的持久争斗；是白嘉轩、是鹿子霖、是白鹿两家延绵的家族冲突；是传统社会的伦理道德和现代文明的伦理道德的精神交锋与道德交锋。发生在白鹿原的复杂矛盾交织了百年来中国社会由传统向现代转型的焦虑与深层困惑。

这还只是一个层面，更深的层面，还在于人，作为个体生命，他的复杂的生理的、心理的欲望，以欲望为核心的无意识是像语言那样建构起来的。无意识也由能指（欲望）和所指（欲望的客体）之间的关系而组合。我们总是从一个能指滑向另一个能指。欲望的满足总是想象性的，它并不排斥对能指的专一。

欲望不是需求，也不是要求，是要求与需求之差。是需求的盈余价值，快感由盈余而产生，人的一生耗尽于这种盈余的快感。

某种意义上，《白鹿原》是各种欲望的追逐和因这种追逐而激发的角力和竞技。

与这种无意识、这种欲望不同，意识形态的功能在于结构"社会"，以现实其自身。这是齐泽克对拉康的诠释。

以此来解读《白鹿原》，将帮助我们更深刻地看到，利益需求驱动的欲望支配了白鹿原人各自的人生目标，并为这一目标而彼此争斗或彼此携手。

诉诸感觉、感情、知觉和想象的审美创造，《白鹿原》给我们的启示的丰富性、深刻性于此可见。

鹿兆鹏再次为黑娃指路。黑娃参加了渭华暴动，当了习旅长的贴身警卫。暴动失败，黑娃身负重伤，被大拇指救起、收留，不久成了二拇指。

黑娃从农民而革命战士而土匪头目的传奇经历，是那个动荡时代给一个血气方刚的男子提供的一种可能。黑娃抓住了这种机遇。他不是成熟的革命者，他是凭着经验的感知和鹿兆鹏的导引走上革命的。成为土匪，虽非所愿，却是当时唯一所能走的路。旧中国的兵匪一家，在黑娃这里有了真实体现。

如朱先生所说，国民党、共产党，加上土匪，三方争斗把白鹿原变成了"鏊子"。国民党和共产党两党相争呈现的二元对峙，由于土匪的介入成了三方博弈。

临近政权易手，黑娃选择了保安大队。这一选择，出乎鹿兆鹏所料。长久的打家劫舍，黑娃早就厌倦而谋求安静与平稳，游击队的飘忽不定，已不再让黑娃动心，而是让他厌烦。

黑娃的选择与《静静的顿河》主人公葛利高里有太多的命运相似性和人生悲剧的必然性。哥萨克英雄葛利高里由骑兵而红军师长而投向佛明匪帮而又回归故乡，这只俄罗斯革命风暴里的雄鹰，终于折翅。他与阿克西尼娅的恋情和情欲也将他俩共同焚毁。急风暴雨的殊死搏斗，忽红忽白的风云变幻，一个缺乏思考力和判断力的豪雄男子，怎甘在平庸与屈辱里沉没？性与暴力便成为黑娃与葛利高里雄性激素旺盛的宣泄和狂欢。他们无可遁逃地出入于兵与匪，革命与非革命、反革命，最后又走向了厌倦与死亡。

黑娃成为首先起义的功臣，这对于黑娃不过是革命的回归。在黑娃心底，他难道不是从来就是"革命"的吗？

黑娃当然不曾料到，他会死在白孝文的枪下。

黑娃在成了保安大队炮营之长后，开始了人生的大逆转。黑娃洗心革面，脱胎换骨，决定要"学为好人"。

曾国藩认为"凡功名富贵，皆有命定，半由人力，半由天命。唯学作圣贤，全由自己做主，不与天命相干涉"。学为圣贤，全由自己，此话对了一半。社会能否为"学为好人"提供环境，也是关键。

有论者认为黑娃回归传统儒家伦理有悖他的性格发展逻辑，此论显然忽视了人物心理结构嬗变的复杂性和逆转的内在心理诉求。

黑娃从小就"忠诚"，就讲"义气"。无论对鹿兆鹏，对习旅长，对大拇指，对张团长，他都忠心耿耿，坦诚相见说一不二。

黑娃重"孝"。小时，他自愿出去打长工，一是避开白嘉轩的硬挺的腰杆，二是给父亲减轻负担。

这种潜意识里的忠与孝，使他骨子里与传统儒家伦理是相通的。他出生在白鹿原村浓重儒家传统的氛围里。

正如有人指出的那样，中国革命，仍然是以儒家的思维、儒家的方式反传统，追求的是"天下为共"，这与儒家的"大同理想"几无区别。而且，对于绝对公平、绝对公正、绝对正义的追求，常常导致将敌对方置于绝对邪恶、绝对不正义、绝对不正确的地位，这种二元对立的绝对性、决断性，从来不中庸，也不现实。

反思"文化大革命"，就不难明白，"三忠于"、"四无限"的造神运动和"领袖崇拜"，正是以传统的思维方式去反传统，不过是一套文字游戏，话语霸权。

黑娃从小就是一竿子插到底，讲彻底的人，一个"从不负人"的人。

与田小娥的性爱和婚姻，"风搅雪"结拜十六兄弟，为习旅长出生入死，对土匪头子"大拇指"忠贞不二，对张团长推心置腹，凡事黑娃都是光明磊落，彻彻底底。他训练手下那帮土匪的认真，足以说明他对秩序、对文明的向往和尊重。

长年的军旅和土匪生涯，早让黑娃盼望着安定和平静，步入中年的黑娃开始厌倦青少年代的荒唐、鲁莽、打打杀杀。

黑娃的内心呼唤，要求他"学为好人"，"需得寻个知书达理的人来管管我"。他选择了玉凤做自己的妻子。

新婚之夜，"他想不起任何一件壮举能使自己的心头树起自信与骄傲，而潮水般的一波又一波漫过的尽是污血与浊水……他陷入自责懊悔的境地"，包括"与小娥的见不得人的偷情"。黑娃要念书，"闯荡半生，混账半生，糊涂半生，现在想念书求知活得明白，做个好人"。他真诚地虔诚地拜朱先生为师，成为朱先生最后一个弟子。

心理的长期分裂要求自我修复，理性开始对感性、对欲望、对本能形成了压倒性优势。黑娃说："我老早闹农协跟人家作对，搞暴动跟人家作对，后来当土匪还是跟人家作对，而今跟人家顺溜了不作对了，心里没劲儿咧，提不起精神咧……所以说想当个私塾先生。"如同鹿三，没了"对立面"的黑娃，"乏了，也烦了"。

黑娃的回乡祭祖，宣告了一个新的叫鹿兆谦的人登场，那个叫黑娃的人淡出了白鹿原的人生舞台。

黑娃的回归，证明了传统的强大，这是黑娃人生之路的倒退？

黑娃的这一艺术形象在"延安"叙事里不曾有过。"延安"叙事有接受工农教育和工农结合的知识分子。舍此之途，知识分子便是没有出路，没有前途的。革命的工农与传统是决裂的。《白鹿原》与"五四"叙述倒是有着某种呼应。路翎在《财主的女儿们》里塑造了蒋家二少爷少祖这一形象。这个知识分子，在五四精神熏陶下，也曾呼风唤雨，为抗日救亡奔走来到重庆。后来蒋少祖开始了颓唐，潜心书斋，走向了复古主义，宣扬孔孟。这个当年的文化激进主义者在现实冲击下败下阵来，成为文化保守主义的代表人物。区别在，路翎对蒋少祖持一种否定的批判态度，而作家陈忠实是以肯定的叙述书写了黑娃向伦理传统的皈依。

黑娃在人格修养和家庭伦理中的严于律己、"学为好人"，说明了文化传统具有强大的生命活力，说明了它的历史合理性。

文化传统与传统文化是两个不同的概念。后者是与东方专制主义完全同构的，而前者包涵了相当优秀的内涵。

黑娃回归文化传统并不妨碍他的政治选择，反倒促成了他毫不犹豫、绝不动摇的对共产党的信赖。他率部起义，投向了新政权的怀抱。他从来认为他是"革命"的自己人。

问题在于一辈子倡导并践行着圣人之道、"学为好人"的朱先生尚且难容于现世，又何况鹿兆谦？

鹿兆谦的新的文化生命尚未展开，他就死在了白孝文的阴谋中，并且是以"革命"的名义。

白孝文是浪子回头的"成功"范例。在所谓的"回归"中，他得到了白嘉轩、朱先生的肯定和赞扬，他们都不能也不曾发现白孝文"回归"的表象后面包藏了一颗多么阴险的野心。陈舍娃的被杀无疑是对白孝文的一个警告，他因此而怀疑鹿兆谦了解到了他的两面派真面目。正是出于这种怀疑，白孝文才一枪毙了张团长。

在人民政权的门槛，黑娃的死亡给《白鹿原》画上了沉重一笔，这是历史性的拷问，是"革命"叙事清醒而深刻的发展。

暴力和爱情谱写了黑娃传奇的一生。

黑娃与田小娥的恋情在陈忠实笔下写得惊心动魄又光彩照人。性爱在这里交织了他们生命的光彩和反抗的呼喊。为了田小娥，黑娃曾洗劫鹿子霖、白嘉轩，错杀了鹿泰恒，打折了白嘉轩的腰。因了田小娥的惨死，黑娃声称不再认鹿三为父亲。

然而，爱情悲剧仍不能幸免。鹿兆谦"学为好人"之日，是黑娃与田小娥"爱情"死亡之时。"学为好人"的鹿兆谦投入高玉凤的怀抱之时，是田小娥被抛入邪恶与罪恶之日。鹿兆谦回到了白鹿原，进到了祠堂。对于埋葬着田小娥的那个塔，连关注的一瞥，鹿兆谦也不曾或不屑有过。这是田小娥的悲剧，也是鹿兆谦的悲剧。黑娃重构了自己，他同时也解构了田小娥。

黑娃文化心理结构的转换呈现为一个颠覆性逆转形态，从本能与欲望出发，黑娃长期处在"自在"（自然）状态，屡次的重复性颠扑，几乎使黑娃厌倦透了，他断然撕裂旧我，企望自己活在"自为"（自觉）里，以建立"新我"。

人物命运的大起大落与根本性逆转是人物的自我调整的主体建构，也是时代风云骤变促成的。

作家并不只是借人物写历史，写革命，更不是隔岸观火地写人物在历史和革命中的沉浮，他是和他笔下的人物一道参与、感受历史和革命，创造历史，也创造人物自己的生命，去勘探人生，勘探民族的心灵秘史，勘探我们民族迈向现代化的曲折艰难和历史必然。而人物情感的动荡起伏转变，在这里有着举足轻重的地位。

在"革命"符号系统里，白灵是一颗闪耀异彩的流星，过早陨落在天际。

让我们梳理一下《白鹿原》的女性世界。

在礼教的祭坛，白嘉轩的前六任妻子，鹿兆鹏妻子鹿冷氏，田小娥，车老板家女儿小翠，白孝文的原配、大姐儿……她们都一一不能幸免于死亡。

鹿冷氏因了无爱的婚姻，被活活折磨死。大姐儿因了饥饿，也因了爱的失落，死在了年馑里，临死前，大姐儿挪步到公公白嘉轩面前："爸，我到咱屋多年了，勤咧懒咧瞎咧好咧你都看见。我想过这想过那，独独儿没有想到我会饿死……"

在这样一个女性生存的苦难和不幸里，白灵因此显得特别的光彩照人，尤其是她投向革命，更让她与白鹿原上所有的女性拉开了距离。

有论者以为白灵参加革命缺乏思想基础和性格依据，并以林道静为例，说白灵这一形象难以令人信服。

这是缺乏深思之论，没有细究白灵这一人物的成长史。

与黑娃一样，白灵拥抱革命，一波三折。

白灵是白鹿原第一个也许是唯一一个女洋学生。洋学生的教育与传统学堂全然不同。

西安被围八个月，白灵参与了守城，解围后又参加了救灾活动。

白灵居然逃过了父亲的禁闭，又以一纸退婚书争得了自由。白嘉轩气急败坏，断然断绝父女关系，宣布白灵死了。一语成谶。白嘉轩从此失去了女儿。

"五四"叙事、"延安"叙述中大书特书的青年男女反叛婚姻走上革命道路的耳熟能详的故事，在《白鹿原》里被轻轻带过。作家陈忠实对白灵的塑造另辟新路。

在加入共产党还是国民党这一事关政治生命的重大选择面前，小说告诉我们，白灵与兆海竟然以抛掷铜元来决定。这一细节，曾为一些人诟病。其实，稍许了解一下国共合作时期的一些史实，就很容易理解那时的热血青年的率性与天真。

大革命失败，国民党清党，鹿兆海由共产党而加入国民党；白灵却反其道而行之，退出国民党，加入共产党，并且是在共产党处于最危急时刻。这一戏剧性变化，充分写出白灵性格的不同常人。

巾帼不让须眉，白灵的出类拔萃，在这里得到了突显。

哈耶克在《通往奴役之路》一书里，曾精辟论述过妇女和青少年，不论是在革命还是为国捐躯上，都较男子更出色地表现了她们的坚贞不屈，英勇无畏。

白灵属于这一类。在法国贞德、中国的赵一曼、刘胡兰等等不朽女性光辉名册里，白灵为革命写上了自己的名字。

如同黑娃一样，对于痛苦与不幸，白灵都十分敏感。不同的是，黑娃出于自己的不幸，"吃冰糖"细节充分揭示了黑娃的极度自尊。白灵呢，对于他人，尤其是普通人的不幸，她都能感同身受。她对围城时死难的无辜百姓的同情，她对白色恐怖中大屠杀的极度愤怒，皆源于此。

白灵成了地下党一员，成了学运领袖，成了秘密交通员。熟悉党史的都知道，杰出的工运、农运、学运领袖中，不乏美丽女性。如同黑娃给了白嘉轩一杠子打折了族长挺直的腰杆，白灵在民乐园里一砖头打得国民政府教育部长头破血流，他们都是"该出手时就出手"的敢作敢为的叛逆者。

革命的需要，让白灵与鹿兆鹏不得不假扮"夫妻"，"婚变"在特定情境下势必难免。

兆海与白灵有过争论，一对青梅竹马的恋人都难以改变自己，他们只有分手。

对于叛徒，白灵与鹿兆鹏表现了同样的不能容忍，不能手软。处决了叛徒"姜政委"，饮庆功酒后，白灵与鹿兆鹏结合了。

小说为这场婚变，做了充分铺垫：情景的和情感的铺垫。

"革命"在这里将道德的负疚轻轻搁置了！

"她对他由一种钦敬到一种钦慕，再到灵魂倾倒的爱，是一步一步演化……"

白灵因暴露了身份，不得不进入陕北根据地。根据地却卷入到极"左"的肃反之中。白灵因此被清洗，被活埋。

美丽的生命在黄土高坡凋谢。

无畏的艺术胆识和魄力，让作家陈忠实为我们书写了这悲壮一页。陈忠实不回避革命中的不应有的错误和挫折，这源自他对革命的忠诚和坚信，对历史真实的清醒反思。

白灵是有生活原型的，那是张景文烈士。

黑娃也有原型。不过，那是在《白鹿原》问世多年后，陈忠实才听说了这样的故事，作家为此唏嘘嗟叹不已。

小说世界与经验世界、想象世界分别是不同圆心的圆。它们也会有部分的重叠、交叉。

白灵、黑娃两个人物形象与现实生活的部分重叠、吻合，揭示了历史沧桑的真实性和吊诡性，也把作家杰出的艺术创造力辉煌地展现给了我们。

作品对白灵的悲剧，采用了如下的叙述策略，使这一悲剧更具艺术冲击力。

一、叙述视点从白灵转向白灵同牢战友的转述，在转述中又恢复白灵的直接申说身份，以白灵怒斥极"左"路线推行者毕政委。这种批判的现场性具有极大的震撼力。

白灵直指"毕政委"，义正词严："我怀疑你是敌人派遣的高级特务，如果不是，那么你就是一个野心家、阴谋家。不然的话，你就是纯粹的蠢货。你有破坏革命的十分才略，却连一分建树革命的本领也没有。"这是一篇痛批极"左"的宣言书。

二、从叙述转向梦幻，寄托深情的怀想。

白嘉轩在白灵死亡的那个晚上折腾了大半夜睡不着，后半夜

"刚睡着,就看见咱原上飘过来一只白鹿……待飘到我眼前时,我清楚地看见白鹿眼窝里流水水哩,哭着哩,委屈地流眼泪哩,在我眼前没停一阵子,又掉头朝西飘走了……"

朱白氏说:"天啊,我昨个里也梦见白鹿了……"

朱先生心里明白:白灵完了,昨夜完的。但他不能说,只是叮嘱白嘉轩,"你要记住昨天的日子"。

把白鹿与白灵联系在一起,借助梦的形式告别家人,无论在现实生活中还是中外文学作品中,这类叙述,都美丽而忧伤,寄寓了作家的绵绵深情。他不愿直接站出来,他是借作品人物,曲折而委婉,深沉而执着地表达了他的情感。

三、叙述的延宕。在二十年、五十年的历史后续里,书写长久的反思。

小说叙述时空延绵到20世纪50年代,当局正式宣布"白灵同志牺牲了",发放了"革命烈士证"。白嘉轩大声说:"我灵儿死时给我托梦哩……世上只有亲骨肉才是真的……啊嗨嗨……"浑身猛烈颤抖着哭出声来。他准确地记住了白灵死亡的日子,那是在白灵死亡后近二十年的时候。小说还写到"20世纪80年代中期,白灵遗孤鹿鸣已成了作家,他年过五十才清楚白灵是他母亲。他发现了白灵的事迹。他觉得,重要的是对发生这一幕历史悲剧的根源的反省"。

小说告诉我们,发生在上个世纪30年代的悲剧,到80年代,仍然是历史留给我们的教训,这是意味深长的。不论是鹿鸣,还是作家陈忠实,他们的这种历史责任感,都折射了我们时代的思想的深度、广度和力度。

二 白鹿精神与朱先生

即使再优秀的人，也是不完美的。没有局限和缺陷的人生，不是真实的人生。解读朱先生这一文学形象，我以为，离不了这样一个基本出发点。

文学作品里的人物与现实生活中的人物，当然不会等同，但即使是理想人物，也不可能完美无缺。那种高、大、全式的不食人间烟火的虚幻完美，早已证明了它的失败。

在《白鹿原》小说世界里，朱先生是一个"显赫"的存在。他的"显赫"不是缘于他的权势与地位，也不是他在小说叙述结构中的关键性作用，而是来自他的精神，他的人格，他所抵达的道德高度和人生境界。

他的精神，笼罩和影响了《白鹿原》小说里几乎所有的人，唯有鹿兆鹏能够以一个劝导者的身份与之对话。这一点，特别耐人寻味。像岳维山、田福贤之流，虽不以朱先生为然，也不敢轻易造次。

朱先生是白鹿原或者说古老中国乡土社会的一棵参天大树，但他绝不是"完人"。唯其不是"完人"，才更具艺术的真实性、可信度与人性深度和审美价值。

随着乡土社会的解体，在社会结构新旧交替之时，朱先生生命之树轰然倒下。不过，他留给我们的思考，却不会终止。

朱先生这个形象的出现，是《白鹿原》给当代文学的贡献之一。

陈忠实说，朱先生是《白鹿原》里第一个浮现到我眼前的人物。因为这是"唯一有比较完整的生活原型的人物"。而且，小说孕育之初，作家翻阅的《续修蓝田县志》正出自朱先生原型牛才子之手，牛才子是县志总撰。从童年起，牛才子的传说就让陈忠实倾倒。牛才子在陈忠实的心里，近乎"神"，虽然陈忠实从不信神。

朱先生（或曰牛才子）是催发陈忠实《白鹿原》创作机制的动力之一。

"成也萧何，败也萧何"，正是受制于生活原型，对朱先生这一形象，作家多少有些挥洒得不那么自如。陈忠实自己也说写朱先生是"小心翼翼"。人物塑造的艺术拘谨，常常出现在作家心仪的人物身上，艺术史里不乏先例，《创业史》之写梁生宝即如是。

1949年以来，我国文学人物长廊和艺术谱系里，朱先生这样的"大儒形象"，可以说是第一次出现。

如果放眼百年新文学，倒是不乏祖父形象：《呼兰河传》里的祖父，慈祥的老人；《四世同堂》里的祁老者，家庭的守护者；而在《激流三部曲》里，"当代大儒"冯乐山是一个虚伪而贪色的伪君子；《科尔沁旗草原》里的丁半仙，装神弄鬼，旁门左道，成就了他的传世家业。激进文化主义思潮下，"儒"处于怀疑否定之列，"大儒"不可能"僭越"于新文学。

宗璞的《南行记》为我们塑造了当代大儒，这是在《白鹿原》之后。时代为"大儒"形象的出现提供了思想可能，陈忠实成为把这一可能性转化为文学现实性的"第一个吃螃蟹"的人。

朱先生是"白鹿"的象征。白鹿在小说的符号系列里，是一种精神，更是一种理想，是美好世界的寄托、美好人格的向往。

与白灵死亡时，嘉轩与朱白氏梦见白鹿一样，朱白氏在朱先生临终前，"忽然看见前院里腾起一只白鹿，掠上屋檐飘过屋脊便在原上消失了"。而朱先生死亡时，朱白氏再次在恍惚中看见了白鹿消失。

作品是把朱先生作为白鹿精魂、白鹿原人的精神领袖、民族文化传统理想的化身来塑造的。但作品并没有回避朱先生身上的缺陷和不足。朱先生与现代知识分子绝不相牵连，他与现代理性处在完全不同的文化立场。

作为"关中大儒"，作品没有从朱先生学术研究、学术活动展开，更没有从思辨和玄想落笔。

小说主要从朱先生的世俗交往和对社会事务的参与展示他的"从道不从君"的人生选择，体恤民生，关注底层的济世襟怀，为民族存亡奔赴前线的一腔热忱，审时度势对时事的了如指掌以及平静的对待死亡的哲人气度。

"学而优则仕"，朱先生否定了这一传统。他拒绝巡抚方昇的多次举荐，坚辞为官。在他看来，枝枝节节改变不了大局，要从根本上医治这个社会，就要从教育入手，他坚持讲学于白鹿书院。

权力崇拜是人类最坏的偶像崇拜，是洞穴时代的遗迹之一，也是人类的一种奴性。在朱先生身上，我们看不到这种奴性，我们看到的是他的独立人格，这种人格独立，源于他的精神世界和人伦情怀。

朱先生以一个精神导师的形象出现在白鹿原。

在白嘉轩眼里，朱先生是"圣人"，圣人与凡人的区别在于是否身体力行圣人之言。朱先生是一位践履圣人之言的身边的圣人。

朱先生的第一次亮相，就披上了神秘光环。大雪纷飞，人迹罕至，白嘉轩发现了一株积雪里的奇异植物，悄悄埋好，跑去请教朱先生。先生让他画下来。先生告诉他，这画的不是一只白鹿么？

由此，白嘉轩开始了阴谋规划，展开了白嘉轩与鹿子霖两家的世代恩仇。白鹿原半个世纪的风云变幻，形形色色人物命运的生生死死悲欢离合，一出大戏拉开了序幕。从这个意义上看，朱先生是大戏的启幕人。

朱先生稔熟农事与节气的关系，善于观测天象，这让他常常无意中给村民的农事帮了大忙。他还善于从常理出发，推测一些事件的前因后果。他指引丢牛人很快找回了牛。小说这些细节的描写突出了朱先生不是那种耽于玄思坐困书斋的人。这是关学务实精神的体现。

乡亲们奉他为"神"。朱先生自己却并不这样认为。朱先生反复说："我不是神，我是人，我根本不信神。"他甚至亲自动手推倒了"四吕庵"即白鹿书院里不知何人所塑的四座神像。在这些地方，朱先生与原儒、与孔子一脉相承。

"孔子只是一个实际的世间智者，在他那里思辨的哲学是一点也没有的。"黑格尔的这个评价突显了孔子的入世精神和人间关怀。朱先生的学识始终指向了尘世、俗世。

白鹿原广泛传播着朱先生的一些生活箴言：房是招牌地是累，

攒下来的银钱是催命鬼。

这类从长久生活中积累的历史经验,反映了皇权专制和自然经济条件下,小农耕作的生存之道。一种弱者的生存哲学,一种对欲望的反拨。

朱先生一辈子拒绝与"洋"字沾边,对近代工业文明,朱先生持排斥态度。不过辛亥革命倡导的放脚剪辫子,朱先生很是认同。他并不是个一味守旧的人。

朱先生一介书生,却情系民生心忧天下。普济苍生的宏大抱负让他时时刻刻把百姓冷暖放在心头。

他迫使白嘉轩铲除了赖以发家的鸦片田。面对国民政府铺天盖地而来的鸦片种植,他却束手无策。

他帮助冷先生平息了白嘉轩与鹿子霖的换地风波,为白鹿村争取了"仁义"村的石碑,而在此后愈演愈烈的白鹿村生死争斗中,朱先生只能是一个旁观者。

朱先生重视教育、教化,以此为自己终生事业。

"在没有了皇帝的日子怎么过?"这样一个紧迫而又严峻的生存困惑和普遍疑惧面前,朱先生开出的药方一是肯定白嘉轩办学校,不过这是私塾,在"咸与维新"的时代要求下,这不能不是倒行逆施;二是重颁"乡约"。

乡村变革太难太难。通常情况下,激烈的变革之后总会出现反弹。《白鹿原》对于辛亥革命后农村出现的这样一种向传统回归的艺术把握,既是历史真实的反映,更显示出作家的历史眼光。底层百姓对"新"的变化采取的这种排斥,来自历史的教训。所谓"兴,百姓苦；亡，百姓苦"，即为经验的总结。

长期以来，传统乡村的认识范式认为，国家权力不下县，县下唯宗族，宗族皆自治，自治靠伦理，伦理造乡绅。

在这样一种认识范式下，《乡约》被提到了普遍有效地位。

钱穆就认为《乡约》是"带有宗教与道德精神的一种乡村约法"。更有甚者，在《白鹿原》的评论中，有人就认为《乡约》是农村的"社会契约"。这种观点完全无视"乡约"和"社会契约"是两种全然不同的社会形态产物。他忘记了"社会契约"建立在公民社会这样一个前提。

《乡约》不涉及权力和财产，它是乡村生活中伦理关系的规范性要求。包括了德业相劝、过失相规、礼俗相交、患难相恤以及罚式、聚会、主事等操作系统。

秦晖以《长沙走马楼三国吴简·嘉禾吏民田家莂》的分析，提出了他的观点：吴简反映的国家政权在县以下的活动与控制十分突出，当时不仅有发达的乡、里、丘组织，而且常设职、科层式对上负责，而因此形成的种种公文程式在简牍中都有所反映。

古老中华帝国的农村基层组织究竟如何，不是我们要讨论的问题，我想指出的是《乡约》并不能给辛亥革命后的白鹿原带来平静。这在小说里已经得到证明。

《乡约》这个宋代蓝田吕氏兄弟所创立、朱熹增订的乡村生活规约，明代王阳明门下大弟子讲学时亦与之合流，足证在相当长时间内，《乡约》曾产生广泛影响，成为了教导民众做人修养的教科书，维护了乡村秩序的伦理规范。

随着时代推移,《乡约》逐渐失去它的制约力。朱先生重申《乡约》以之为"过日子的章法",至少说明,以前《乡约》在白鹿原废弛已久,不然何以重申!而《白鹿原》以生活的逻辑与《乡约》的不相容,再次告诉我们,《乡约》不是解决白鹿原问题的钥匙。

白嘉轩这个朱先生思想的忠实实践者是《乡约》的执行人,他曾自信地认为,白鹿村人不论是谁最终都得回到祠堂认祖。而他的儿子孝文却毫不含糊地说,走不出白鹿原的人永不会出息。这让人想起于右任的话:十个老陕九不通,一通便成龙。不通在哪里?闭塞落后之谓也。

《乡约》连同白鹿原如果不能与世界、与中国的潮流"与时俱进",它要维系固有的传统生活已不再可能。

虽然如此,朱先生的热诚仍然可贵。

朱先生是一个"仁者"。

他只身赴方昇大营劝退二十万清兵,为的是不让生灵涂炭。他的唯一武器就是他对大局的清醒分析。清廷已为朽木,枝枝叶叶的修补已无济于事,唯一选择只能是顺时利世。

他给围困西安的镇嵩军刘军长前途的预测再次证明他的眼光犀利:大雪将给镇嵩军以致命一击。

朱先生拒绝任何官职官衔。他却出任赈灾副总监,为了帮饥民度过灾荒,朱先生破天荒担任了这个职务。他德高望重,名震四方,舍朱先生,谁也担不了这个担子。

"这个肥缺给了谁,谁就会在本年内成为本县首富。"朱先生一身正气,保证了赈灾物资真正用在了灾民身上。他四处巡视,以身作则，不吃招待宴，率先吃舍饭并要求赈灾委员也得吃舍饭。

朱先生是个"智者"。

鹿兆鹏火烧白鹿粮仓，朱先生不再执教白鹿书院，辞去了师范学校校长职务，重修县志成了朱先生后半生事业。他自嘲自己"不过是一个陶钵"。他对白鹿原上的复杂斗争有着自己的认识和判断。

国共合作北伐时期，朱先生曾以"不论是谁，只要不夺我一碗包谷糁子我就不管他弄啥"，基本持观望态度。

一场"风搅雪"，朱先生给出了动摇了滋水县"水深土厚，民风淳朴"的评价。

黑娃成了土匪，洗劫了白、鹿两家，打折了白嘉轩的腰。

"噢！这下子是三家子争着一个鏊子啦"，"原先两家子争一个鏊子，已经煎得满原都是人肉味儿；而今再添一家子来煎，这鏊子成了抢手货忙不过来啦"。

形象的比喻中，自有朱先生的评判。

曾有论者把小说人物朱先生的这一比喻与作家的历史判断混为一谈。这显然是将小说世界的虚构人物与现实世界、经验世界里的作家拉在了一起，而完全无视他们分属两个不同的世界。如果以此逻辑类推，那推论之荒唐将愚不可及。

而且从朱先生这样一个关中大儒与理学传人的角色设定来看，儒家的历史观念本就有历史循环与历史倒退之说。

邹衍的阴阳与五德始终说，使他把人类历史尤其是政治史看成一个不断循环的过程。董仲舒把儒家和阴阳家思想结合起来倡导所谓黑、白、赤"三统"的历史循环论。北宋邵雍把时间历程划分为元、会、运、世，他认为自尧以后中国历史的总趋势是退化的。

在西方，近代以来，形成了从线性时间出发的历史进步论。

黑格尔的历史哲学是线性目的论的、进化论的历史观形成的基础。在黑格尔看来，历史的目的，即其进步的方式，不过是精神即理念的自我意识的展现。

黑格尔因此认为印度与中国没有历史。他在《历史哲学》中说："中国很早就已经进展到了它今日的征状，但是因为它客观的存在和主观运动之间仍然缺少一种对峙，所以无从发生任何变化，一种终古如此的固定的东西代替了一种真正的历史的东西。"

黑格尔《历史哲学》还认为"在中国，那唯一的、孤立的自我意识便是那个实体的东西，就是皇帝本人，也就是'权威'。"

黑格尔的所谓历史目的论，已受到西方学者的挑战与质疑。

波普尔在他的《开放社会及其敌人》一书中，对黑格尔的历史主义，展开了深入的批判。黑格尔认为历史，尤其是一般的历史，是建立在一个本质的和实际目的之上的，这个目的实际上现在是，将来还是在历史，即神的计划中实现的；总之，历史中有理性，必须按照严格的哲学根据来确定，从而表明它本质的以及事实上是必然的。波普尔认为黑格尔的观点指向了极权主义。在黑格尔看来，历史发展的三个辩证步骤，其"生命……是进步具体化的循环"，"这些步骤的第一步是东方的专制主义，第二步是由古希腊和罗马的民主制和寡头政治构成，第三步，也是最高的一步，是德国的君主制"，当然这是一种专制民主制。波普尔因此提出了他反历史主义、反本质主义的理论。这本著作是对所有那些威胁开放社会的伪科学

（整体论、本质主义、实证主义、历史主义等等）的方法论处事方式的批判。

"未来依靠我们自己，而我们不依靠任何历史必然性。"波普尔在这本著作的《引言》里这样说。

汉娜·阿伦特认为：人对自身的创造这一观点属于黑格尔和马克思思想的传统范畴。她说：人作为自然物种的一类或个体来说，自己无法掌握自己，这是再明显不过的了。

阿伦特在《关于暴力的思考》中称："人类作为整体是不断发展的说法，或者发展是统治人类一切运动过程的法则……只有到了19世纪才成为一个几乎普遍接受的信条。"正是这种观点"不但促成了达尔文在生物学上的发现，还使人认识到，人类的存在是由于大自然无法抵挡的向前运动，还引发了新的历史哲学……"较于波普尔，阿伦特甚至对人的创造也予以了否定。

朱先生的鳌子之说，还反映了儒家与理学的民本主义思想。"民为贵，社稷次之，君为轻"，孟子的民本主义思想是儒家学说中最为人推崇的亮点。而张载的"为天地立心，为生民立命，为往圣继绝学，为天下开太平"更表明了一种重建思想秩序的理想和社会担当的自信。张载认为只有以道德和伦理为本位，人才可能获得生命的价值和意义。

朱先生的独立人格在这里得到了充分表现。朱先生从不参加、不介入政治活动和党派纷争，他以一个独立的旁观者身份看待发生在身边的这些政治军事冲突。在他看来，生活有比政治军事斗争更多更丰富更广大的内容，而百姓应该有自己对生活的选择和安排。

对朱先生来说，他希望自己"学为好人"，也希望大家都"学为好人"。"学为好人"是朱先生一生身体力行的大事，但他终于痛苦地发现"好人难活"。

朱先生作为一个局外人，对形势有清醒的认识。他做出的"天下是朱毛的"判断，既来自对现实的观察，也来自对民心向背的把握。他认为：而今这个鸡飞狗跳墙的世道与三民主义对不上号吱！他由此而提出：共产党得了天下以后会怎样，还得看。这也正是"古陶钵"以古鉴今的历史价值。

朱先生不是完人，他和我们一样，有自己的缺陷和不足。

作家并没有回避朱先生的不足，这与陈忠实的痛苦反思分不开，也与他的艺术追求分不开。陈忠实以牛才子为原型塑造朱先生的初衷，可能是努力想把朱先生写得完美、完满一些，可是，人物一旦在作品活了起来，就会按自己的逻辑去发展，从而违背作者当初的设计。

田小娥化蝶，白鹿原瘟疫成灾，朱先生怒斥为田小娥修庙的主张，力主把田小娥"装到瓷缸里封严封死，就埋在她的窑里，再给上面造一座塔，叫她永世不得出世"。

朱先生俨然如法海和尚之以雷峰塔永镇白蛇于塔下。

朱先生认为，田小娥化蝶制造瘟疫是妖魅之举，"人妖颠倒，鬼神混淆"，理当封杀。

对比朱先生对鹿兆谦"学为好人"的称许礼赞，对比朱先生对白孝文"浪子回头"的热情首肯，朱先生之厚此而薄彼，判若两人。

朱先生的传统伦理道德的卫道士形象引人注目。他的文化保守主义立场,决定了他对传统道德坚守,更何况,瘟疫对广大百姓的危害。

朱先生对事关民族存亡的抗日战争表现了他的坚定的民族主义立场和浩然正气。

朱先生题赠中条山战役的抗日名将:砥柱人间是此峰。

鹿兆海赴前线前夕,以那枚"铜元"相托于朱先生,朱先生表现了一个长者的关爱和理解。这个细节对于完成朱先生形象塑造,是极为可贵的一笔。朱先生对男女私情、恋情并不是全然排斥。

朱先生参与了白鹿原上绝无仅有的一次隆重葬礼,民族存亡高于党派斗争,朱先生的人生信念在这场葬礼中又一次彰显了,这种历史观构成了白鹿精神的重要内容。

朱先生发表了他的抗日宣言。小说的高明处在于作品并没有将宣言诉诸笔端。通常以为该写的,没写;以为可以不写的,却写了。(例如兆海以"铜元"相托。)

作品写八位老先生奔赴前线,临行前夕有一场小宴,朱先生破天荒地开起了玩笑,把朱白氏拉到席上敬酒,那一番亦庄亦谐的戏语,一下子把"拟圣人"拉为了"凡人"。这也属于可不写的,却写得真切动人。

作品塑造朱先生多从大事、大处落笔,如劝退清兵、赈灾,如讲《乡约》,如"学为好人"等等,总感觉可敬却难以让人亲近、可爱。倒是这些日常细节,揭示了朱先生内心的那种温情、私情。朱先生这个形象也就立体化了,日常化了,凡人化了。

不写人物可示于人的一面,而是把人物轻易难以示人的隐秘一面揭示给读者，这也是作家的艺术功底。

小说写朱先生编纂县志，短缺经费，无钱复印，已是难得一笔。而临终前，在家"理发"这一场景更写得感人至深至切。

鹿兆谦（黑娃）新婚之夜把妻高玉凤叫为"妈"，为"理发"这一场景的出现做了铺垫。"朱先生的脸颊贴着妻子温热的大腿，忍不住说，'我想叫你一声妈'……朱先生扬起头诚恳地说，'我心里孤清得受不了，就盼着有个妈'，说罢竟然紧紧盯瞅着朱白氏的眼睛叫了声'妈——'，两行泪珠滚滚而下。"没有朱先生与朱白氏两人眼睛的对峙，情感就无从落实，而陷于飘渺。

朱先生从儿时的记忆深处，涌出的对于母亲、对于妻子、对于亲人的呼求和渴盼，把他内心的孤清表达得细致而真切。

面对死亡，朱先生表现了他对生的挚爱和感恩，对死的豁达和通透。

这是一颗孤独而高贵的心灵。

凡有鲜明自我而又卓尔不群者皆与孤独终生相伴。孤独只属于意志坚强而富于思想的人。

朱先生在白鹿原上往往离群而索居。他与七位编县志的同仁思想与情感的交流，小说也涉笔不多。

朱先生的孤清来自他精神上的高蹈与超越，他所代表的白鹿精神的与现实世界的难以弥合的距离。

朱先生希望白鹿原、希望尘世是一个理想的世界，但他清醒地看到，这个理想遥不可及。

对于未来，他看得较之兆鹏、兆谦要冷静得多。他并不以为未来是美好的，前景是光明的，甚至，在朱先生看来，"折腾"仍将难以避免。也许"母亲"的呵护是尘世唯一可以企及的，这已是生命中的绝响！

朱先生留下的后事安排的遗言，不幸——证明了朱先生对世事的发展了然如指掌。朱先生墓中留下的那方砖头刻下的字赫然在目：天作孽，犹可违；人作孽，不可活。

这应该化自《尚书·太甲》中的一句：天作孽，犹可违；自作孽，不可宦逭。

长久的历史经验告诉我们：上天的灾难，可以躲开；自己作孽，灾难无可逃遁！朱先生的遗言应该是民间版本。

这已不只是道德主体的自律自戒，而涉及人的存在、社会的存在的某种规律性总结。

先秦原儒对于天的认识在《论语》里基本上皆为一理想上有意志、有人格、有作为之上帝，孔子仍为遵守古代传统朴素的上帝观念者。

孟子亦称知"天"，莫之为而为者，天也；莫之致而至者，命也。

《尚书·洪范九畴》是殷遗民箕子追随夏商一脉相承的学术政治传统，将它集中在五行和皇极两畴。皇者，大也；极者，中也。我国文化是早熟的文化，把宗教玄秘、人类经验寄寓在一个象征符号里，去代表一个思想体系。它是宇宙的永恒真相，最高价值。周人又将它化为道德之仪轨，神秘宗教化为伦理文化型的理性化宗教，宗教又变为理性化的道德。《尚书·周书》里，《康诰》《君奭》《立政》《吕刑》诸篇，把洪范以身体结构为基础的道德属性予以彻底的精神化而成为良心的自觉，用以启发理性的批评而确立它的普遍原则。它展开在人类社会中，宗教不是死了，是转移到它的神秘的境界中了。这也可以解释宗教何以在传统中的缺失。

朱先生留下的还有"折腾到何日为止"，夹在砖头中间。

这是天问，也是警示！

"折腾"是自我作孽。它的反面是创造性，是"天行健，君子自强不息"。

有论者认为，朱先生终于从拟圣人走向凡人，是一个"弱"者。这显然忽略了朱先生一以贯之的精神之强大，即"天行健，君子以自强不息"。

在世俗的层面，朱先生似乎失败了，他的一切努力，付之东流；然而他的追求本身，他遗留的警示，却具有不灭的价值。

朱先生大仁大智，勇敢地承担了他的责任。他的勇于担当，是他强者生命的召唤。

等级制度、特权压迫下的无奈和普遍的人类生存困境下的不能真正把握自己，对朱先生的影响是其自由与自觉总被处于重重围困之中。"反正"后他退回书斋专心于县志编纂，抗战中他投笔请缨而被迫取消，一再证明了他"知其不可为而为之"的勇毅与碰壁。

但这并不能掩盖与取消朱先生独立于政党之外客观审视的价值。他无疑是我们理解《白鹿原》艺术世界的一个不可或缺的一个独特视角与参照。

朱先生是长空的一只孤雁。

有论者认为，朱先生是传统人文精神和终极关怀的依归和家园，不能说作者完全没有儒教救世的思想等等。

我以为，这些论点都有可商榷之处，朱先生绝非完人，绝非圣人，而且即使如孔子、孟子这样的先圣、亚圣，他们的思想和主张，也不是全盘都对，全盘都好。在孔、孟身处的时代，他们的思想和主张当然有他们的光辉处。两千多年来，他们的学说几经阐释和发展，早已有了新的变化。董仲舒为一变，程朱与陆王又为一变，近现代新儒学又为一变，至于小说里朱先生所代表的张载关学，与程朱有更多联系（关学开程朱之先河，但又与陆王有别）。关学本身又是一个复杂的存在。我们不能将小说中的朱先生与哲学史、思想史上的关学混为一谈。我们只能在小说的规定情境中去理解朱先生，而朱先生如前所分析，他是关中大儒形象。关中大儒形象不意味着他没有局限性。看不到朱先生对田小娥的非人性、非人道，是片面的。当然，我们不能也无需去苛责朱先生。

儒家思想能否救世是一个问题，作者是否欲以儒家思想救世又是一个问题。小说家的责任是塑造人物以勘探人性，勘探人性之复杂、微妙与幽深以及无限可能性和这种可能性在规定情境里的唯一性或悲剧性、荒诞性。他并无必要也无能力为我们解开人生之谜、人性之谜。他只须发现、表现与呈现。他更无可能为我们指出未来，为我们昭示一个值得我们效法的人生导师或样板，为我们设计一个未来的社会蓝图，指明未来的文化发展方向。

朱先生是一个复杂的存在，复杂不会掩盖他的光辉。

朱先生所代表的传统文化与文化传统是一个复杂的存在，复杂不能掩盖这个文化的光辉，但光辉并不意味我们要全盘继承。而且，全盘继承并不可能。以儒学论，它一直处在发展中，一直在与时俱进，此其一；其二，我们处在市场化、信息化、全球化的时代语境中，而原儒是农业经济与春秋战国纷争的思想产物，是那个时代为了解决本时代的困惑而提出的，其中当然包含有历时性的、普遍性的内容，需要我们挖掘整理。文化的承传永远是在发展中，在创造性的转换中。

不少人以为，《白鹿原》是在肯定和弘扬传统文化与文化传统的基点上展开它的艺术叙述的，我以为这还是一种误读。

看不到朱先生、冷先生、白嘉轩以至鹿三身上的复杂性、残酷性以至血腥性，只能是一种泾渭分明、黑白对立的简单思维与人物评价。这与看不到追逐于权力与女性中的鹿子霖这个艺术形象也有他美好的一面一样，失之于简单化。

如果小说真的对生活有帮助，那是因为它们阐明生活的冲突和模棱两可之处。我们阅读，为的是增加对人性和生活的认识，而不是教导我们该如何生活。这当然是别样的观点，与我们传统和正统的"文以载道"、车尔尼雪夫斯基的"生活教科书"或斯大林的"人类灵魂工程师"之类大相径庭。生活从来不是是非明确、云泥立判，生活比我们接受过的全部道德教训或"政治正确"复杂微妙而有意思得多，也美妙得多。

三　小娥与鹿三

《白鹿原》的人物群像里，田小娥与鹿三，黑娃与白灵最具传奇色彩。非人性的生存给个体命运带来的匪夷所思，寄托了作家陈忠实对于旧中国的普通人命运的关注和思考，它来自作家陈忠实生命深处的体验和深情，来自中国社会的急剧变革和历史重负。

田小娥，一个乡村秀才的美丽女子，只是因了姿色姣好，卷进了男权社会的激流险滩。爱情和革命曾让她焕发了生命的光焰，然而浓重的阴霾终于窒息了她的生命。如同黑娃、白灵在"革命"的名义下走向死亡，小说也借"仁义"鹿三之手，让小娥的生命凋谢。

传统小说世界里，有过关羽护送嫂夫人千里归来的义举，有过武松弑嫂，石秀杀"嫂"的血腥。男子可以是女人的保护神，更可以是女人善恶美丑的裁决者、生死存亡的执行人，这已成为一种公众记忆，一种集体无意识。

《白鹿原》为我们讲述了一个公公刺死儿媳妇的乡村故事，血腥而沉重，却具有了与传统相关又有别的新的审美内涵和精神指向。

田小娥先后与四个男子有过性关系。性不只是生理的，也是心理的需求，这赋予性关系以自然的肉身属性和社会的文化属性。性禁忌因此与人类文明相伴。

田小娥是武举人的妾，是武举人的性工具。田小娥引诱了不谙性与性事的黑娃，偷情在这里合情却不合法。把被剥夺的性权利从剥夺者手中夺回，让小娥偷情具有了合理性。

田小娥与黑娃的婚姻在小娥父亲那里是得到确认的，可在白嘉轩和鹿三看来，这是非礼，被拒于祠堂大门之外。《乡约》把黑娃、小娥从人间放逐。

田小娥曾不止一次说过，她与黑娃愿意在破窑里平静地度过一生,她甘于一种另类的生活。

鹿兆鹏发动了黑娃,黑娃带动了小娥,轰轰烈烈的"风搅雪"里,小娥、黑娃扬眉吐气,成了风云人物。革命和爱情在激越的日子沸腾。

"白色恐怖"里黑娃远走高飞。鹿子霖以救黑娃为名,卑劣地占有了田小娥。又是鹿子霖以小娥为工具,把小娥裹挟进白鹿两家争斗的漩涡。

革命风暴和家族冲突的双重煎熬,使这个不谙世事的姣好女子的生命承受着难以承受之重。

从最初的勾引到同情到真心,田小娥对白孝文的态度经历了复杂变化的过程。小说对此的叙述很有层次,出色地展现了小娥情感转变的曲线图。这与小娥对鹿子霖的态度是绝不相同的。在识破鹿子霖的嘴脸和用心以后,她怒斥鹿子霖的那一番控诉让鹿子霖唯有逃窜。

田小娥死后,唯一凭吊小娥的只有白孝文。黑娃曾为小娥打折了白嘉轩的腰。他刺杀鹿子霖却让鹿父当了替死鬼,在郑芒儿救了他出狱后,曾宣称与白孝文的仇一笔勾销。这都为黑娃以后把小娥抛诸脑后做了铺垫。黑娃"学为好人"后,把小娥视之为"非正当",彻底遗忘。他返原祭祖时,对那孔窑甚至不屑一顾。

情爱支配了小娥的一生,一个姣好的女子,因了姣好,就难免男子的纠缠吗?在白鹿原人眼里,小娥是邪恶,是淫乱,这已经是一个悲剧,而小娥为之献出一切的那个黑娃,竟也视小娥为邪恶。作家在这里写出了小娥命运的双重悲剧性。

小说对田小娥悲剧人生的叙述，深刻而具有历史感。

这种历史感首先表现为在男子中心的社会里，女子的生存权、性权已被男子操控，任何对这种男权的僭越与出轨，都被视之为大逆不道。"工具性"的存在，在小娥的命运中，几乎是不可逆转的。一旦从工具性存在中出走，争取独立的自主的性爱，都可能置小娥于死地。

这种历史感，还表现在：田小娥不是死在他人之手，而是死于鹿三——她的公公之手。这是民族公共记忆的补充，也挑战了公共记忆。这种挑战是双重的：男子——即使是公公之类的男子，无权操纵女子的命运，任何操控都将引来报复和惩罚，这只是现象。在民族文化深层结构里，所谓理学、道学的伦理不只戕害了女子，也戕害了男人。小说对此有了深刻的洞见和艺术的呈现。

鹿三，在小说世界里，是一个"义仆"。奴性，在皇权专制里，与独断是一对孪生子。这与欧洲封建社会不同，在欧洲，"没有人的地位高到具有不履行义务的特权，没有人的地位低到没有任何权利。"如马克思所说，人类经历着对人的依附，走向对物的依附，它要求走向人的真正自由和独立。鹿三忠于职守，忠于角色定位，忠于"义务"而放弃了权利。他恪守仆人的仁义道德，从未有过非分之想。

黑娃与田小娥的结合，在他看来是非礼的，不合法的。这让他难以忍受，他曾有过以长矛刺死黑娃的行为，他忍住了。忍了，不等于认可。他早已将黑娃视之为逆子，逐出了家门。

白孝文被拖下了水。祠堂族长接班人竟然偃伏于壕沟，这让鹿三不能忍受！个人、家庭，在鹿三看来，无足轻重；家族、祠堂，事关"仁义"，鹿三再也不能忍了。"小娥害的人太多了"这个念头一旦占据了鹿三的心，鹿三就无法不让他得出一个可怕的结论：再不能让小娥害人了。鹿三有他的逻辑，可这个逻辑的荒谬，鹿三和白嘉轩和鹿子霖们都无从觉察。小说以凝重之笔写出了小娥的死。行笔之际，陈忠实悲从中来，"我突然眼前一黑，搁下钢笔。"[①] 镇定后，陈忠实写下了"生的痛苦，活的痛苦，死的痛苦"。

鹿三绝非邪恶，他认为他是在惩恶扬善。悲剧性正在这里，荒谬的伦理传统借善良人之手残杀生命。

鹿三是善良的。唯其善良与忠厚，他背上了沉重的心理负担。轻松与坦然，在他放下手中的梭镖之时，就与他分手。鹿三因极度的恐惧被小娥附身。鬼魂附身是民间传统中经久不衰的精神现象。鹿三成了田小娥在人间的代言人，向着不合理的人世，发出了她的控诉，而这首先是由鹿惠氏的死实现的。鹿惠氏揭示了真相，说："你咋能狠心下手……杀咱娃的媳妇……"接着，仙草也死于这场瘟疫，死前小娥显灵，小娥"前胸一个血窟窿"让仙草惊恐万分。

田小娥附身的鹿三说："我到白鹿村惹谁了？我没偷摘旁人一朵棉花，没偷扯旁人一把麦秸柴火，我没骂过一个长辈人，也没揉搓过一个娃娃，白鹿村为啥容不得我住下……大呀！俺进屋你不认，俺出屋没拿一把米，也没分一根苇子棒棒儿，你咋么着还要拿梭镖刃子捅俺一刀？大呀！你好狠心……"鹿三被小娥控制了魂魄，成

[①] 陈忠实. 寻找属于自己的句子——《白鹿原》创作手记. 上海：上海文艺出版社，2009. 79

了小娥的附身。

鬼魂入梦，冤魂附体，中外文学作品中都有。莎士比亚的戏剧里，不乏其例，而汤显祖的《牡丹亭》出死入生，更写出了杜丽娘爱情不可战胜的辉煌。《白鹿原》也创造了辉煌。

田小娥还让鹿三控诉了白嘉轩，"我要叫你活不得好活死不得好死……"，"我把白鹿村白鹿原的老老少少捏死干净，独独留下你和你三哥受罪……"

田小娥控诉的合理性使鹿三杀人的正义感轰然倒塌。鹿三陷入两难之中不能自拔。鹿三精神崩溃了。

田小娥死在了猝然里，始料不及。她在垂死的瞬间，发现了鹿三，叫出她唯一的、也是最后的惊呼："大……"

作家的这一笔，寓有极其深刻而痛苦的人生体验。不是别人，正是你以为可以信赖的亲人置你于死地。所谓的"正义"的惩罚，所谓"仁义"的美好，可以征服一切，甚至征服你的亲人。可靠的屏障，在貌似"公正"的强大力量前，失去了分量，失去了意义。

田小娥死在了"大"之手。"大"是惩恶扬善的执行者。

这与《九三年》相比，成了东西文化差异的艺术明证。

在雨果笔下，为了三个无辜的孩子，朗德纳克也好，郭文也罢，都不惜以自己的生命相许相托。而西穆尔登也在两军的对垒与置换里舍身自杀，追随郭文而去。他把生命的难题留给了"法国大革命"，留给了后人。

田小娥果真是荡妇？小说在小娥的破窑前安排了一个狗蛋：狗蛋被鹿子霖算计为团丁抓住，又在祠堂被刺刷打得浑身稀烂。

"冤枉啊，冤枉，狗蛋冤枉……我连个锅底也没刮成就……挨了黑楔……"狗蛋，死了！

田小娥没有与狗蛋苟且。狗蛋这一形象，具有多重意蕴。即使小娥淫荡，鹿三也没有权力杀人。细究一下，小娥堕落的始作俑者是鹿子霖，而绝非狗蛋。是鹿子霖安排的一个又一个圈套，把小娥、孝文与狗蛋整进了他的诡计。

田小娥死后变为飞蛾，给村子和整个白鹿原带来了瘟疫，如窦娥的六月飞雪，大旱三年。她们是复仇的女神，向着男权至上，向着非人间的社会秩序，为了沉默的大多数，为了失语的弱女子。

作家陈忠实揭开县志里烈女节妇的发黄的册页，从高耸的贞节牌坊的阴影里，发现了与烈女节妇全然不同的广大女性生存的另一面，发现了烈女节妇心灵世界情感世界不为人知的另一面，他创造了田小娥这一女性形象。

如作家所说，田小娥从县志里走来，也从农村田间地头那些闲言碎语里、戏谑笑骂里走来。勃勃的原始生命活力，斑斓在革命的狂欢。礼教的高压，男权的扭曲，把她无情地扼杀了。她绝不逆来顺受！她不屈的灵魂，对这个非人间投出了她的愤怒的反抗！她是一个复仇的女巫！

鹿三是在黑娃成为了"好人"之后，结束了他的生命。

黑娃在，他心劲十足，与之对抗。黑娃"学为好人"，鹿三的心劲没了。他失去了他存活的理由和依据，他死了！"那劣种跟我咬筋的时光，我的心劲倒足，这崽子回心转意了，我倒觉得心劲跑丢了，气也撒光了咧……"

鹿三是为了"仁义",为了"伦理道德"而活的,为了与黑娃较劲而活着。对鹿三心理结构的深刻剖析和艺术呈现,是《白鹿原》成功的重要方面。它告诉我们,作家陈忠实对我们民族文化传统和文化性格的思考所抵达的深度、广度和空前力度。

白嘉轩说:"白鹿原上最好一个长工去世了!"是哀悼,也是一个终结!

这只是作家的愿望。

《白鹿原》充满了矛盾。伟大的作品总充满了矛盾,《红楼梦》如此,莎士比亚也如此,李白如此,杜甫也如此。

鹿三的忠厚,鹿三的仁义,鹿三的勤劳与坚守,作为一种人品,毕竟较之虚伪、不仁不义、随波逐流、见风使舵等等,值得推崇。问题在于,鹿三坚守的是什么?他所谓的那一整套伦理道德与人性的健全发展,可以说并不吻合,甚至背道而驰。民族文化心理的构成,是复杂的组织。《白鹿原》并没有对文化传统作全盘的肯定或否定,从小娥与鹿三的悲剧里,作家发出了他的文化困惑、精神困惑。有了这种困惑与求索,这就不容易了!作家不可能也无力给出答案与结论。正如罗兰·巴特所说:"小说不给人提供答案,它只是提出问题。"

答案与结论永远在过程里。

四 白嘉轩、鹿子霖及其他

《白鹿原》在某种意义上演绎的是白鹿原的白鹿祠堂里白嘉轩和

鹿子霖两个男人的世代恩怨和人生博弈。

他俩的人生故事形象地揭示了乡土中国宗法制度家族内部斗争的必然性、复杂性和悲剧性。这种家族内部利害冲突与整个旧中国乡土社会结构，特别是宗法制度以及文化心理纠结为一个互为支撑的超稳定结构。白嘉轩和鹿子霖是这个社会的有机构成，相互之间组织为一种互文关系。

虽然不能简单地把两个人截然判为一刚一柔，一冷一热，一阳一阴，但他们确实在许多方面形成了互补。不过他们绝非是一正一负。他们相互说明相互依存，彼此以对方为镜子，显示自身也使对方呈现。他们是宗法制度这条藤上的一对冤家，是乡土中国家族体系的孪生子。

迄今为止的《白鹿原》评论里，对白嘉轩肯定有加，多为褒词；相反，鹿子霖的评论少多了，即使有，也多属贬义。重白轻鹿，似为思维定势。这是忽略了鹿子霖这一形象的自身价值以及在小说叙事结构中与白嘉轩互补的互文关系。就人物形象塑造的主体化和丰满性而言，也许较之于白嘉轩，鹿子霖毫不逊色，甚至还稍胜一筹。

正如黑娃对白嘉轩挺直的腰杆一直心存畏惧与反感，白嘉轩身上的豪狠与凛然，因为过于彰显而给人以某种僵硬。僵硬也是一种形态。成功的僵硬是艺术创造的胜利。

问题不在这里，而在于，我们只看到了白嘉轩的道德优势和人格力量，这当然没错；可是，就人物性格的整体而言，就人物形象的艺术创造而言，以道德评价取代审美评价是我们应该摒弃的。

例如《水浒》，有人就说，宋江受招安是对梁山好汉的背叛，是这一形象塑造的败笔。我们爱看水浒七十回本,不喜欢一百二十回本。其实,正是作家笔下的宋江受招安,才写出了宋江的复杂性,写出了皇权专制下农民起义的必然归宿,不是被镇压,就是被招安。当然,也有例外,如刘邦,如朱元璋,但那是起义过程中早已改变了性质的以新皇帝取代旧皇帝的王朝更替,早已不再是农民起义,而是社会各阶层社会各利益集团的社会共谋。把艺术作品中人物的道德光圈当做衡量人物塑造优劣的标准,贬鹿扬白即为又一例。

早年,为要占尽白鹿的全部吉祥以维系同根同祖的血缘,先人建立了白鹿祠堂,白姓为族长,延续至小说开篇。族长又以长子嫡传,不能移位于兄弟,更不能移位于别姓。这种以祖先崇拜,以血缘纽结的宗祠,明清以降,在南方,在商品经济发达的地区,早已与经济活动连接。而在关中平原上,更多的是一种家族精神、家族伦理的体现,是家族祭祀的场所。

漫长岁月里,白鹿两家互有消长,重复演出了各自的酸甜苦辣。"争斗"在同一祠堂里从未停歇,宗祠与外族矛盾的盘根错节为乡土中国农村社区的特有景观。这当然反映了作家对中国社会、中国历史、中国文化的整体性思考:"窝里斗"是不可避免的吗?这种自我折腾何时才能走到尽头?白鹿精神、白鹿理想果真遥不可及?"忧思"的背后,是作家陈忠实对民族的挚爱和厚望。没有这种博大的民族情怀和"现代"期盼,便不可能有《白鹿原》。

远离政治权力,与政治拉开距离,坚守脚下这块土地,坚守祠堂的伦理道德和权威,构成了白嘉轩精神世界的主色调。

白嘉轩刚梆硬正，豪狠是他性格的特征。这是一个真正意义上的关中男子汉。他那微突的眼球透着逼人的尖锐、犀利和坚定性，似乎容不得半点渣滓和犹豫。他坚持他的信念与道德，他明白他该做什么，为此他坚忍不拔，从不改弦易辙，宁可撞到南墙也死不回头。他挺直的腰杆，凛凛然，自信而倔强，给他的为人处世作了一个形体注释。他是以乡约和祠堂为象征的文化传统的践行者和监督者，他的独断和专制，揭示了这个文化道德体系的非人性一面。

"耕读传家"是白嘉轩从祖宗那里秉承来的，它不只是家族的，同时是农耕文明乡土社会农家子弟的梦。他是以儒家为代表的中国文化传统的实践者。"耕读传家"为皇权专制提供了最牢靠、最坚实、最持久的社会基础、经济基础和文化道德基础，为超稳定的旧中国输送了源源不断的人力资源。

与白嘉轩成为对照与互补，鹿子霖颀长、长睫毛，深眼窝，阴柔机敏，热情而好变。鹿喜欢踩着时光的鼓点走，为了名、为了利、为了色，他什么都能干得出。他有时会停下匆匆脚步思考人生，清醒地看到人生世相的虚无，但他禁不住诱惑。他又会重蹈覆辙，得意时，张狂，不知所以；跌落时，不知所措，幻灭以至绝望。他的相好几乎遍及白鹿原，荷尔蒙的超旺盛和性道德的极度糜烂，让他在男女关系上近乎畜生。

小说有一段关于乡间荡秋千的回忆。在白灵的记忆里，白嘉轩在秋千上，像展开双翅沉稳盘旋在苍穹上的一只老鹰。鹿子霖呢？他从不以高度取胜，却以花样见长，他总要博得观众一片惊喜与欢笑。这个片段，是一个"写真"，把白与鹿形象地展现在我们眼前。

在白嘉轩的眼里，平常的日月就像牛拉的铁箍木轮车一样悠悠远行。灾荒瘟疫和骤然掀起的动乱，如同车轮陷进泥坑的牛车，或是窝死了轮子，或是颤断了车轴而被迫停滞不前。经过或长或短的一段折腾，或是换上一根新车轴，牛车又在辙印深凹的土路上吱嘎吱嘎缓慢滚动起来。

这是一个"意象"，农耕文明乡村生活的写照。如果白鹿是白鹿原人精神的向往和憧憬，那么"牛车"就是他们尘世生活的"存在"。作为艺术符号，白鹿与牛车分别在形而上与形而下层面象征了白鹿原人的精神追求与现实存在。

白嘉轩由此而引发了关于人生的思考：自古白鹿村人冒不过千人，由此认定，苍天有一双眼，监视着掌控着人口的繁衍和衰减。这与先秦的"天命靡常"完全不同，倒与董仲舒的天人感应相吻合。

白嘉轩是农村的"智者"，他思考生活，投身于命运的抗争。

白鹿原持续了近一年的大旱，白嘉轩伐神取水，充当马角扮演乌梢，豪壮而惨烈。

白嘉轩敢于为民请命。他发动了轰轰烈烈的鸡毛传帖的交农运动。虽然最后时刻，他被缠住不得脱身，不曾亲身参与，但事后，他为释放被捕人员，表现了敢作敢当的大无畏精神。

独立于政权、政党、政治之外，为公众利益，白嘉轩与老天斗，与当权者斗，坚持了一种民间立场、民间态度，拒绝与政府的交往。

辛亥革命后，中国没有了皇帝。皇权统治在形式上的改变触动的思想上的、精神上的变化，微乎其微。

朱先生开出的"过日子"的方案：重修祠堂，重颁《乡约》，开办学堂，白嘉轩一一实施了。面对纷扰的世事，这些努力，苍白而无效。

国民党、共产党合作，农协继交农运动之后，掀起了"风搅雪"。朱先生告诉白嘉轩：你种你的庄稼务你的牛犊马驹儿就对了。白嘉轩沉稳地安坐轧花机上务自己的营生，还告诫白孝文："这跟咱屁不相干么！你该操心自己要办的事！"

百姓们的日子还得百姓们自己过。这样一种意识，这样一种态度，在《白鹿原》里得到了一种艺术的烛照。

虽然不参与政党冲突，但对陷入政党冲突的百姓，白嘉轩却绝不无动于衷，对那些不幸的乡党，他施以援手。

田福贤吊起了农协普通会员，白嘉轩下跪了，下跪求情。曾打折自己腰的黑娃被捕了，白嘉轩要救，以德报怨。他认为，我要是能救下黑娃，黑娃就能"学为好人"！处处与他较劲、作对的鹿子霖被关了，他要救，"在一尊香炉里烧香哩，再心短的人也不能不管！"

白嘉轩有一个广阔的胸怀。较之于鹿子霖的斤斤计较，鸡肠鼠肚，白嘉轩坦荡而磊落。但白嘉轩的宽广是有"边界"的，对于田小娥，白嘉轩从来不会把她放在心上。"等差之爱"，是白嘉轩恪守的"规矩"。

"学为好人"及"宗族"观念，高于政党、高于政治，这是白嘉轩的根本信念、根本态度。

小说是以"白嘉轩后来引以为豪壮的是一生里娶过七房女人"

这样的倒叙句开始《白鹿原》的恢弘叙述的。

男性的阳刚，理直而气壮！男子中心主义，男权社会的男子的心理优势、情感优势表露无遗！

家是第一位的，男子是家的中心。"君为臣纲、父为子纲、夫为妇纲"，男子在这里，至高无上。

生存的要义是子子孙孙无穷匮也。因此，不孝有三，无后为大。

传统中国的生死观、生育观、性事观、女性观，完全依附于男子的生存欲、权力欲、性欲、食欲。这是以儒家思想为中心的中国文化传统向民间渗透的普遍观念。

女人呢？白嘉轩母亲白赵氏说："女人不过是糊窗子的纸。破了烂了揭掉了再糊一层新的。死了五个我准备给你再娶五个。家产花光了值得，比没儿没女断了香火给旁人占去心甘！"掷地有声！

白赵氏在男子中心的世界里已彻底把自己塑造成了以男子标准来规范自己的贤妻良母。

因为连娶七个媳妇，又死了父亲，白嘉轩陷入破产。他要崛起！

白嘉轩开始了他的发家创业，小说的开篇写的是白嘉轩的发家史。这是一个雄心勃勃的充满了阴谋和不正当手段的发家史。

小说结束时，白嘉轩面对着鹿子霖，曾有过忏悔：我对不住你，我一辈子就做下这一件见不得人的事，我来生再给你还债补心。

遗憾的是，鹿子霖已失去了记忆，鹿子霖神态昏迷丧失了接受忏悔的能力。

这是一个更为沉重的悲剧：迟到的忏悔已无从唤起回应！不过即使无从回应，忏悔仍然可贵！这也是作家想要告诉读者的。

白嘉轩迁坟换地，种植鸦片，仙草又为他连生三男一女。

鹿子霖不服气了！

人类的嫉妒何以在乡土中国特别易于泛滥？是生存空间过于拥挤吗？是两千年皇权专制积累了太多怨恨和勾心斗角的心机吗？

在同一个祠堂的屋檐下，为什么就容不得两个出色的男人，他们为什么只能争斗而不能携手？

践行《乡约》，维护祠堂权威赋白嘉轩以巨大的道德优越感，这使得白嘉轩挺直的腰杆让黑娃心存畏惧与反感，让村街上喂奶的婆娘躲进了里屋。对于鹿子霖这样一个淫棍也不能不形成巨大的心理威胁。

鹿子霖对白嘉轩的发家早有警觉。鹿子霖与白不同，他热心于趋新，喜欢出人头地，抛头露脸。他无所谓原则，无所谓坚守。他是白鹿原上第一个剪去辫子的人，仅此一点，足见他的见识与胆量。他还是白鹿原第一个穿上新制服的人。他当了"乡约"，成了国民政府农村基层的小吏，当不了族长，鹿子霖只能另辟一条通往权力的路。他当然选择了当乡约，以显示他的不可轻视的存在。

红色风暴让鹿子霖吃了苦，他本该埋怨自己的儿子兆鹏，却迁怒于置身事外的白嘉轩。他不愿意白孝文顺顺当当成为白嘉轩的接班人，一个巨大的阴谋在他心头孕育，而手段较之白嘉轩歹毒卑劣多了。

鹿子霖占有了田小娥，乘人之危而且乱伦，鹿子霖让田小娥勾引白孝文，白孝文的堕落对于白嘉轩的打击是摧毁性的。

白色恐怖中，田福贤先是把鹿子霖晾在一边，这让鹿子霖如掉进枯井，一头蹬脱一头抹掉了似的失望，接着田福贤恢复了鹿子霖的乡约之职。在田福贤看来，白鹿原上只有鹿子霖可以对付白嘉轩。

事实上，白嘉轩不与田福贤合作就是政治。他卷入的不只是家族矛盾，他同时卷入了白鹿原的政党冲突，他不参与政治，政治却要干预他。百姓过自己日子的不易，躲开政治的不易，这让白嘉轩吃尽了苦头。

白嘉轩昏死在了田小娥的窑前，鹿子霖把他背了回来。这当然是鹿子霖的策划：就是要叫你转不开身，躲不开脸，一点隐瞒的余地也不给留。

小说围绕着祠堂行刑把白嘉轩、鹿子霖的较量写得惊心动魄而又纤毫毕现。

狗蛋的暴死，白嘉轩、鹿子霖哪一个能脱了干系？

鹿子霖下跪为白孝文求情把鹿子霖的虚伪揭露得恰到好处。鹿子霖也不是没有对白孝文的同情。他后来让白孝文去保安大队就是这种同情的表现。

白孝文卖房卖地，几近死亡，白嘉轩跌入人生低谷。鹿子霖却仍在心理上斗不过白嘉轩。白嘉轩出奇平静地让鹿子霖把拆了的房墙连土铲平拉净，给了他双重的"回敬"：钱财的和心理的。

小说结尾，鹿子霖再次被拉去陪斗，他瞅见主持这场镇压反革命集会的白孝文，在心里喊着：天爷爷，鹿家还是弄不过白家！

这一笔，千钧之重！

在鹿子霖看来，白与鹿的斗争仍将进行。我们走不出这个怪圈吗？这个"窝里斗"的百慕大三角？

《白鹿原》最动人的篇章之一是白嘉轩的劳动场面叙述。

白嘉轩喜爱田间劳作，他对土地的那份亲近，那份挚爱，充满了人性与大自然的美好！

"我是罪人。我爱受罪，我由不得出力下苦是生就的。我干活儿浑身都痛快！"田间地头，家里屋外，不论什么农活，在他手下都成了工艺性的创造与享受。

劳动成为享受和快乐，这是人性至高的美！

腰折了，白嘉轩却更显执着，近乎倔犟。这是一个打不倒的农夫！他执意要亲自犁地：白嘉轩只顾瞅着犁头前进的地皮，黄褐色的泥土在脚下翻卷，新鲜的泥土气息从犁铧底下泛漫潮溢起来，滋润着空乏焦灼的胸腔，他听见自己的胳膊腿上的骨节咯吧咯吧扭响的声音。他悠然吆喝着简洁的调遣犍牛的词令，倒像是一种舒心悦意的抒情。他一直犁到棉田的尽头掉过头来，背着霞光从东头翻耕过来的时候，吼起了秦腔：汉苏武在北海……！

托尔斯泰在《复活》里写过列文参与夏收的劳动，那是贵族的偶尔为之。

鹿子霖也曾劳动，那是年轻时候，他更喜欢闲逛、喝酒，与女人调情、苟合成了他生命的最大乐趣。他不乏热情与宽容，那是在乌鸦兵撤退后重修联保所时，是在白孝武举行婚礼时。他学会了"当乡约"，从监狱放出来之后，他把抽壮丁、收税的缠手事全交给了手下人。

白嘉轩、鹿子霖，白鹿原上的"大地之子"，乡土中国的生活原型式人物。白嘉轩一直活在"仁义"的理念里。他没有鹿子霖那样感性得被欲望驱使而无所忌惮。鹿子霖活在肉身里。

　　白嘉轩要借助祠堂与《乡约》在白鹿村竖起一种精神：仁和义。他要以仁和义征服鹿子霖，约束白鹿人，同时也确立自己的人生价值。是白嘉轩禁止了黑娃、田小娥进祠堂，将他们从祠堂开除，置他们于另类，不齿于村人的另类；是白嘉轩鞭打了田小娥、白孝文和狗蛋；是白嘉轩动手以镇妖塔将田小娥永世镇压在荒原；是白嘉轩宣布宠爱的女儿白灵死了，白姓里没有白灵这个人了，只是因为白灵断然退了婚，从家庭出走。

　　一方面，白嘉轩批评了鹿三，说：由人家混人家的世事去，你杀人家做啥？各人活各人的人！

　　说：你不害怕，那就光明正大的白天杀，为啥悄悄儿杀了她？

　　说：她害人不害人，得看谁本人咋样。

　　说：这号人死一个死十个也不值得后悔，只不过不该由你动手。

　　一方面，白嘉轩又宣称：我活着不容你进祠堂，死了还容不下你这个妖精。不管阴世阳世有我没你，有你没我。

　　斩钉截铁，势不两立。

　　不是说由人家混人家的世事么，怎么不论是死、是活，与田小娥不共戴天？正如田小娥死后附身鹿三所说，她碍着谁了？

　　自宋明盛行理学道学以来，牢牢控制着中国广袤大地的"存天理、灭人欲"的伦理道德给广大中国人带来了深重的苦难，制造了无以数计的生命悲剧，白嘉轩是这种伦理道德的实践者、捍卫者。

　　1950年，白嘉轩得知了白灵的牺牲，他牢牢记住了白灵死亡的日子。世上只有亲骨肉才是真的，白嘉轩说。白灵的死，他刻骨铭心；白嘉轩的话，也让读者刻骨铭心。

作品告诉我们，白嘉轩一直活到20世纪80年代中期，他已是90多岁高龄了。

20世纪50年代，合作化大潮中，白嘉轩是坚持不入社的死硬派。白嘉轩身上有令人敬畏的坚韧与顽固。

这是一个复杂的人，一个复杂的生命存在！

鹿子霖也是一个复杂的生命存在。

鹿子霖热衷从政，以乡约而沾沾自喜，与白嘉轩拒绝当乡约恰成对比。他只有以乡约与白嘉轩抗衡。而国民政府也需要在乡村基层收纳似鹿子霖这样的人来维持他的统治。国民党的保甲制度是它庞大统治机构的基础。

鹿子霖因此陷入尴尬。大儿兆鹏是共产党在白鹿原的领导，白鹿原是"红窝"，次子兆海是国民党革命军官。鹿子霖缺乏周旋于国共两党的能力。他被动极了。他因兆鹏而入狱两年，妻子鹿贺氏几乎倾家荡产才把他营救出来，鹿贺氏因此而悟出窝里斗的无意义，无必要，而认为岳维山、田福贤不收贿赂是真人。鹿子霖也认为不就是"拆来搬去"，再没有争强好胜的心思了。

可一旦回到联保所坐上"官"座，鹿子霖又旧病复发。这是一个朝三暮四的人，他赎回了卖掉的地，还想重整家业。他以眼前利害为取舍而活人，真个是不长记性，自己管束不了自己。

欲望的无厌，让鹿子霖陷入了尴尬。这尤其表现在他在性关系上的无耻。

鹿子霖遭遇了淫疯的儿媳鹿冷氏。那一束麦草，换来掉去，把鹿子霖的卑劣与无奈揭示得淋漓而不堪。鹿子霖玩弄田小娥，尿在脸上的田小娥的尿水给予鹿子霖以尖锐的讽刺与鞭挞。原上许多村子的孩子叫他"大"不仅没让他丢尽颜面，鹿子霖反而以之为乐。

小说在这些方面把鹿子霖的德性，把他灵魂深处的魔障揭露得深刻而细致入微。

鹿子霖培训小长工三娃子，以满足他的先天遗传的受虐。

鹿兆海遗孤的到来，似乎给他注入了强心剂！

夜深人静无尽的孤寂冷清，鹿子霖觉得整个世界无可留恋，一切都十分可笑，十分无聊，他不是一个麻木的人，他敏感地体验了人生的虚空。

白天来临，现实生活让鹿子霖又回到了丑陋与卑贱。"陪斩"让鹿子霖疯了，他死在了冻馁中。

出尔反尔，首尾两端，在清醒与邪恶中沉浮而难以自持。作家对这个人物的艺术把握与成功塑造，让鹿子霖成为新时期以来人物长廊中一个不可多得的艺术典型。

鹿子霖作为一个艺术形象可以与白嘉轩比肩，在人性深度的挖掘上，甚至比白还略胜稍许！

小说塑造人物的深刻还在于并不局限于现在时的展开，而是把笔伸向了过去时的追溯。小说延伸与扩大了叙述的时空，在人物的精神谱系里探索人物的心灵奥秘。

小说诉说了白鹿两家的发家史，探究了白嘉轩、鹿子霖性格形成的历史、文化渊源与血脉遗传承传，并由此对我们民族文化精神或者说国民性展开了作家的探询与追究。

白家先人白修身贫困冻饿中读书中举中兴家业,给"耕读传家"树立了成功的榜样,而那个六面固定了的匣子更揭示了"勤俭持家"的"法宝"。这个家族的不可能暴富也不可能破产的生存状况,为我们了解传统中国超稳定社会形态提供了重大信息。

人格,被白家置于首要地位。贫困与苦难都不可能有损人格,这是白家留给白嘉轩的做人要求,白嘉轩活得理直而气壮!

作品认为,鹿家与之不同。

马勺客或曰尻子客的发家史是一部不堪的屈辱史。作家将这种卑劣的为达目的不择手段的自轻自贱称之为"勾践精神"予以否定和批判。

如何理解"勾践精神"是一个值得探讨的问题。

作家是在白家一个铜子一个麻钱积攒的勤俭与鹿家靠卖尻子一夜发财的无耻这个对比中,展开他的议论的。也是在这个意义上,他将后者命名为"勾践精神"。这里,区别是巨大的。人格与精神被作家放在了压倒一切的地位。

《白鹿原》问世以来,经久不衰,广受读者喜爱,一个重要原因,在于《白鹿原》高扬的人格力量和这种力量闪耀的阳刚之气。无论是在当下,还是在未来,这种人类普遍诉求,即人性的正直、坦诚和坚守,从平庸和低俗的污泥里脱身,让自己走向心灵的平静,这才是走向幸福的真正道路。白嘉轩和鹿子霖为我们提供了一种参照,一种人生体验和人生思考。

近十多年来物质主义、享乐主义日益支配了人的情感、意志和认知。人的欲望的无限制膨胀和分配的两极分化导致心灵的困扰前所未有的加剧和凸显。信仰和精神支柱的缺位或空洞化，精神的匮乏和焦虑，物质和肉身的过度追求造成了精神失衡等等，将寻求道德重构和精神超越提到了我们面前。

这当然不只是中国的问题。

美国的麦金泰尔在《德性之后》一书中曾指出：西方社会自启蒙运动以来，摒弃德性传统，全面功利化这样的一个历史选择，带来了人类自身难以克服的道德困境。麦金泰尔因此认为，把21世纪界定为市场交换价值支配社会文化价值的功利主义时代，这样一个判断是不全面的。他呼吁，人类不能躲避崇高，不能失去理想主义的照耀，不能没有价值理想和终极信念的支撑。

人，尊严地活着，不只是个人的要求，更是人与人交往的要求。尊严的人际交往与生命主体的尊严互为前提和归宿。这种尊严不是建立在物质拥有，权力拥有，公共资源拥有的多寡之上，而是从人格的自尊与健全以及对他人人格的尊重与维护出发，在一个充满活力的社会结构中，充分实现主体与群体，自我与他者的共同发展。

白嘉轩的人格高度因此分外吸引了读者眼球，以维护生命个体的尊严。他历经苦难，但他矢志不移痴心不改。不是说这才是尊严，而是他的人生体验中的坚守与不屈昭示了一种可能，如何自重、自尊、自信、自强。《白鹿原》在我们民族文化心理结构的剖析中，把白嘉轩与鹿子霖这两个艺术形象编织进了家族的、社会的复杂关系之网，他们分别构成了小说叙述的节点，同时也成为小说叙述的内在推动力。

白鹿两个家庭，前有历史承传而后有子孙绵延。这已不再只是家族的，而是交织了时代重重冲突的社会结构的风景。这是一种时空的重组。

孝文、孝武、孝义，似乎都是盯着原上这个"家"的主儿。家族与祠堂是他们活动和关注的全部人生内容。他们秉承白嘉轩与政治、政党不染。小说的情境设置让白孝文在经历了人生转轨后与政治、政党有了摆脱不开的关系。他成了政党、政治中的活跃一员。他枪杀保安大队张团长与他碍着大姑父朱先生而暂时放过鹿兆鹏都足以显示他的歹毒而极有心机。

白孝文在《白鹿原》人物关系中有着沉重的历史警示意义。他窃据新政权县长和以革命名义枪杀鹿兆谦，将阴谋进行到底为乃父望尘莫及。白嘉轩曾为黑娃求情以免一死，白孝文不理不睬。躲过了岳维山、田福贤的子弹为郑芒儿救出，却躲不过"革命"的审判，死在了白孝文手下。在此后的岁月里，白孝文将扮演什么样的角色，小说为我们留下了无限的遐想。

兆鹏、兆海与乃父一样，热情而喜欢参与公共事务。弟兄俩眼界开阔，进省城读书为他们的发展提供了广阔空间，兆鹏对黑娃的亲和从他在学堂时就开始了。这与黑娃对白嘉轩父子的疏离形成反差。对他人的关爱、关注是兆鹏成为革命者的重要原因之一。

鹿兆鹏背叛家庭与他对传统中国和文化传统的背叛同步。他曾被祖父鹿泰恒挟持回家。在村街上，祖父告诫给鹿校长让路了，让路了，极尽讽刺。甫一进家门，祖父一拐杖打过去，说，还由了你了，家长的权威容不得任何挑战。即使如此，革命信念与包办婚姻的背逆使兆鹏不再回家,他把发妻逼进了死角。鹿冷氏惨死于淫疯病。他悄然与白灵结合。放在"革命话语"的背景下,这一切都可得到合理解释。历史告诉我们,"革命至上"往往导致人类普遍性伦理被践踏。这在法国大革命和俄国十月革命那里都有惨痛的教训。白嘉轩的"仁义"话语霸权,容不得对"仁义"的稍许偏离,与这种革命话语的独断性,其实并无差别。

鹿兆鹏远走新疆,他的"革命生涯"也给读者留下了不解的谜。这让《白鹿原》呈现了一种开放的结构。

鹿兆海热情而单纯,忠于爱情与忠于民族职守都源自他的忠诚。这与鹿兆鹏忠于革命理想其实一样。兆海由共产党员变成国民党员,与他对革命的错误理解分不开。白灵则反之,在"革命低谷"里投身共产党。凡此种种,大浪淘沙,知识青年在急风暴雨里的选择,阴差阳错,今天的读者可能难以理解。"还原"当时情境,已不可能。不过,人生并不时时听从内心召唤,而且本想进这个门而进了另外一个门,这在历史上也屡见不鲜。社会及特定环境制造的"情境"是一种敞开,同时也是一种限制。小说关于兆海、白灵党派易位的叙述,正写出了人生选择的奇幻与无奈。所谓必然性总通过偶然性呈现,此为一例。与兆鹏处于地下不同,兆海时时关注着家。他从民族抗日英雄而沦为反共罪人,他的命运多舛,那是个人在历史洪流面前的无可奈何。他的墓碑上的屎尿是历史的嘲弄,也是命运的反讽。兆海坚守的唯一,是他非白灵不娶。他后来娶了一个酷似白灵的女子,这个遗孀信守了他的诺言,把兆海留下的遗孤送回到鹿子霖处。小说没有给这个媳妇留下名姓,她飘然远去。

飘然而逝的生命，尤其女性的生命，多了。白嘉轩那早逝的六房媳妇，大拇指强留山寨的黑牡丹、白牡丹等等，等等。

"那些被遗忘的，不知名的个人，他们的忧伤和快乐，痛苦和死亡，这才是迄今为止的人类体验的真实内容。如果历史能告诉我们这些内容的话，那么我当然不应该说在其中看到上帝是亵渎神明。但这样的历史不会，也不可能存在。"波普尔在他的《开放社会极其敌人》一书里的这段话，对所谓的历史提出了他的质疑。就人类体验而言，那些世俗认为的非成功人士，那些无名无姓的芸芸众生，难道他们的生存不应该牵动我们的目光，引发我们的思考？

正是在这个意义上，《白鹿原》显示了一种人类的悲悯。小说不止给鹿兆海的遗孀留下了一个远逝的背影，留下了难言的理解与同情，它还给红三十六军的溃灭、给习旅的失败，留下了它革命的记忆。

在《白鹿原》的复杂人物格局中，中医大夫冷先生不可或缺。他贯串小说始终，具有结构小说的艺术功能，他独特的为人处世显示"冷"的禀赋，更为小说的秦地风情增添了浓重的一笔。

在白鹿村的社会结构里，冷先生的中药铺是一个醒目的存在。与其他的北方农村不太一样，白鹿村这个闭塞的村子居然拥有冷先生与他的药铺，这常会让人联想起咸亨酒店之于鲁镇，似乎一种地标性建筑。在这样的地方和处所，总会演出一些日常生活里的悲剧和喜剧吧？

如果说，朱先生曾经是白鹿原的精神制高点，白鹿精魂的象征；

那么，在世俗社会的层面，冷先生因他的中医身份和"冷"的倔犟，常常自觉或不自觉地扮演了乡村生活的调停者和评说者。

冷先生面冷话冷心不冷。他医术高明，从不以贵贱取人，这让他在原上享有很高声望。这也是他能够居间调停的重要资本。

冷先生一出场就给人留下了深刻印象。白秉德正忙着给嘉轩娶媳妇，突然暴病不起。冷先生施尽良方，无力回天。冷先生用药之冷，医术之奇，可见一斑。

白嘉轩、鹿子霖年轻气盛，为换地买地大打出手，冷先生冷静分析，好言相劝，平息了冲突，为白鹿村赢来了美誉：仁义白鹿村。让白鹿村将"仁义"进行到底，成了冷先生的追求。

为了"仁义"的推行，他与白、鹿两家联姻。大女儿嫁给鹿兆鹏，小女儿嫁给白孝武。小女儿本是要嫁给白孝文的。出于面子，不甘屈于鹿家之后，白嘉轩同意孝武娶冷先生二女。这个联姻，当然也有冷先生个人的考虑。有了这样的姻亲关系，冷先生在白鹿村的地位，就有了牢固宗法基础。

以后，冷先生一直以亲家身份，周旋于白、鹿两家。

乡土村落，消息闭塞，中医堂自然成了信息交流中心。

辛亥"反正"，是冷先生从西安城里带回了确信。

冷先生对于"反正"的一番议论，把这位乡村名医的政治见解揭示无遗。在政治见解上，他与乡村百姓，实在相差无几。

白孝文被田小娥拉下水，这一关乎白嘉轩声誉与地位的重大丑闻，是冷先生传给白嘉轩的。除了冷先生，谁个敢捎话？

鹿兆鹏追求恋爱自由，婚姻自主而不可得，只有冷处理，彻底把鹿冷氏"冷冻"在父亲家。这是冷先生始料不及的。

鹿兆鹏不幸被捕,面临死亡。冷先生竟然倾其所有,装了十几麻袋金银财产,行贿田福贤,要求救出鹿兆鹏。

"你想法子放人,我救兆鹏,只认得他是我女婿。我的女子从一而终,这是门风。这几年攒下的货全端出来了。"言辞之坚定,手段之冷、绝,田福贤无以招架,无从拒绝。

"从一而终",至高无上。

鹿冷氏在"从一而终"面前,唯有死守空房。

鹿子霖与鹿冷氏演出了相互给碗里搁把麦草的丑剧。

鹿冷氏犯了淫疯病。

冷先生陷入无奈。他劝说鹿子霖让兆鹏写一纸休书。这是挽救女儿的最后一招。

鹿子霖拒绝了这一要求。鹿子霖要面子,他不愿得罪冷先生。鹿子霖的这一举动,把鹿冷氏逼向死地。

冷先生只有训斥女儿:"男儿志在四方,你在屋里好好侍奉公婆,早起早眠……"

冷先生本人只好搬出朱先生,让朱先生转告兆鹏:"冷先生本人留给你的一句话,纯系家事,给女人个娃娃。给个娃娃,他女子就能在你屋里活下去,他自己在白鹿原也能撑一张人脸……"

这是在救兆鹏后临别时,朱先生的转托。这已经不只是鹿冷氏的事,它关乎冷先生的颜面这样一个严峻问题。

无人能解这个"死结"。鹿冷氏只有淫疯加剧。冷先生用药让女儿成为哑巴,继而鹿冷氏死于淫疯。

细数白鹿村妇女的命运，他们在"三从四德"的罗网里，几乎很难逃脱悲剧性的结局。

为了"仁义"道德，为了传统礼教，冷先生费尽了心机。他苦心经营的姻亲关系网，并没有给白鹿村的"仁义"带来多少帮助，反而把大女儿都搭了进去。

正如女儿的死亡，他无能为力；在白鹿两家的矛盾中，他也束手无策。他始终与白嘉轩保持一致。对于鹿子霖，他说："这人早都从我眼里刮出去了。我早都不说这人的三纲五常了。……"冷先生不是一个背后议论人的人。这次谈话，实在出于不得已。

冷先生不改初衷。为了高悬的"仁义"理念，冷先生身体力行，几近于冷酷与无情。

白鹿村纷纷扰扰。不论是白鹿两家的家族矛盾，还是国共两党的政治斗争，冷先生的调停人角色，都十分尴尬。

白鹿村的历史变革是必然的。小农经济的生产方式并没有改变。然而兴起于全国的现代性要求及这种要求下的种种政治、经济、文化冲突必然波及白鹿原，而白鹿原内部的新生力量与时代的呼应更催生了白鹿原人自身的变革。

在这样的时代大潮里，意欲超脱的冷先生，仍期望着"仁义白鹿村"。这只能成为一个"幻影"。

冷先生是一个追影人而不是逐梦者。那是历史的旧影，它是必然消逝并正在消逝的乡土中国的伦理信念和社会秩序。然而，它也含有理应被写进未来的合理元素：真诚与坚守。

第十四章　恢弘、凝重：《白鹿原》审美特征

一　《白鹿原》的审美特征

《白鹿原》，一部充溢着阳刚之气和豪狠力度的作品，恢弘和凝重构成了它的审美特征。

恢弘来自《白鹿原》的时空的广大和悠长，来自作家把握重大事件和生活脉象的弘大气势和从容镇定。凝重来自民族命运的忧思，来自历史的重负和现实的焦虑。

我们民族正在走上复兴的征途。

邓小平早在上个世纪七八十年代之交，就曾深刻指示，批判封建残留是我们不可回避的历史任务。现代社会的建设必须走向现代、走向世界、走向未来。为了"三个走向"，必须批判"封建残留"；只有彻底批判"封建残留"，才可能实现"三个走向"。

陈忠实在他实现自己的第二次精神剥离中，越来越认识到作家的思想穿透力对于创作的重大意义，这尤其表现在如何看取历史，看取历史与现实的纠葛。

"从历史发展的角度看,封建制度有它辉煌的一面,但其作为人类历史发展过程的一段,毕竟是一个非常落后的制度。回头看看历史,我觉得作家首先要有穿透封建权力的思想和对独裁制度批判的力量。"①

对于人民心灵的欢畅和痛苦的本质性的观照,是文学作品艺术生命力的所在。

一个作家的文学理想不能不为民族精神的更新和发展提供点什么。

进入21世纪初,陈忠实回望《白鹿原》的创作,有了这样的总结性思考。

在一个相当长的时光流程里,我国文学史的册页,写满了阴柔之美,虽然也曾有过阳光灿烂,那往往是一些虚幻的、被时光证明了的虚浮不实。鲁迅的作品,为崇高和悲悯照亮,在我们民族精神的旗帜上,烙下了不灭的印迹。

鲁迅直面现实与历史的严峻真实,高扬民族不屈的生命意志和活力,反对虚浮,反对谎言,承受苦难并且穿越苦难,向着人类和民族的未来,孤独前行。

绝望里的希望,拒绝幻灭。

鲁迅的精神,薪火相传。

在"民族魂"的探询和重铸里,陈忠实与鲁迅,精神相通。

《白鹿原》的气势与力度,让我们仿佛置身于一个强大的"气

---

① 陈忠实. 原下的日子. 西安:太白文艺出版社,2004.249

场"，它和别的强力越接近，越能显示出它独具的力度。

罗曼·罗兰曾写道："清明的目光，紧张的意志，全部的精神都超临在整个梦境之上……把思想抓握得如是紧密，如是恒久，如是超人似的，恐怕没有一个音乐家有他那样坚强的力……他自称那是对魔鬼的追逐。"①

贝多芬的"坚强的力"来自"对魔鬼的追逐"。同样陈忠实也在追逐"魔鬼"。

"从十四岁写第一篇小说起，至今已过去整整四十年了。四十年来，造成我人生经历中全部有幸与不幸的是文学……文学是个魔鬼。她能使人经历九死不悔不改初衷而痴情矢志终生，她确实又是一个美丽而又神圣的魔鬼。"②

并不是与文学这个魔鬼纠缠的每一个人都能走向文学的奥林匹亚山。出类拔萃的属于那些不断超越自我，追求与实现了"与众不同"的佼佼者。

"原创"是天才的赞誉。

尼采的"与众不同的欲望和欲往他乡的愿望"促使尼采喊出了"上帝死了"的绝唱。

《白鹿原》的力度来自强大的"真实"，民族生命的"真实"，文学生命的"真实"。

《白鹿原》写出了中国人真正的爱，真正的恨，真正的痛苦，真正的希望。中国人的精、气、神在《白鹿原》里，有了中国人的表

---

① 罗曼·罗兰. 巨人三传. 合肥：安徽文艺出版社，1989.107
② 冯希哲，赵润民. 走近陈忠实. 西安：陕西人民出版社，2006.81

达，而恢弘凝重是它的审美形态。"我曾经在不少话题里言说过对关中这块土地的热爱和理解，用一句话或者一个词概括我的直接感受，这就是：沉重。既是背负的沉重，更是心灵的沉重。"陈忠实这种心灵的沉重与他背负的沉重是吻合的，凝重成为他诉诸文学的情感基调。

这是因为《白鹿原》回到了生活的"原点"，民族的"原点"。《白鹿原》的"与众不同"，正在于此。

在文学叙事的"场"里，越是返回到"原点"，那反作用力就越大，也即叙述所发现所达到的"力度"，也就越强。

纳博科夫说：艺术的创造远比现实生活来得真实。

历史一如生活，有那么多支离的、相反的面貌。我们却往往只看见一个，那剪贴最整齐，轮廓最简单的一个。而艺术却能为我们勾画出被筛选、被过滤了的那些原汁原味的细枝末节，从这些细节里，我们将可能触及历史的体温和肌理。

在张爱玲的一本书里，叙述了日军进攻香港，几个女孩在硝烟未散里，思谋着在什么地方可以吃到她们喜爱的冰淇淋。在我看来，这就是生活，被忽略不计的战争史中的一个生活细节，它的生命力远远胜过写将军和士兵。

《白鹿原》回到"原点"，就是回到被遮蔽了的生活的根本，也就是"食色性也"，这是人类生存和繁衍的基本形态。

《白鹿原》的"真实"，不是生活本来面目的简单移植或复制，它是艺术的创造，艺术的"真实"。

《白鹿原》回到"原点"，就是回到民族文化心理结构。民族文化心理秩序，它不是静止的，而是一个动态过程，既有民族地域特色，又有与人类相通的共相。

欲望与理性的博弈构成了民族文化心理结构的内核。

生命的本源在于生存和繁殖。繁殖是生命的延续，生存是生命的存在和前提。性与性事在《白鹿原》的呈现是寻找和书写生命和文化的"根"。

各个民族生存和繁殖的本能同一，只是强度与实现的能力会有差异。

意识和无意识（潜意识、前意识）的交织演绎了不同个体生命的存在，民族共同体的存在。

"牛车"和"织布机"，是白鹿原的标志性风景。白鹿原的衣、食、住、行与"牛车"、"织布机"不可分离。白鹿原人的生活方式、思维情感方式和行为方式由此而派生而繁衍。

《白鹿原》"还原"了"祠堂"与"乡约"。这是白鹿原人的家庭结构与宗族社会的基本构件和精神形态。《白鹿原》展示了白鹿两家的"当下"冲突，而且深入到两家人的精神成长史。这种成长几乎全部为儒家文化、儒家伦理所孕育、培养和陶冶。这为白鹿原的地理存在、历史存在所形成的关中儒家文化传统所决定。

曾有论者认为《白鹿原》并没有展示出中国文化传统的复杂性，没有揭示儒、道、法、释等等多种文化的交织。这种论者显然忘记了《白鹿原》只是写了在白鹿原这块特定土地上发生的生活故事，这是一个有限时空里虚构的小说世界。关中平原偏僻农村浓得化不开的儒家文化传统与陕北的游牧文化，与陕南的荆楚文化，显然存在差异。《白鹿原》并不是中国文化传统的全景图，它突显的是在中国文化传统里始终占主导地位、支配地位的儒家文化。这也是关中文化与陕北、陕南文化不同之处。

《白鹿原》回到"原点"，还表现为"革命叙事"中常见的"革命"与"反革命"的冲突始终与家族矛盾纠结在一起。家族矛盾与政治斗争的错综复杂让《白鹿原》呈现了罕见的历史真实性和历史整体感。

需要强调的还有"民间立场"的介入。这种反映草根意识、草根情感的日常叙述与他们对发生在身边的政治斗争的态度与情感，不仅构成了白鹿原世俗生活画面的重要部分，而且也在民间与草根的眼光里给政党、政治斗争涂上了一种复色调。历史叙事与革命叙事的重叠，透过民间视角，更具有了立体感。

值得注意的还有作品对家族制度清醒的自觉的理性认识和批判态度。

"五四叙事"曾不遗余力地批判家族制度，此后"左翼叙事"与"延安叙事"在阶级斗争观念的指引上，逐渐向着阶级与家族的缠结转移。新时期以来，这种对"家族"的淡忘在"寻根"文学里复苏了。然而，如《白鹿原》这样在一种整体性的反思里予以清醒批判，在《白鹿原》之前，可以说还不曾有过。什么是"原点"？"家族制度"、小农生产的自然经济，与《乡约》、祠堂，一直以来，和白鹿原的牛车一道，走过了白鹿原的悠悠岁月。传统中国社会的超稳定结构和秩序里，儒家文化应运而生，结伴而行。《白鹿原》的强大艺术力量是源自于对这种家族制度和儒家文化的深层揭示和现代批判。

理解《白鹿原》关键性符码：家族制度与文化，还不足以洞察《白鹿原》。忽视异文化共存结构将妨碍我们对《白鹿原》的理解。

《白鹿原》的内在时空，构成了一个相对自足的小说世界。但它必须要放在一个更为广阔的文化视野里。小说曾涉笔东南沿海地区，虽然在朱先生眼里，这是一种轻浮的文化，但恰恰是东南沿海文化为当时的关中文化提供了一种参照。小说还涉笔西安城市文化，虽然皮匠这位二姐夫不被朱先生和白嘉轩看好，但正是这种城市文化与乡村文化构成了一种互补。

正是这种异文化的共存与差异，促使陈忠实重新思考并去挖掘白鹿原的文化结构。虽然，在偏远的处所，在近乎封闭的白鹿原，占据支配地位的主流文化——儒家文化与家族制度是如此的难以撼动，并且似乎处于某种道德的优势；但是，一种新的文化、新的道德正从白鹿原的内部产生。三民主义、新民主主义文化的代表鹿兆鹏、白灵、韩裁缝及鹿兆海、田福贤、鹿子霖成了白鹿原上的活跃人物，他们与白嘉轩、朱先生和鹿三，把白鹿原推向了空前未有的动荡。

白鹿原的生活样式、社会秩序和文化心理经历了尖锐、复杂而深刻的变革。在白鹿原漫长的日子里，从来还未曾有过如此广大而影响深远的变化，它既深受外来影响，更是它内在矛盾的必然。鹿兆鹏新式小学校的建立，犹如新文化的播种机，它与白嘉轩的旧式学堂决不可等量齐观。新学校的创建，就宣告了旧学堂的失败，但这也只是形式上的。根深蒂固的文化传统依然支配着白鹿原上的每一个人。

从"原点"出发,以"艺术的真实"展现民族文化心理结构的复杂以及变革,在宏大的艺术结构里,以强劲豪狠的笔力,探寻民族复兴的心灵之旅,这赋予《白鹿原》以恢宏和凝重的审美风貌。

小说是叙事文学。"人物才是撑起故事框架的柱梁",陈忠实认为。

小说创作的成功与否,判断的标准之一,就是能否塑造一两个或者几个进入生活世界的人物。小说人物一旦从虚拟世界进入生活世界,他们也就获得永久的艺术生命。

正如《红楼梦》的贾宝玉、林黛玉、贾母、王熙凤、薛宝钗……那是一长串闪光的名字;正如《安娜·卡捷琳娜》中的安娜,《复活》中的玛斯洛娃;如《阿Q正传》中的阿Q,《孔乙己》中的孔乙己,《祝福》中的祥林嫂;《金锁记》中的七巧,《倾城之恋》里的白流苏、范柳原;《围城》里的方鸿渐、孙柔嘉。

也许,小说里的情节故事、微言大义早已忘却,而那些铭刻在记忆深处的人物,却无从抹去,常常会自动跳跃而出,以生活印证他们的存在。读过《白鹿原》的,又有谁能忘了白嘉轩,忘了田小娥、黑娃,忘了鹿三、鹿子霖、朱先生?这些在民族记忆的公共场景里的鲜活生命,证明了《白鹿原》的成功。

"从人物的角度写人物",这是陈忠实从柳青那里领会并继承的。当然,"在所有的时代,在任何艺术领域中,艺术形式总是有生有灭,需要不断地推陈出新。"法国的阿兰·罗布-格里耶在他的《新小说》里,曾就读者认为"新小说"里没有传统定义的那种"人物"而提出反驳。

阿兰·罗布-格里耶认为:"书中的每一页、每一行、每一个字中都有人。尽管人们在小说中看到许多'物',描写得很细,但首先是有人的眼光在看,有思想在审视,有情欲在改变着它。"

从"物"而显现"人"。《新小说》认为,新小说并没有忽视"人"的存在,只是"存在"的方式发生了变化。

纳塔丽·萨洛特则认为:"小说的兴趣中心已不再是列举境遇和性格,也不再是描述风俗,而是要揭示一种新的心理材料。"所谓文学的"哥白尼式的革命",就是指人物塑造的"向内转",以人物心理叙述为重点。

以"向内转"而著称于世的普鲁斯特的《追忆逝水年华》也离不了现实主义元素,离不了人物。

从人物的角度写人物有点像体验型演员,把自己转换为角色,以角色的身份去认知与感受世界。他的喜怒哀乐,他的爱恨情仇,是人物自己的,只是借助演员的二度创造。

柳青之所以提出从人物角度写人,至少有两点值得注意。

一是,不要把作家的理念和情感强加给人物,使人物成为作家主观意志的传声筒,而是要让人物鲜活地站立起来,在人物所生活的世界里,自己去创造自己,完成自己。对于理念的,尤其外加的理念的排斥在这里有重要意义。

二是,人物既然是独立的主体,他就不可能只是一种理念,一种情感的单一的、干瘪的符号。他必须是也只能是一个血肉丰满有思想也有情欲的活生生的人。作家可能只撷取人物的人生片段或人性某一侧面去予以刻画,但作家心里必须牢记,作品中的人物是复杂的生命存在,是整体性存在;即不应是扁形而应是圆形人物,或黑格尔所说的"这一个",不是单面人而是复合型的人。

柳青之所以提出从人物角度写人物,可能是有感于上个世纪上半叶"延安叙事"所形成的那种单一的阶级论、阶级斗争学说给文坛给文学创作所带来的一些弊端。一切以阶级划线,一切从阶级斗争出发,好人就是好人,坏人就是坏人。"文革"前后,批"中间人物论"突出地表现了这种形而上的简单粗暴的人物塑造理论、创作论和小说批评论。塑造新人形象,实际上成为塑造"高、大、全"的英雄人物和先进人物。

柳青在《创业史》中虽然竭力要求自己从"人物角度"出发,但他所处的文学话语场不能不给他笔下人物蒙上浓重阴影,这种历史局限性,谁也难以摆脱。

陈忠实是从自己的长期创作实践中,从塑造人物的不断摸索里,逐渐形成自己塑造人物的艺术追求的。

不倾心性格塑造而是努力探索人物的文化心理结构,使陈忠实在塑造人物上寻找到了一条寓于民族文化特色、地域文化特色的人物心理剖析的艺术之途。正如陈忠实所说:"《白鹿原》展现的不仅是两个个别的、具体的家庭的文化心理结构,而且是整个民族的精神和心理结构。"[①]

这是从人物角度写人物的艺术深化,我曾讲过陈忠实从"柳青

---

① 陈忠实. 原下的日子. 西安:太白文艺出版社,2004. 247

气象"中出走之时,也就是"白鹿气象"形成之日。在这个意义上,《白鹿原》是《创业史》的"反动"。《白鹿原》标志着陈忠实与柳青彻底告别,与革命现实主义彻底告别,与"十七年文学"中那些非文学因素彻底告别。这当然不是断裂,而是创造性"反驳"。

由《白鹿原》形成的"白鹿气象"是一个艺术整体。它的一个重要内涵就是指"多重角度探索人物丰富的、真实的心灵历程"的人物塑造。这原本是一个常识,然而,在一个相当长的时间里,我们却往往违背常识。文化心理结构的艺术实践证明陈忠实勇于吸纳新的文艺思潮和勇于实践的探索精神、创造精神。

但这只是一个方面,另一方面,我们必须强调作家的创造能力。作家们都在希望创新,不重复自己也不重复他人;可真正付诸实践,付诸作品,可以说是太不容易了,太稀缺了。"希望"只有在实践过程中实现,能否实践与实践的能力才是关键。

从性格塑造而走向文化心理结构,我们从陈忠实20世纪80年代中期开始的中短篇小说人物那里,已经看到它的艺术效应的鲜明。这种鲜明不是单一,不是单纯,而是复色调。你在陈忠实塑造的人物那里,不能够简单的下一个评语式的结论——好人或者坏人,他们一个个都是活生生的人,而这首先得力于陈忠实生活积累的雄厚扎实,以及将这种雄厚扎实提炼为透彻骨髓的生命体验。

陈忠实曾不无谦虚地说:"这也许是我的写作习惯。生活人物凝结着的心理气象和独秉个性的一个行为动作,总是可以调动我的生活储存,然后就获得刻画人物的自信和自由。"

刻画人物的自信和自由是两个不同的概念,自由建立在自信的心理支撑上。自信来自陈忠实较之一般作家远为扎实而丰厚的生活存储和艺术表达。

恩格斯说:"世界体系的每一个思想映像,总在客观上被历史状况所限制,在主观上被该思想映像的人的肉体和精神状况所限制。"[①]

主体的情感体系折射的内部世界是主体对外部世界的认识,是主体对外力刺激的反映。

"理想的意图"只有在人的感觉、思想、行动、意志中,才能变成"理想的力量"。

而自由正是将"意图"变为"行动"的智慧和力量。

《白鹿原》的人物塑造突出的一点是将人物置于尖锐的冲突中。矛盾往往是观念的、伦理的或关乎家族的、政党的,如白嘉轩与鹿子霖,黑娃与白嘉轩,白灵与白嘉轩,白孝文与白嘉轩,鹿兆鹏与鹿子霖,兆鹏与兆海,白灵与兆鹏,鹿三与黑娃、田小娥。

不难发现白嘉轩与鹿子霖的家族矛盾是主线,贯穿小说始终。它在历史的层面可以追溯到长子长孙继任族长的宗法传统里。在现实的层面,因"白"的族长身份激起"鹿"的参政热情而始终不放弃"乡约"以求抗衡。

由这一主线而衍生了、牵动了若干支线:

这里有白灵与"白"的冲突,这是传统伦理道德的奉行和追求自由民主新生活的不可调和的矛盾。

黑娃和"白"的冲突既有贫寒人家对富有人家的本能反抗,也

---

① 马克思,恩格斯. 马克思恩格斯选集:第三卷. 北京:人民出版社,1972.76)

有道德优势给予黑娃的威压和对这种权威力量的天然反击。

白孝文与"白"的分歧：孝文作为接班人的"克己复礼"，被拖下水后的自暴自弃所表现的叛逆，浪子回头后的阴险与狠毒。白孝文与"白"是父子关系。"白"对孝文寄寓的家族愿望因孝文的政治身份的转变而完全脱离了"白"预设的轨道。这种"偏离"，极富历史与时代意味，耐人寻味。

鹿子霖与兆鹏的冲突，始于婚姻而分裂于政治政党立场，几乎不共戴天。

兆鹏、兆海的冲突缘自政治和婚姻。兄弟反目却不为仇，似有深意寓焉。

白灵与兆鹏、兆海的关系完全因政治立场而将爱情转移，时代婚姻观的特色彰显了政治对于社会的支配性影响。

所有这些人物冲突几乎都是尖锐的、难以调和的。

随着情节发展，人物被推向了风口浪尖。何去何从，常有惊心动魄的选择和演绎。人物形象也在矛盾冲突中鲜明而浮雕般的站立起来。

陈忠实善于从尖锐冲突中塑造人物。《接班以后》《南北寨》《梆子老太》《地窖》等小说无不充满矛盾。如果早期作品还停留在对人物的简单符号化认知，那么，随着逐渐将人物置于广阔社会层面进行文化心理剖析，人物形象也就日渐丰满。到了《白鹿原》，这种丰厚历史文化背景上的人物冲突的内涵就更加复杂，充满了刀砍斧凿般的力度。

人物命运的陡转即冲突的大起大落，是《白鹿原》塑造人物的又一显著特征。它是尖锐冲突的表现形式，是对人生冲突的非常态艺术处理。

在《地窖》《辘轳子客》里已经尝试过的这种命运陡转，在《白鹿原》里有了更成熟的表现。这种大起大落带来的人物命运的传奇色彩，是与《白鹿原》日常生活的常态叙述有机糅合的。黑娃的爱情、闹农协、当土匪、起义、归正读书又被白孝文枪毙，他的人生道路，他的文化心理结构，几经撕裂、重组、再撕裂、再重组。

离开风起云涌的白鹿原的半个世纪的急剧变革，黑娃的传奇人生将不可理喻。黑娃与白鹿原互为说明、互为发现、互为生长又互为补充。

作家并不一味大刀阔斧，这里还有精雕细刻。黑娃之吃冰糖，黑娃之拜祠堂，恬静中也起伏着情感的涟漪。

白嘉轩刚梆硬正，他心底深处对于白灵的爱，却从梦中浮现，从痛苦里流泻。

刀砍斧凿，也有精雕细刻。《白鹿原》人物形象因此立体地矗立在新时期文学人物长廊。

《白鹿原》人物塑造的大刀阔斧、精雕细刻立足于人物的文化心理结构的准确把握与变化发展。

如前所述，《白鹿原》中人物的冲突都是在文化的大背景下展开的。陈忠实恰恰是抓住了在各种文化背景下不同人物的不同心理、不同表现进入到人物形象塑造的，也就是说，他是沿着每个人物的文化心理结构去塑造人物的。在这种创作的趋势下，同一人物在不同事件下的不同表现，同一事件中不同人物的不同表现交织交错，而这些人物的举动言语始终具有连贯性,他们表征之内的依然是人物内在的心理结构。"不必把主要兴趣完全投入到诸如工人、农民或其他什么身份的职业特性上,或不同地域的生活习俗上,而是关注作为人的心理形态,这才是最具沟通各种职业、各个阶层乃至各个种族心灵的东西。"[1]

鹿三杀死了田小娥,各个人物有了不同的反应。真相大白后,各人的反应仍然不同。其中白孝文、黑娃的表现,尤见个性。朱先生为拒绝写反共宣言,与白孝文有一番对话。朱先生两眼如剑般紧盯着白孝文,接着又平静地说:"你们在一个窝里咬,得是还不够热闹?还要把我这老古董也拉进去咬!你快装上现洋走吧!……"从怒目金刚而平静如水,朱先生的情感起伏,如在眼前。朱先生很少眉间挂剑,这于朱先生性格的多侧面是偶尔露峥嵘的一笔。

白嘉轩在遭遇多次灾难中始终保持着刚毅的性格,但在不同情境中也有着人性柔弱的真情流露。鹿子霖派人去拆白家的房子,白嘉轩走出来还笑着说:"快拆,快拆,拆了这房就零干了,咱家该谢承你子霖叔哩……"随后拉着孝武进后院去了。白嘉轩被砸断腰后,孝武提出不再唱"忙罢会"戏,"白嘉轩摆一下头嘲弄地笑了:'说定要演的戏就要演不能退。……土匪正是想看你我的哭丧脸儿哩!明白吗?偏给他个不在乎的笑脸儿。明白吗?'"

在原上活着心里就能插下刀子的白嘉轩在灾难中总有出乎常人想象的举动。但当白嘉轩发现白孝文的秘密不堪重击而躺倒后,鹿

---

[1] 陈忠实.陈忠实文集:七.广州:广州出版社,2004.227

三走进来看他,"白嘉轩忍住了泛在眼眶里的泪珠说:'你知道发生啥事了,知道了,我就不再说了。……'"黑娃潜入白鹿村被父亲鹿三逼走后,白嘉轩让家人准备好酒菜,"白嘉轩佝偻着腰站起来,刚开口叫了一声'三哥',突然涕泪俱下,哽咽不住……白嘉轩鼓了好大劲才说出一句话来:'三哥哇!你数数我遭了多少难哇?……'说着竟然哭得转了喉音,手里的酒从酒盅里泼洒出来。"

而形成鲜明对比的则是鹿子霖。鹿子霖道貌岸然地出现在众人眼里,却有着蛇蝎之心。他霸占田小娥,治死狗蛋儿,两次因兆鹏之累被免官,被捕入狱,起复后却又张狂轻佻。而作者并未将笔停留于此,他展示出鹿子霖在家产败落,忽然遇到孙子时的悲欣交集,让小长工打自己耳光的异常举动。以屈辱换得尊严,在世事的逢迎中换得荣誉的家族心理构成背景下,鹿子霖的变态心理在这些情节中得到了充分展现。还有白灵。白灵被困家中的呼喊,在延安被囚时大骂毕政委的情景,那种亢奋激昂一吐为快的语气,在不同章节的叙述中,展示出白灵桀骜不驯的性格;而白灵在兆鹏的身边不无温柔,在与兆海相遇时又不无惭愧和难以言说,这又是另一方面。

《白鹿原》里塑造最成功的一个非主要人物,当是鹿泰恒。他看上去冷冰冰的,宗族几次大事件中,鹿泰恒都会冷冰冰地说:"你和子霖商量去。"摆着一副世事不管,尔曹任之的姿态,而在几次"大是大非"的问题上,鹿泰恒显示出自己异常执拗的一面。李寡妇将地同时卖于白、鹿两家,鹿子霖把整个儿卖地的过程给父亲鹿泰恒学说了一遍。鹿泰恒问:"你看咋办呢?"鹿子霖就说了他的办法,又对着办法作了注释:"倒不在乎李家寡妇那六分地。这是白嘉轩给我跷尿骚呢!"鹿泰恒说:"能看到这一点就对了。"

鹿兆鹏回原上却不回家,鹿泰恒拄着一根拐杖,跪着求回兆鹏,在白鹿村里以"行人回避!肃静!鹿校长鹿大人鹿兆鹏驾到——"来羞辱兆鹏。当回到家中,鹿泰恒站在庭院中间,猛然转回身抡起拐杖,只一下就把鹿兆鹏打得跌翻在地上,半天爬不起来。鹿泰恒这才用他本有的冷峻口气说:"真个还由了你了?"以至到被土匪相逼,鹿泰恒叫着喊着骂着却始终不说银元的藏处,直到脸膛胳膊胸脯脊背大腿被刀尖拉成像碎布条一样稀烂,悲惨死去。

鹿泰恒始终隐于幕后,作者并未给以浓墨重彩,但一个老于世故、冷眼旁观、倔强执拗的老汉形象呼之欲出,更可贵的是,他的秉性在从鹿子霖追溯到乃祖鹿马勺时具有了天然的承继性。

还要说说田福贤这个人物。着墨不多,他在历次事件中的不同表现,贪财(收冷先生银元)、疏财(拒收农协收去的银元,返还鹿贺氏送的银元)、凶残(蹾贺老大等农协头目)、宽厚(不再追究农协会员责任,不拆共产党在原上的窝),为对付白嘉轩,两次起用鹿子霖,始终将鹿子霖玩弄于股掌之间,展示出这个人物老谋深算和政治手腕的"卓越"。

还要说的是《白鹿原》中的细节描写。众多的细节描写是人物栩栩如生的重要支撑，这应该是创作者的一种自觉。已经成为保安大队处秘书长的白孝文回到白鹿村，走进田小娥业已被封的窑洞里，"他似乎听到窑顶空中有咝咝声响，看见一只雪白的蛾子在翩翩飞动……孝文哇地一声哭出声来：'你知道我回来了呀亲亲……'一阵昏厥扑倒在炕边上了。"蛾子不仅为后边瘟疫埋下伏笔，同时也展现出白孝文在"爱情奇遇"后遭遇和他曾经厮守的女人死亡后的柔情一面。孝文的妻子濒临死亡，"白嘉轩驼着背颠过去，把儿媳的肩头扶起来，抱在臂弯里。大姐儿的眼睛转了半轮就凝滞不动，嘴角露出一丝羞怯。"此情此景，是大姐儿在巨大的失落中得到亲人的抚慰而满足，还是对父亲白嘉轩的敬重和爱慕，她"嘴角的一丝羞怯"耐人寻味。

朱先生如果一直以端重沉稳的形象出现，即流入俗套，而难能可贵的是作者对这一最难塑造的人物形象进行了"复合型"的加工，使他在神性中透出人性。朱先生在讨要编纂县志经费不得时，"竟然忍不住撂出一句粗话来：'办正经事要俩钱比毬上割筋还难！'引发起他的那一班舞文弄墨的先生的一片欢呼。"八君子抗日前，朱先生备酒招待大家，"对朱白氏说：'你要是不嫌弃我，我下辈子还服侍你……'朱白氏温厚的脸颊上泛起一缕羞怯的云霞，眼里涌出泪花：'我下辈子要托生个先生。'朱先生笑说：'那我就托生个女人服侍你。'"朱白氏恨不能托生为先生与丈夫一同抗日，而朱先生则表达出对妻子最真挚的爱。最为论者称道的是朱先生死前竟叫妻子为"妈"，说"我心里孤清得很"这一细节描写。

这种对生命强烈体验式的细节描写，成功突破了对大儒的肃正端方的塑造，获得了完美的效果。

《白鹿原》里还有几处类似的细节值得注意。白灵已经跑进城里念书，文章宕开一笔，又进入到对往事的叙述。白灵跑到马号来，"惊奇地叫起来：'干大干大，你看那是啥东西？'……'骡子腹部底下吊的是啥东西？'……'唔，那是尾巴。'白灵追问：'骡子咋就长两条尾巴？''骡子长那么多尾巴做啥？'白灵走了，鹿三长长嘘出一口气，头上已经冒出虚汗来了，不由得自言自语：'要是我的亲生女子，早一巴掌抽上了，叫你胡问乱问！'"这个情节的设置，一下子使白灵的形象在最初就丰满起来，那是个爱打破砂锅问到底的活泼可爱的女子，是不是也在说，她所追求的东西就要一直追求下去？

当土匪的黑娃返回原上，当他"从白嘉轩家出来，疾步赶到吊庄白兴儿破窑的庄场上，从树上解下马翻身骑上。白兴儿从黑影儿里溜出来说：'兄弟你快走。兄弟你可甭给人说在我这拴过马……'"发展为农协会员的白兴儿被吊打后的怯懦跃然纸上。而白兴儿的形象并未中断，后又写到"文革"期间白兴儿后人白连指。文章始终有几条暗线相穿不使中断。鹿兆鹏逃离白鹿书院，放牛老汉指引他去润河上"背河"。"放牛老汉说：'娃子，你把旁人驮到脊背上的那阵儿，才能明白自个该怎样活人。'"把人生体验不经意地道来，使"背河"避追捕具有了合理性，也引出了鹿兆鹏新的思索，引出此后与朱先生对话的情节。

《白鹿原》用绵密的笔法进行叙述，形同泼墨，但有时又惜字如金，在作者纵横捭阖的布局下，在结构巧妙的安排下，在细致入微的描述下，人物形象始终饱满，"精、气、神"十足，且在情节行进中显示出复杂性、变异性，几个典型的人物形象顺理成章地成为新时期文学人物成功塑造的典范。

二　《白鹿原》的结构

长篇小说的关键是结构问题。在宏阔的叙述背景下，集中展示人物在半个多世纪中的命运走向，更是对作者驾驭长篇小说能力的考验。陈忠实在《白鹿原》创作前积累了大量的素材，也有了深刻的对于民族命运的思考，并且进行了语言风格方面的训练和准备，万事俱备，只欠东风，这就是如何布局结构的问题。

柳青在《艺术论》中说："要看什么题材来决定作品的结构。一般来说，是主题思想逐渐展开，矛盾逐渐复杂，冲突逐渐尖锐，人物在作品中要有不同的意义，主人公的性格要有发展过程。"

《白鹿原》无疑是首先将叙事放在时间的流程中通过一个个大的事件展开的。以娶七房女人开始，安反正、交农事件、镇嵩军围城、国共合作与分裂、十八年年馑、瘟疫横行、抗日战争，到解放战争胜利的前夜结束，以线性的物理时间拉开小说大的骨架。

在章节的分布中，陈忠实总是集中几个章节描述一个人物，在矛盾的冲突中，同时展现出其他人物形象。由于叙事总是将"结果"提前放在前面，在留下巨大的叙事空间里，层层剥笋式将事件清晰细致地展示，它们或是过程的解析，或是推衍，或是前伸，笔墨自由纵横，自自然然推动起故事的生动曲折。这样，由一个个的小故事相串成小说总体的完整情节叙事，而各个章节中故事情节和人物命运的跌宕起伏又前呼后应，共同形成了《白鹿原》气势的恢宏凝重和人物故事的波澜壮阔。

《白鹿原》这样的结构有些像《水浒传》的前半部描写，一个个人物叙述自成章节，本身就是一个比较完整的故事。而在这些相对独立的章节叙述中总是矛盾重重，乌鸦兵征粮，引发黑娃火烧粮仓；黑娃忙着闹农协，白嘉轩忙着踏轧花机；田福贤高杆蹾农协会员，白嘉轩开始重修祠堂；黑娃回乡祭祖，鹿三没了心劲死亡……故事总是在观念对立、行为对立的矛盾冲突中从容推进，充满了"张力"而扣人心弦。这正如柳青在《艺术论》中讲到的，"长篇小说愈来愈吸引人，而不是写得愈来愈让读者不想继续读下去，作者就要从典型化、整体结构和情节描写三个方面，全面安排层次分明、从容不迫的布局。"《白鹿原》的整体结构实现了这样的要求。

贯穿《白鹿原》的一条主线是死亡。以开篇六房女人之死开始，到鹿子霖之死结束。我们看到了白秉德之死、田小娥之死、鹿兆鹏之妻之死、白灵之死、鹿兆海之死、鹿三之死、朱先生之死、黑娃之死……这些人物或死于饥荒，或死于凶杀，或死于旧的伦理道德之下，或死于革命的内部斗争之中；或死得平静，或死得凄惨，或死得窝囊,或死得悲壮……死亡是如此生动地逼近,常常让人陷入沉思。死亡是小说人物的最终归宿,而不同的死亡方式恰恰是人物命运走向所决定的:黑娃"学为好人"之后,鹿三却因为没了心劲死亡;鹿子霖热爱官场,始终与白家明争暗斗,最后在发出"天爷爷,鹿家到底斗不过白家!"的慨叹中疯掉死亡;鹿兆鹏之妻独守空房,终于神经错乱得了"淫疯病"死亡;白灵在延安肃反中被当作特务活埋……性格决定了人物独特的命运,引导他们走向不同的死亡方式。这里需要注意的是,作家将鹿冷氏之死和白灵之死放在一个章节中描述,鹿冷氏在冷先生、鹿子霖碍于情面的旧礼法下,耗尽青春,在孤寂中走向死亡;白灵,这个追求真理,敢爱敢恨的女中豪杰,却在革命队伍的斗争中窝囊死去。两个不同命运人物的不同死亡方式放在一个章节中描述,产生出更为强烈和震撼的艺术效果。

《白鹿原》的主背景是广阔的有些闭塞的土原,同时涉及白鹿原之外的西安城、山区土匪、红三十六军等等。全视角的叙述可以使作家随意荡开笔进行另一段故事的叙述,但陈忠实并没有在这种"自由"中随意挥洒,他设置了朱先生这个人物形象,这个形象除了代表儒家传统文化的形态和存在外,在结构技巧中恰恰成为白鹿原通往外部世界的桥梁。《白鹿原》的叙述正是通过朱先生展开对张总督的描述,通过朱先生和白鹿书院将生活在活动在外部的白灵、兆鹏、兆海、孝文以及后来的黑娃联系起来,也将兆鹏与孝文、岳维山的斗争联系起来。同时,朱先生又通过自己的言行举止,与原上的人物发生联系，对原上发生的一切产生影响，如修乡约、建学堂、铲除罂粟、赈济灾民，并且通过白嘉轩或他人之口做出哲人一般的总结。

在大的结构叙述中，作者始终注意着伏笔的预设，以便呼应后文，往往是前边似乎是不经意的一句描述，都在后文中解开。

如白嘉轩迁坟时，"三官庙的和尚被请来做了道场"。等到交农事件时，"一伙人架着一个光头光脑的和尚从庙门里卷到场地中间"，而这个和尚正是以后与黑娃结拜为兄弟的大拇指郑芒儿，他最后莫名其妙地死去。郑芒儿同黑娃有着许多相似之处，也是因情生祸，最后落草为寇，他莫名其妙地死去是不是给黑娃之死以一种预示？

还有皮匠二姐夫，白嘉轩去城里请张总督释放交农事件中的头目，"当晚就宿在皮匠二姐夫家里"，"正月里，皮匠领着妻女回乡下来拜年"，这个人物的出现，为白灵进入城市读书、接受新思想、走向革命斗争提供了条件，及早埋下伏笔。

像这样的伏笔暗线还很多，有的人只是简单的出现，但作者此后总忘不了重新点出，如韩裁缝、白兴儿等，这样使故事浑然一体，不曾有丝毫断裂的感觉。

人物、故事即在这样的结构中自然衔接、环环相扣，构成《白鹿原》完整的故事构架，在主线相连、暗线相接中，在密实的语言叙述中，营造出自然流畅、气韵生动的故事氛围。

三 《白鹿原》的叙述方式

《白鹿原》的叙述方式是全视角的叙述，作者始终站在一个制高点上，冷峻地俯瞰他笔下的人物，思索他们的命运，而同时在人物塑造之时，作者又是将自己的情感紧紧贴在人物身上，与之同呼吸共患难，一同欢乐着，一同悲哀着。这种既像导演又像演员的角色转换，决定了作者在把握总体叙述上的游刃有余、从容大不迫。时间的顺延与错位，空间的稳定与旁逸，在这种客观叙述中，相互穿插，使作品拥有了一个大气磅礴的艺术空间。

在架构这篇长篇小说时，作者做了充分的准备。马尔克斯的《百年孤独》的叙述方式给作者以灵感，《康家小院》《蓝袍先生》等中篇创作给予作者以创作方面的积累。因此，在《白鹿原》的叙述中，作者总是先声夺人地抢占故事叙述的制高点，以"白嘉轩后来引以为豪壮的是一生娶过七房女人"开篇，此后的章节里几乎全是这种将结果置于前，而将具体叙述置于后的写法。黑娃从渭北返回白鹿原，引出在郭举人家与田小娥的感情纠葛；田小娥死后，在后几章里引出鹿三杀儿媳；白嘉轩被土匪砸断腰后，才有了黑娃变成土匪的叙述；白孝文惊惶失措地向父亲告知黑娃用铡刀铡和尚、铡碗客，引出农协的活动；白嘉轩先梦见一只流泪的白鹿，在后边引出白灵之死……这种叙述方式不是倒叙，也不是追叙，而是逆时针的回流。这样的叙述安排给作者留下了巨大的空间去任意挥洒，也让作品始终充满悬念，勾起读者不断阅读的欲想。这种类似于工笔重彩的手法，先用线条勾出轮廓，再施以色彩，自然也是对作者本身的生活积累和驾驭文字的严峻考验。

《白鹿原》在这样的叙述方式下获得了情节的突兀、人物命运的突变带来的摇曳多姿和丰富多彩。当然这种叙述方式从根本上讲也是适应这种宏大叙事的要求，达到了形式和内容的完满统一。

《白鹿原》每个章节的叙述都产生了这样的效果。从第一章节到第三章节里，重点叙述的是白嘉轩娶七房女人的事件。这一开篇堪称经典。人物的密集出场，处理不好就会成为流水账，《子夜》的开篇就是一种例证。难能可贵的是在陈忠实笔下，先简约得当地叙述完前四房女人之死，宕开笔去写白秉德之死，此后再写第五、六房女人的死亡，最后才引出迁坟后娶第七房女人吴仙草来。六房女人性格不同，死法各异，在叙述中有繁有简，绝不雷同，都给人以深刻的印象。而最重要的是，穿插其间的白秉德之死、迁坟事件又引出了鹿三、冷先生、朱先生、鹿泰恒、鹿子霖等人物的出现。在不疾不徐的曲折叙述中，白鹿原上的几个重要人物悉数登场，不能不让人叹为观止！

还应该注意的是《白鹿原》中几处生命体验式的叙述或借人物之口说出来，或由作者直接描述出来，它们或进一步丰富了人物的性格，或合理地支撑了故事发展的真实性，实现了文章的自然过渡。除了经白嘉轩之口道出"圣人"与"凡人"之间只是隔了一层窗户纸外,当白嘉轩发动起交农事件而不能前往时,鹿三挺身而出,作者写道:"人往往就这样,一个人的时候是一种样子,好多人聚到一起又完全变成另一种样子",为老实忠厚的鹿三一跃成为领头人做出合理的令人信服的注解。

瘟疫过后,作者写道:"平常的日月就像牛拉的铁箍木轮大车一样悠悠前行。灾荒瘟疫和骤然掀起的动乱,如同车轮陷进泥坎之中,或是窝死了轮子,或是转断了车轴而被迫停滞不前;经过或长或短的一番折腾,或是换上一根新车轴,牛车又在辙印深凹的土路上吱嘎吱嘎缓慢地滚动起来了。"对生活的认知,引出白嘉轩重修族谱的举动。

历经数次劫难的白嘉轩对两个儿子说:"世事就是俩字——福祸,两字半边一样,半边不一样,就是说,俩字互相牵连着。就好比罗面的箩柜,咣当摇过去是福,咣当摇过来就是祸。所以说你们得明白,凡遇好事的时光甭张狂,张狂过头了后边就有祸了;凡遇到祸事的时光也甭乱套,忍着受着,忍过了受过了好事跟着就来了。"

白孝文重返原上祭祖时,对生活有一番思索:"好好活着!活着就要记住,人生最痛苦最绝望的那一刻是最难熬的一刻,但不是生命结束的最后一刻,熬过去挣过去就会开始一个重要转折,开始一个新的辉煌历程;心软一下熬不过去就死了,死了一切就都完了。"

《白鹿原》中的这些类似格言警句的话语朴素自然，道出别人欲道而道不出的人生思考，触动读者心弦，引人深思回味。当然，如前所述，它们也正是故事和人物塑造的需要，自然地与故事人物交融在一起。

《白鹿原》的叙述是放置在一个特定的地理文化区域进行的，浓郁的地域特点、农事活动、风俗习惯成为《白鹿原》的主背景，人物放置在这样的背景下，本身就浸透了文化的色彩，为其性格完成提供了母体的源泉，也使作者获得如鱼得水的创作自由。

白狼的传说，涂抹着一层层冷色暖色交杂的色块，带给读者深沉的情绪，而风水之说、鬼魂附体等神秘文化的存在也更能触及人的灵魂。在这样的背景下，作者有意识地将作品人物融于日常的生活习俗之中，白鹿原上四季分明的变化、农事活动无不与人物的喜怒哀乐相交融，在人物矛盾的冲突中，或人物的情绪表达上，达到了完美的统一。田福贤和鹿兆鹏玩"媳妇跳井"，看似娱乐，其实暗藏杀机，为国共两党分裂提早埋下伏笔。而白孝文在"忙罢会"上巧遇田小娥，所观看的戏剧恰恰是男女相悦的《走南阳》，是否在自然而然地逗起男女之情欲？白孝义妻子不怀孕，从冷先生口中引出"棒槌山"的借种风俗，最终落到白赵氏对怀孕孙媳的厌恶。白灵与鹿兆鹏同居引出对白鹿原端午节上的荡秋千的美妙感觉，还不失时机地描绘出白嘉轩和鹿子霖的性情。

关于农事方面的叙述众多，在第十四章中有一节值得注意，"等到小麦收打完毕进入三伏，庄稼院桃树上的毛桃发白了又变红了，革命的形势却愈见险恶。"随后又写到，"当国共分裂的消息传到山区小县时，小麦开始泛黄。"这两段突看存在时间错误的叙述，恰恰反映出作者对关中一带农事的熟稔。关中道上的麦子成熟的时间由东向西依次递进，而气温偏凉的山区里，麦收要比山外晚一个月或一个半月时间。

《白鹿原》里很少直接的肖像描写，也没有过多的心理描写，人物总是在故事推进中通过动作、神情和对话逐渐丰满完整起来，继而形成只读对话也可以辨析出是哪个人物来的效果。陈忠实是长于人物肖像描写和人物对话的作家，但在《白鹿原》的叙述中彻底简约了。这在《白鹿原》创作前夕的短篇小说训练中可以看出。以《鬼秧子乐》为例，"他的一双眼睛勾得很低，并不看我，只是盯着自己手里的黑色羊皮烟袋，悠悠地挖着"，"他从剃刮得干干净净的薄嘴唇里拔出烟袋，忽然提高嗓门，气嘘嘘地骂起他的二女子来……"，"他的细小的眼珠一转，迅如闪光似地掠过一丝慌惶的神色，随即消失了"。这种在情节推进中抓住人物相貌特征的写法，有如大写意笔法，寥寥几笔却传神勾画出人物外部特征。

《白鹿原》中的人物肖像特征也正是在这种叙述中逐步显现。

心理描写并不多，都是通过人物的行为感觉表现出来。白嘉轩连死五房女人，心灰意冷，"他躺在炕上，觉得手足轻若片纸，没有一丝力气,一股清风就可能把他扬起来,抛到随便一个旮旯里无声无响,世事已经十分渺茫,与他没有任何牵涉。"田小娥、鹿三、白孝文媳妇心理最矛盾最痛苦的时期,也是通过几乎幻觉式的行动描绘出来的。黑娃跑后,田小娥做饭、舀水中都会看到田福贤"翻凸出来,布满血丝的眼球"。鹿三杀死田小娥,"藏好凶器之后,鹿三……看见小缸里一双惊诧凄怆的眼睛……奇怪的是耳际同时响起'啊……大呀……'的声音……从此,那个声音说不定什么时辰就在他耳边响起,有时他正在吃饭,有时他正在专心致志吆车,有时正开心地听旁人说话笑谑闲话,那个"大呀"的叫声突然冒出来……"

鹿兆鹏的妻子也是如此,在独守空房的寂寞里,因为鹿子霖醉酒后无意的搂抱产生幻觉。

所有这些叙述将人物焦灼、矛盾、痛苦的心情淋漓尽致地展示出来,深于一切直白的心理描写。柳青在《艺术论》中对这种描写有过精辟的阐述:"读者能否通过精神感觉与艺术形象同在。这就是所谓艺术的魅力。在叙述文学中最具有这种魅力的还不是作家的文学语言,而是人物对话和内心独白的生活语言。这是生活的感觉和艺术的感觉的焦点。"

《白鹿原》密实的写实手法几乎把所有人物场景都细致入微地直接展示在读者面前,但作者也在某些部分匠心独运,以求变化。有时将人物对话直接变为叙述语言,有时变换着视角进行描写。如娶第六房女人时"拥进新房来看热闹的男人和女人也都被震得哑了嘻嘻哈哈的哄闹"的侧面描写;如描写郭县长被枪毙时以鹿子霖的视角和心理感受表现出来；如写到当鹿子霖急切等待拆白家房屋的消息时，作者没有直接描写白嘉轩的反应，而是通过他的一个侄子的话讲出来："孝武张头张脑地挺凶，他爸出来还笑着说，'快拆快拆，拆了这房就零干了，咱一家该谢承你子霖叔哩……'随后拉着孝武进后院去了。"

《白鹿原》当然也存在着自己的不足，作者的笔触及到土匪的生活场景和部队战争时的叙述便显得有些力不从心，这与作者对这类题材的熟悉程度和挖掘深度有关。业已忏悔用尿惩罚了鹿子霖的田小娥却找出一杆烟枪和烟土供白孝文吸食，即使白鹿原上到处还种植着罂粟，即使此举是鹿子霖此前的精心安排，但小娥的行为仍让人心生困惑。鹿兆鹏特意安排鹿兆海护送白灵去"根据地"也有悖于常理，也许这是作家"出奇制胜"之处，以深化兆鹏这一形象。

四　关于语言问题

语言是小说世界存在的唯一家园，是构成小说的第一要素，所谓小说世界，指的就是小说的语言世界。

从生活语言到文学语言，陈忠实经历了磨练。陈忠实在语言方面一直有着自己的追求。陈忠实的文学语言不是典雅的，书卷气的，也不是欧式的，或半文半白的，更不是那种市井化的。

他在1983年的《突破自己》一文中讲到："我喜欢一种刚健而富有弹性的生动活泼的语言。一种对活泼的生活语言经过提炼的优美朴实的文学语言,成为我追求的目标。"作家对语言的锤炼成为一种自觉追求,同时已经清醒认识到从现实中得到活生生的语言需要进一步的提炼升华。

《白鹿原》的文字语言,正是在这种追求中获得的。从《地窖》《轱辘子客》开始,陈忠实进行了自己前所未有的一次文学语言转型,并获得了认可。他不像很多作家在很短时间内即形成了自己的语言风格,并一以贯之。对语言这一文学载体近似苛刻的要求,促使陈忠实在不断的训练中努力实现突破,最终寻找到属于自己的句子。

《白鹿原》密实的长句子,与相应的短句子交错起伏,错落有致,形成刚柔相济且极具张力的语言。当然,这种语言首先来自作家经过长时期对描写对象准确生动传神描述的锻炼,一旦完成最初的积累,一旦感受到新的语言风格的内在力量,作家便水到渠成地将雨打芭蕉式的精确汇集成大河奔流式的雄浑。

长句子最大的长处在于高度的概括性。它既利于作家对喷薄而出思绪的从容酣畅叙述,又避免了近距离细致描写的繁琐和冗长。这样的语句便形成了《白鹿原》突出的语言风格。

"白嘉轩后来引以为豪壮的是一生里娶过七房女人。"这是《白鹿原》经典式的开头,一直被人津津乐道,一开篇就奠定了小说叙述语言的基调。

"这个女人从下轿顶着红绸盖巾进入白家门楼到躺进一具薄板棺材抬出这个门楼,时间不足一年,是害痨病死的。"

这是对第二房女人从结婚到死亡的描述。镜头定格在一个门楼上，红艳艳的盖头，新人喜盈盈的面容，与白色棺木、家人悲戚的神情交织，蒙太奇一般迅速闪过，透射出生命的短暂和人生无常的况味。

"田野已经改换过另一种姿容，斑斓驳杂的秋天的色彩像羽毛一样脱光褪尽荡然无存了，河川里呈现出一种喧闹之后的沉静。"作者并不着眼于初冬季节的直接描写，而是通过这种长句子将秋天的美景同时展示在读者面前，时空的交错，色彩的变换，集中到一起，形成了一种奇妙的阅读快感。

句子的修饰词或动词常常是几个连缀在一起，有时是并列关系，有时是递进关系。

"当他哄唆着把躲躲闪闪又不敢违拗他的小媳妇裹入身下的时候，他听到了她的不是欢乐而是痛苦的一声哭叫。"

"那五个女人掐她拧她抓她抠她撕她打她唾她。"

连缀在一起的词语支撑起长句子的骨架，在词义的变化中形成一种强劲的冲击力量，同时也充溢着节奏感和音乐美。这种音乐更像是粗犷豪迈的秦腔，铿锵有力也委婉有致。

《白鹿原》的语言具有浓郁的秦风秦韵，从语言的节奏韵律里可以感受得到，同时最为突出和明显的是对秦地方言的恰当使用。除了人物对话中运用的近乎原汁原味的方言俚语外，作者在叙述文字中也将方言巧妙地糅合进去。"天已擦黑",(白秉德的腿脚手臂)"散散火火地随意摆置在炕上一动不动","托他舅舅给他再踏摸媳妇","热尿在厚厚的雪地上刺开一个豁豁牙牙的洞","麦子上场以后,依然是一天接着一天一月连着一月炸红的天气","把白鹿村挨家挨户捋码一遍",(吴掌柜的)"女子生得无可弹嫌","蔫不拉几的弱苗子变成黑油油的绿苗子",(烟鬼)"溜肩歪胯地站在人背后"。

对方言的使用,陕西老一辈作家柳青、王汶石等都有成功的先例,但他们更多的是在人物对话的使用。陈忠实继承了这一传统且有了新的突破。首先,对方言的使用绝不是口语化的照搬,它是经过提炼加工且在一个较长时期被读者逐渐认可的语言。其次,最重要的一点,是关中方言本身所承载着古汉语的信息,历来被文字学家所重视,在看似陌生实则相熟之中体味方言,恰恰能产生出比规范性用语更为准确新奇的感觉,而普通话的推广也为方言使用的被接受提供了广阔的空间。这不由使人想起韩邦庆的《海上花列传》。《海上花列传》用吴语方言写成,作者在创作时曾讲:"曹雪芹可以用京话,我为什么不能用苏白?"结果《海上花列传》虽具有很高的艺术价值却行之不远,作者是对吴地方言的局限性认识不足。

陈忠实在《白鹿原》叙述语言中对方言的大胆使用,大概来自于对关中方言影响力的自信。这样,作者又获得了一种写作上的自由,即不必因寻找规范性用语而字斟句酌,对方言中各类词语的信手拈来,准确使用,获得了左右逢源、挥洒自如的感觉。

《白鹿原》的叙述语言虽然注重了对方言的使用,但并未一味陷入到这种叙述的泥淖，而是文白相间，相互呼应，收放自如。

白鹿仓被黑娃一把火烧了。"火焰像瞬息万变的群山，时而千仞齐发，时而独峰突起；火焰像威严的森林，时而呼啸怒吼，时而缠绵呢喃；火焰像恣意狂舞着的万千猕猴万千精灵。"

"圣人对纷纭的世事洞若观火。凡人只有在圣人揭开蒙脸纸点化时才恍悟一回，之后那纸又浑全了又变得黑瞎糊涂了。"

无论是纯粹雅致的描写，还是文白相杂的叙述，都显示出作者深厚的文字功底和对语言的驾驭能力。

语言风格的浑然一体也是《白鹿原》语言的一大特色。这突出表现在作者对拟声词和比喻句的使用上。《白鹿原》是描写农村生活的，它的形象性语言永远不脱离所描写的现实生活而天马行空。

（白秉德）"发出嗷嗷嗷呜呜呜狗受委屈时一样的叫声。"

"把烧酒咕咕嘟嘟倒入碗中。"

"朱先生穿着泥屐在村巷里叮叮咣咣走了一遍。"

"红马拖着空犁在田间土路上撞出当当的声响。"

"一架骡子拽着水斗水车嘎吱嘎吱唱着歌。"

"骡马弹动着长唇，牙齿嚼出咯噔咯噔的声音。"

"啪啦啦转着绽开井绳，然后绞动拐把，辘轳吱呀响着，绷紧的井绳一圈一圈缠在辘轳上。"

通过这些拟声词的使用，乡间生活的场景如此生动逼真地呈现在我们面前。

对于比喻句的使用，也始终紧贴乡间生活，且与主题场景密切相连而不游离在外。

（白秉德）"浑身的筋骨就兴奋起来抖擞起来，像一匝一匝拧紧了发条的座钟。"

"看见炕上麻花一样扭曲着的秉德老汉。"

"蝙蝠在梁上像蒜瓣一样结串儿垂吊下来。"

（杨排长）"眼睛又红又粘像刚熬化的胶锅。"

（黄牛）"倒嚼的声音很响，像万千只脚在乡村土路上奔跑时的踢踏声，更像是夏季突然卷起的暴风。"

（田小娥）"双臂箍住他的脖子，浑身却像一口袋粮食一样往下坠。"

"白兴儿一声惨叫连着一声惨叫，像被劁猪匠压在地上剥破包皮挤出两颗粉红色睾丸的伢猪的叫声。"

（赈灾的地方）"万头攒动，喧哗如雷，像是打开了箱盖嗡嗡作响的蜂群，更像是一个倾巢而出的庞大的蚂蚁家族。"

陈忠实始终致力于自己对文学语言的追求和突破，这种追求一直是自觉的，如同他对自己精神世界的一次次剥离一样，是在不断的阅读和写作中，在不断的反思和摒弃中，准确把握住了自己新的语言特征和运用语言的技巧，最终"寻找到属于自己的句子"。

五、从追求到突破

20世纪80年代,各种文艺思潮在影响着中国,小说艺术也随之产生了风格上的变化,作者各依自己的才情追求一种最适合自己的创作方法,小说的园地里出现了异彩斑斓的场景。

陈忠实依然坚守在现实主义创作的园地里,笔耕不辍。从1978年到1988年10年里,他创作出60多篇中短篇小说,其数量是庞大的,创作的激情几乎从未中断,他的小说严格地忠实于现实,艺术地反映现实,努力"在准确地表现典型环境中的典型性格"(恩格斯语)。这种创作实践的不中断,并不是陈忠实文学创作的惯性使然,而是他清醒地认识到自己对现实主义创作方法的并不娴熟和对现实生活认识和历史性把握的不足和局限。

"自己生在农村,长在农村,不存在深入不深入的问题,一切取决于写作技巧的提高。这样盲目的认识,在较长一段时间里,影响着创作的进步。"[①]

"我想,一部好作品的产生,除了天才和勤奋之外,深入生活大概是共同的规律性路子。""作家只有深入到这些人中间,对他们作历史的和现实的深刻了解,才能得到自己对生活的发现,才能抓住反映生活的闪光的金子。我认为,作家深入生活,认真地研究生活,在自己的生活领域里有了独自的发现,通过作品发出独特的声音,

---

[①] 陈忠实. 陈忠实文集:一. 西安:太白文艺出版社,1996. 594

也许能逐渐根除文坛上频频而起的'一窝蜂'、'雷同化'的现象。"① "这篇小说（《接班以后》）所写的人物和细节，全是我从生活中采撷得来的。使我跨过了这样至关重要的一步——直接从生活中掘取素材。严峻的创作现实告诉我们，一个作家成熟的重要标志，在很大程度上取决于有没有从生活中掘取素材的能力。"②

"每个作家都有自己深入生活的方法与习惯，我觉得有一块生活根据地为好些。"③

这是陈忠实在20世纪80年代初对创作的进一步认识。正如柳青所讲："文学才能的绝对因素是实践的锻炼。勤于实践的人有可能成为文学天才。仰仗天资而不深入实践的人，有可能自误前程。"正是基于这种清醒的认识，陈忠实才坚守在这片园地里埋头耕耘。从这种对创作的认识中，我们可以看到，所谓深入生活，并不是简单地描摹和反映，而是要把发生在现实社会的人和事放在历史的背景下去观照、去思索。同时，一个作家要拥有自己的一片根据地。切实地、深刻地，而非是表面地、肤浅地触摸生活的肌理。这种自觉地对创作生活的反思，促进着作家不断向更高的层面前进。在陕西文坛中，路遥的陕北高原，贾平凹的陕南山地，陈忠实的关中平原，三处地域特征、风俗人情各有差异的地方，成为作家自觉占领的根据地。正因为有了坚守，有了掘进，有了思索，有了探求，才有了后来不同时期荣获茅盾文学奖的辉煌。

---

① 陈忠实. 陈忠实文集：一. 西安：太白文艺出版社，1996. 596
② 陈忠实. 陈忠实文集：三. 西安：太白文艺出版社，1996. 520
③ 陈忠实. 陈忠实文集：一. 西安：太白文艺出版社，1996. 598

陈忠实是自觉的、清醒的。坚持现实主义创作是走上文学道路后的一种必然的选择。柳青、王汶石等前辈作家作品令他折服，因为有高山的存在，陈忠实始终能看到自己的不足与差距，正因为如此，他创作的心情更加沉静，创作的步伐更加沉稳。

1980年，他谈到"我在《徐家园三老汉》的写作之初，有一个小小的企图，试一试能不能写出三个年龄相仿，职业相同的农村老汉的性格差异来。另一篇《幸福》，也出于同一目的，试试能否写出三个青年人的性格差异来，以练习自己刻画人物的基本功。"①

从《徐家园三老汉》中的治安老汉身上，我们可以看出王汶石《井下》一文中"铁蛋老八"的影子；若干年后的中篇小说《蓝袍先生》中，同样可以看出王汶石《套绳》中视角变换的叙述方式。

"我以为问题的要害在于，人的理想和事业的追求过程的各个阶段，对自己的实际能力应有一个认真的客观的估计。这种估计不是猜摸'天才'成分的多寡，而是自己此时或彼时对于自己所钻研的学问所实际达到的把握。自己在某几个方面强些，在某几个方面弱些。对于强的一面或几面如何进一步巩固和发挥，对于弱的一点或几点如何加强。而尤为重要的是，能在诸种因素中，找到致命的关键的薄弱环节，作为这一阶段学习和改正的目标，作为前进的突破口……我认为，突破首先是打破自己的局限。""这些文学表现能力的基本功，全部都得经过实际的练习而后才能有所提高。从优秀作品的阅读中得到启示……所有这些文学表现的基本功夫，只有在写

---

① 陈忠实. 陈忠实文集：一. 西安：太白文艺出版社，1996. 582

作中——无数次失败中——去获得。"①

一位文学青年曾经询问陈忠实创作是否有诀窍在？陈忠实笑着回答："多写！多写！"陈忠实不是一个才情外露的作家，在20世纪80年代的文坛中并不耀眼，因此《白鹿原》的出世，令一些人惊诧。回顾陈忠实的文学创作之路，认真阅读陈忠实80年代后期作品，才能看到这种成功的必然性，才能了解《白鹿原》出现的必然性。

一个作家，如果能在青年时期就能以一点才情取胜，以占有生活资源取胜，那么，随着年龄的增长，认知的深入，他的作品就应该更加厚重、深刻。对于小说艺术，这种需求愈来愈显得迫切。作家要在一个广阔的历史背景下展示不同人物的不同命运，用结构组织起矛盾交织、冲突的故事情节，对自身的思想修养和艺术修养就提出了严峻的考验。陈忠实扎根在一处，扎扎实实，脚踏实地，一步一个脚印走来，不俯仰随人，不亦步亦趋，坚定地向自己认定的目标前进。这是启示之一。

前辈学人有言："板凳要坐十年冷，文章不写一句空。"陈忠实的现实主义创作道路表现在，积极地深入生活，认真地进行积累，对生活的认识和积累不浮光掠影，更不是随手丢弃。自觉地观察、分析、思考并能付诸文字，首先要做到记录。

后来看到一位苏联作家和初学写作者谈创作的文章，强调

---

① 陈忠实．陈忠实文集：二．西安：太白文艺出版社，1996．528—529

作者应该有一个记事本,这个记事本应该区别于日记本要记下自己在生活中的点滴发现,譬如一种手势,一种眼神,一种表情,一副面孔肖像,一句有味儿的对话等等……我接受了这个办法,到'文革'横扫时,就累积了一厚摞这样记着乱七八糟的记事本。……我才认识到那些记事本对我后来创作的决定性好处。一是锻炼了捕捉生活的能力……二是练了文学语言……[①]

当然,在深入生活,主动观察记录的同时,陈忠实也在不断地阅读中外的优秀作品,且自觉地学习、训练,锤炼自己的语言,向艺术的深度勘进。没有扎实的积累和训练,对于创作者而言,一切都是空中楼阁。这是启示之二。

启示之三,该是《白鹿原》创作期间,以及此前创作中一种沉静的心态。1985年夏,省作协召开"长篇小说创作促进会",旨在鼓励作家开始长篇小说的创作。陈忠实坦言"尚无长篇小说写作的丝毫准备",他还在加紧自己原来准备10个中篇小说的训练。无疑,陕西作家随后的长篇小说对陈忠实是一种压力,但他对自己有着清醒的估量和把握,绝不揠苗助长,不打无把握之仗。当《蓝袍先生》创作期间涌动出对长篇小说创作的欲念时,一切便水到渠成了。而更难能可贵的是,陈忠实在《白鹿原》创作中又进入一种沉静的状态,这就获得了心灵的自由,创作的自由。他并没有想到《白鹿原》一书会获得如此大的轰动效应,只是依照自己的生命体验和艺术体

---

① 陈忠实. 陈忠实文集:三. 西安:太白文艺出版社,1996.518

验进入酣畅淋漓的写作。陈忠实曾经说，他也没有意料到，进入到这种状态后，想象力如此丰富，曾经积累的生活经验、生活场景在构筑的艺术世界里喷薄而出。

"虚白道可集，静专神自归"，对于艺术创作而言，我们需要这样的沉静和专一。

第十五章 "巅峰"后的起伏峰峦

《白鹿原》,陈忠实创作历程中的巅峰之作,它的写作前后历时四年。如果把两年的构思算上,两千多个日日夜夜,陈忠实为这部作品,倾注了他的全部心血。

《白鹿原》的创作,人—历史—文化的思维构架为作家提供了充分书写的可能,历史意识和现代意识的冲突和纠结,把民族记忆和民族命运的思考升华为一种"永恒",这赋予小说宏大的气势和广阔的深邃的内涵。《白鹿原》的不同凡响,正是源于这种永恒。

并不是所有的生活都与永恒相连,缺乏"永恒"才是生活的常态。惟其缺乏才有对永恒的不舍追求。

我们理应承担自由的历史的责任,但是历史的决定论与自由意识的冲突支配了迄今为止的人类历史。

正是在这个意义上,《白鹿原》不仅是民族的,它同时又属于世界。它表现了人类的共同命运:历史决定论与人类自由意志的持久的对抗与纠缠。

《白鹿原》动用了陈忠实全部的生活积累,投放了他从年轻时起不断寻求自我突破的艺术创作意志和艺术才华。《白鹿原》既是陈忠实全部创作的成功总结,也是他全部创作的一次飞跃。

在某种意义上,是《白鹿原》成就了陈忠实,这是说,《白鹿原》抵达的文学高度,把陈忠实提升到了我国当代作家的最前列,从一个地域性作家跃升为国家级乃至世界性作家。

时间将证明《白鹿原》无可撼动的文学价值、文学地位。

高强度长时段的劳作之后,陈忠实亟需休整。他只有放松一番自己,才有可能重新跃起。

《白鹿原》声誉日隆,众声喧哗里,不同的声音,不绝于耳。

法国人说:一部书获得了广泛赞誉,乃才能中庸之明证。"大家都喜欢的",只有麦当劳和邓丽君。

几乎所有经典都被众说纷纭环绕,它们不是麦当劳,也不是邓丽君。

传媒的关注不能不耗去陈忠实相当多时间,从传媒"脱身",让陈忠实费去不少时光。

陕西省作协主席的头衔,陈忠实不愿它只是个虚设,他期望为省文学事业的繁荣与发展多做一些实事,为此,他投入了太多的精力。为改善省作协办公和作家写作条件,陈忠实硬着头皮,出入一些政府机关,为获得财政支持和各种审批手续的顺利通关。

陈忠实把不少精力投向陕南、陕北、关中东西府的专业与业余文学创作,他要协调多方关系,以求把非文学因素的干扰降到最低。

陈忠实努力抓住省作协两大刊物《小说评论》与《延河》,让刊物再上一层楼,办出新水平、新气象。

大量时间还得支配给来访的学者、作者。陈忠实还多次出国访问。这都属于中外文化、文学交流的公务。

"文学仍然神圣。"正是在20世纪90年代文学日益边缘化、商业化的排空浊浪里，陈忠实在各种场合疾呼：文学必须坚守精神的高地，不能放弃它神圣的职责。

陈忠实必须继续拿起笔，耕耘在文学的园地，这个"必须"是职业的惯性。一个农民不务庄稼，还是农民吗？这个"必须"是作家的责任，一个社会参与意识强烈的作家，面对种种变革中的困惑、困扰，能放下自己的笔吗？

约翰逊在《莎士比亚作品集·序言》里说："幻想性创作的随意性组合也许会娱人一时，因为我们由于厌烦平庸的生活而追求这种新颖性，但是突如其来的奇迹所产生的愉悦转瞬即逝，心灵只有在真理稳固的基础上才会得到安稳。"

陈忠实一直追求"自在"。自在的生活、自在的写作，这种"自在"状态正是心灵的安逸，它建立在远离龌龊、拒绝龌龊的道德自律和对真理的坚定信念之上。

"1992年是我人生历程中最自在的一年"，"为自己死时垫棺作枕的一本书写成了"。陈忠实说，"通过自己的笔画出民族的灵魂"。

民族灵魂的描画是一场持久的心灵探险。它没有终点，民族存在一天，对他的奥秘的探询便将永远是进行时。

我要强调《舔碗》的出现。陈忠实说这是他在《白鹿原》之后写下的一个短篇。在《白鹿原》里，这个故事写得较为简洁，而在《舔碗》里有了更充分的艺术展现。

小说写黄掌柜真心实意要长工黑娃学舔碗,黑娃终于忍受不了这让人恶心的陋习,仓皇逃出,连打工的工钱也顾不得讨要。

家业殷实的黄掌柜总结了他发家致富的信条:勤与俭。这原本没错,可他把"俭"具体化为饭后"舔碗"这一习惯,却走向了极端,走向了丑陋。黄掌柜说:"黑娃你要是舔碗就把我救下了。"他是颤抖地这么说的。他的真诚,他的舔碗与活命联系在一起的乞求,把生命的扭曲和丑陋揭示得让人颤栗。幸运的是黄掌柜只是一个小小的地主,他如果权倾一方,还不知要闹出多大的动静,制造出多大的灾难。

黑娃已经接受了教诲,开始舔碗。主仆两人本该相安无事,可掌柜的嫌黑娃舔得不干净、不彻底,端起黑娃舔过的碗,伸出长长的舌头……它导致的结果是,看见掌柜舔碗的舌头,舔碗"地包天"的下唇,黑娃就要呕吐。

不是主奴(东家与长工)的利益冲突,不是情感的矛盾,纯粹是一种生活习惯的不相包容和丑陋,人类的陋习被作品精彩地辛辣地嘲笑了。

恶习是个人行为,一旦要将之强加于人,就很可怕,也很可笑。尤为可怕的是,这"强加出自一番好意",它的危害性、荒谬性就被披上了迷人的外衣,愈显荒谬。

中庸在我国文化传统中,一直被提倡推崇,不过恰恰是这个倡导中庸的民族,往往走向极端,演示出不尽的悲剧和喜剧。《舔碗》对于我们民族精神与生活陋习的喜剧性批判,于诙谐中显示了沉重。

2001年春,近十年的调整,陈忠实回到了短篇小说的写作。

进入21世纪,人类和中国面临转折,伟大的时代顾名思义就是转折的时代。

经济的繁荣,国力的日渐强盛,近百年的屈辱民族记忆正被一种民族复兴的历史实践所代替。然而,"道德侏儒"的世界也正威胁着牵制着我们,漫无节制的消费主义的膨胀与广大底层的生存困境的反差,给社会带来了种种弊端。

我们的文化需要创造性而不仅仅是消费性的,它应该是民族精神的火炬和明灯,而不仅仅是咖啡一族的休闲和消遣。

2001年春,陈忠实为我们奉献了短篇小说《日子》。

小说写得平静而深情。

陈忠实的小说向来以"尖锐冲突"见长,这给他的小说涂上了紧张感,是拧紧了发条的快节奏松开后的冲击力和震撼性。

《日子》一改昔日风采,写得舒缓而意味深长:一种契诃夫小说的东方境界。

小说的叙述者是一个作家,叙述者的叙述中娓娓道来,集中笔力为我们塑造了一对农村夫妇。

20世纪90年代的农村,农民不再只耕耘土地。这对夫妇靠河滩淘沙维持生计,供养女儿上学,十六七年风雨无阻。

小说主要写对话,写对话从来是陈忠实的强项。《日子》的对话更富个性和动作感,而且留下的空间想象更多。日常生活对话的随意性在《日子》里,显然是艺术淘洗后似不经意的艺术呈现。

叙述者的旁观者身份,只能写作家"我"的所闻所感。淘沙夫妇的"对话"以及"我"与"他俩"的对话,成了重中之重。

丈夫在妻子眼里是一个硬熊。所谓"硬熊"是不会拐弯、死硬、强硬地坚守信念与道德的关中硬汉。妻子认为"这是种系遗传",他爷是硬熊,他爸是硬熊。"硬熊"并不是一味死倔,他会欣赏有好腰身的女人,他当年瞅中了妻子,就是妻子有个好腰。"硬熊"尤其关注官场是否清正。

"我从明到黑从年头到年尾守在这河滩上淘沙,还不是为了过日子嘛!我当然知道那个县书记打麻将与咱毬不相干,人家即就不打麻将还与咱毬不相干咯!他被逮了与咱毬不相干,不逮也毬不相干。"

这当然是"反语"。

一天,沙滩上只出现了女人,作家问,男的呢?

女的说出了原委:他们的女儿初中考高中,没考上重点,这意味着高考将无望,他们自己就是高考未考上才返乡的,淘沙就是为了让女儿考上大学。

男子当然痛苦,他又不愿为此去走后门,去求人。他躺倒了。

不料,男子来了,重操旧业。

"不说了",男子说。如是者三。

男子越是不说,那可说、该说的也就越是深埋在无尽的痛苦和痛苦的抗争里。

"许久,他直起腰来,平静地说,大不了给女子在这河滩上再撑一架罗网咯!"

什么是日子,这就是广大底层的日子。一代又一代,中国农民与坚韧与坚守。

余华的《活着》写为活着而活着,《日子》里的"硬熊"多了一份坚守,对于"美"的欣赏,对于"丑"的抵制与拒绝!

他无能为力,他只能以自己的绝不苟且与世俗对抗。

小说撷取的只是一个片段,但小说呼唤重建民族精神的高瞻远瞩,借助于"硬熊"这吉光片羽,有了四两拨千斤的力度。

面对拜金主义、享乐主义的惊涛拍岸,"硬熊"的坚守,有了悲壮的浓烈,而这"悲壮"在从容不迫的叙述里显示的是平静而悠长的余音缭绕。

昆德拉说:"一条鱼在鱼缸里,怡然自得,并不认为滑稽。"的确,一个笑话之能够让人感到荒唐可笑,只是对站在鱼缸之前的人而言。

陈忠实继《日子》之后,先后发表了《作家和他的弟弟》《腊月故事》《猫与鼠,也缠绵》和《关于莎娜》。

这几篇小说,都给读者一种荒诞感。

《作家和他的弟弟》写一心做着发财梦而又不务正业的作家弟弟,突发奇想,让哥哥托县长帮他贷一笔款未果。弟弟居然把县长借给他的一辆崭新自行车,除三脚架外,全部零件以旧以次给换了,做了己用。

这已经近似无赖,尤为让人忍俊不禁的是弟弟那一套谬论:"公家干部光吃饭不知能吃几百辆自行车哩!",此其一;其二,作家让弟弟送回零件,弟弟世故地申辩,"你这么认真,反倒会把事弄糟了。刘县长根本没把这当回事……权当扶贫哩咯!"

县长当然没把这当回事,一笑了之。

"作家"却心事重重,发出了"我的乡亲们哪"的感慨。

《腊月故事》也让人乍读之下发笑,笑过之后,跌入苦涩。

厂长肆无忌惮侵吞国有资产,让秤砣的昔日好友工人小卫沦为偷牛者,所偷的牛正是好友秤砣家的,而破案的是好友、公安局的铁旦。

当年工人小卫曾是铁旦、秤砣羡慕的,他们有过长久的友谊。温馨的记忆现在不可遏制,反复咀嚼的余味却是苦涩的。

《猫与鼠,也缠绵》写市公安局水工当了小偷,偷到了市公安局局长办公室,双方一番心理较量,东窗事发,市局局长被"双规"。

小偷"是一个精确的语言大师,又是一个洞察微明的心理学家,局长之所以败下阵来,小偷认为:他和我一样,其实都是鼠哇!"

《关于莎娜》,从一位女作家眼里写一位乡镇女干部莎娜。莎娜年轻,漂亮,泼辣,干练,为三岔乡顺利盖起了水电站,她想为百姓为乡党干更多实事,找挂职县委副书记、女作家帮忙升迁。

作家找了副县长,副县长言笑晏晏,句句暗藏玄机,却句句不得要领。作家打电话给书记,书记一口回绝:"这人——你甭说!"

不到一个月,莎娜被任命为一个乡的乡长。女作家百思不得其解,读者也陷入云里雾中。巨大的空白,留下了遐思的挑逗!

是因为不按官场潜规则出牌,莎娜当初不得入围;是潜规则的失效,还是莎娜的自我调整,莎娜才有了今日的升迁?

当不合理的成为常态,合理的反倒成了非常态,世界的荒谬、荒诞就显出了它的真实一面,文学也就获得了它不能不荒谬、荒诞的正义性。

陈忠实21世纪之初的这几篇小说，似乎轻松，却饱含他的人文情怀，巨大的悲悯在荒唐的小故事后面深藏。这是绵里藏针，社会批判意识潜伏在不动声色的叙述里。

几篇小说都写到作家，他们出入于局内、局外。双重身份，让他们对荒谬、荒诞，既有个中人的切肤之痛，又有局外旁观者的清醒与批判眼光。鲁迅说："在或一时代的社会里，事情越平常就越普遍，也就愈合于作讽刺。"[①] 这几篇小说叙述的生活小故事本身的荒诞性正是源于巨大的"真实"。

在审视现实的同时，陈忠实不断从历史，从传统中寻找我们民族精神的可贵资源，它们曾彪炳史册，它们理应发扬光大，在我们精神家园的寻觅与构建里，它们是瑰丽的坚实的基石。

陈忠实写了《三秦人物摹写系列》之一之二之三，这应该是一个开放性的写作计划，已有的三篇，皆显异彩。

陈忠实的短篇呈炉火纯青之势。

《娃的心 娃的胆》写中条山抗战关中子弟兵的壮怀激越，写他们的司令长官孙蔚如的大将风范和民族正气。

小说写得雄沉阔达，自有气壮山河的销魂蚀魄的"力"。

《一个人的生命体验》写陈忠实心仪的柳青的几个片段：一是"文革"中，柳青决定自己消灭自己而终于活了下来；一是1972年后，柳青出面给文学青年讲过两次话，留给陈忠实的印象。

---

① 鲁迅. 鲁迅全集：第六卷. 北京：人民文学出版社，1959. 341

侧面落笔，柳青自虐式的将手指抠得血肉淋漓的细节，将柳青不愿为诗歌放卫星的耿直人格和盘托出。

写实与虚构，弥合无间。

《李十三推磨》写清代秦腔作家李十三的死亡一幕。

写剧本已成为李十三的全部生命。他写的剧本深受百姓喜爱，百姓是他的衣食父母。

清嘉庆帝以淫词秽调派人来抓李十三。为保护剧本不被官府抄走，仓皇出逃的李十三吐血死在了官道上，结束了他痛苦与欢乐交织的生命。

小说从李十三推磨这一细节入手。"推磨"在这里有了丰富的象征意义，浓缩了李十三一生的命运和当下的处境。

田舍娃是百姓的代表性人物。他接纳、接济、保护了李十三，并把李十三的剧本流传下来。

小说有一个附记，交待了写这篇小说创作的机缘。

艺术与生命的契合以及艺术高于生命的取舍，在这篇小说里有了精湛的艺术诠释。

这篇小说曾多次获奖，足见其为读者喜爱。

从《日子》到《李十三推磨》，我们看到，陈忠实把生活的丰富多彩通过作品呈现给了我们，这已经是一个作家的成功；而在生活画面里张扬着对丑的批判，对美的衷心颂扬，完全汇入了文学和形象里，更彰显了作家精神的高度和这种"精神事件"艺术传达的深厚功底。

《日子》《娃的心 娃的胆》尤其是《李十三推磨》堪称短篇精

品。陈忠实的艺术生命依然沛然。陈忠实依然坚守在他的艺术的岗位，紧握手中的笔。

《白鹿原》这一鸿篇巨制的完成，让陈忠实有一种几乎"掏空了"的感觉。

在宏大的叙事之后，他重新审视这个世界，从四面八方照耀着他的审美之光，让他拥有一个俯瞰生活的居高临下的审美优势，如同"玉树临风"，他开始了对于生活、对于艺术的新的思考。

这不是一般意义上生活经验的陌生化处理，陌生化是原有生活经验审美创造的必由之途，区别在于程度的深浅。这是生活经验的扩大或者说对于新的生活经验的发现，这当然是一个更高的要求。

西谚说：太阳之下，没有新鲜事。

要从日常的、庸常的日子里，发现他人未曾发现的生活体验，创造出新颖的属于自己的审美体验，这是在艺术创造的台阶上跃上了巅峰之后的再创造，再发现。

这是宏大叙事之后对于生活细节的重新审视，那些曾被遮蔽了的或者说忽略了的"生活意味"重新被照亮被唤醒。

《日子》就是这样写出来的。

对于这个世界，行进在河滩的"日子"，可能无足轻重；可是，对于淘沙的这一对夫妻，刻骨铭心。一个与底层百姓休戚相关的作家，能与"硬熊"精神相遇相通，这已经是一种"幸福"。而把"硬熊"精神的再一次"淬火"加以审美观照，更是作家悲悯情怀的深化。

那些带有黑色幽默的几个短篇不能说篇篇皆属上乘，而出入于局内局外的双重身份，让作家的眼光磨砺得更为明亮而犀利。究其根本，这是作家内在情感深层痛苦的艺术外化，是与现实生活的激流撞击之后价值选择的鲜明态度的传达。

而《三秦人物》系列，烛照的民族正气和秦人雄风再一次显示了陈忠实短篇创作正向新的高度掘进。他的笔，刚柔相济，春风霁雨，电闪雷鸣，交织为万千气象。

第十六章　真诚的行走笔记——散文、报告文学

陈忠实的文学创作起步于散文，散文伴随他的全部文学生命走到今天。

"散文和短篇小说，是我不自觉地坚持始终写作的两种文体。"2006 年陈忠实在《吟诵关中》中《筛选自己》一文里，这样表述。

陈忠实曾深情回忆，1965 年，他的散文《夜走流沙沟》在《西安日报》文艺副刊"红雨"发表。这是陈忠实见诸报端的真正文学意义上的处女作。

"我大约在发表过十数篇散文之后，才有了第一个短篇小说的写作和发表。"陈忠实甚至认为，"散文才应该是文学作品的正宗。"[①] 这是因为，在陈忠实看来，散文是以一种更直白更自由的方式说话。这种散文观与老舍、赵树理一脉相承。

陈忠实的散文，真诚、平实而富于理性。陈忠实的散文，都是有感而发。"即在生活世相里耳濡目染，触及到心灵里的某一根神

---

① 陈忠实. 原下的日子. 西安：太白文艺出版社，2004.112

经，或兴奋或灼痛到释之不去，便会把那一点感受和体验诉诸文字，便有了一篇篇或长或短的小说和散文。"① 这与充斥散文园地的那些无病呻吟、顾影自怜或卖弄风情、自我炫耀的文字大相径庭。

陈忠实的散文，堂庑廓大，视野开阔。生活世相的多姿多彩，在陈忠实散文里，都会有他的爱憎的倾注和理性、知性的烛照。这里，既有陈忠实个人独特生活经历、生命体验和情感世界，也有对与历史牵连的现实生活脉象的把握和感应。

一个没有广阔胸怀的人，是难以在描述复杂的社会经纬和现实人生时，能把笔墨张弛到这样的广度和深度的。他的理性思考，常常把他的散文与别人的散文区别开来。

陈忠实从来不是一个张扬的人。父亲的叮咛"不要抢着说话"影响了他一生的为人为文。陈忠实当然是一个自信的人。在文学上，又是一个野心勃勃的人。正如一个不想当元帅的士兵不是好的士兵，一个缺乏野心的作家不可能占有他的文学高地，创造文学的荣耀和辉煌。

陈忠实将这种"野心"深藏心底，他不断自我反思、自我裂变、自我剥离，从自我否定走向自我创新都在不动声色中进行。

"内功"修炼而不是花拳绣腿，使《白鹿原》的问世引起不少人的难以理解。他们认为，这怎么会是陈忠实的作品，陈忠实怎样在一个早晨醒来就把文学的明珠给摘取了？他们忽视了陈忠实的深沉"内功"，忽视了陈忠实20世纪80年代中后期的"变法"。

---

① 陈忠实. 凭什么活着. 长春：时代文艺出版社，2007.2

陈忠实的这种潜心自我剥离的诚挚在他的散文创作中表现出来的就是文风的平实。他的散文，从不飞扬跋扈，也少低徊婉转，就是那么诚恳而真情地诉说，直白而自由。如广阔的大海，海面却波澜不惊。如陈忠实所比喻，创作《白鹿原》如蒸馍，不到时候，切不可揭开笼盖，以免蒸汽"冒"了。陈忠实的散文，是徐徐冒出的蒸汽，自有它的麦香——北方大地的麦香。

陈忠实的散文，是他的人生笔记，也是他的行走笔记；书写他原下的日子，书写关中的吟唱，书写他的人生情怀。

"人生，在我的意识里是个太大的话题，更是一个令我敏感到几乎恐惧的话题。"陈忠实这样认为；但这并不妨碍对"人生历程中点点滴滴的往事"的回眸。

《汽笛·布鞋·红腰带》，一篇广被征引的散文，书写了陈忠实少年时光一段铭心刻骨的记忆。这生命历程中的第一声啼叫，带着血和泪。当陈忠实年过五十，"回顾整个生命历程的时候，所有经过的欢乐已不再成为欢乐，所有经历的灾难挫折引起的痛苦也不再是痛苦，变成了只有自己可以理解的生命体验，剩下的还有一声储存于生命磁带上的汽笛鸣叫和一双破了鞋底的布鞋。"

"走你认定的路吧！""不要耽搁了自己的行程。"陈忠实成功地在他的文学道路上走到了今天，他的这种勇于自我超越的精神早在少年时代就已萌发。这种强烈的生命意识的自觉，照耀了陈忠实的全部文学生涯。

《五十岁开始》《六十岁说》都是在陈忠实生命年轮的关键时刻

写下的名篇。这与胡适的《四十自述》之类传记文学完全不同。也与老舍的《八方风雨》中八年抗战生活回顾相异。

陈忠实在生命年轮碾过50、60岁时写的这两篇散文,一是写生命从50岁开始的感悟,一是写人生中的两次精神剥离。

21世纪,陈忠实的散文进入一个挥洒自如的自由境界。散文之于陈忠实,是"小说之余",有如词被称为"诗之余"。陈忠实的散文,似乎更是一种性情的自由挥洒,他并没有放弃对民族命运的思考,他的散文常常会出现一些内蕴严峻的话题。

陈忠实的散文,善于写人。

《第一次投稿》回忆了他初中的一位语文老师,这位老师成了陈忠实走上文学之路的引路人。《何为良师》写陈忠实敬重的一位责任编辑吕震岳。《何为益友》写陈忠实的一位文友徐剑铭。而《为了十九岁的崇拜》追忆尊师王汶石。《柳青的警示》写柳青。写文学道路上的朋友、知交,以写蒙万夫的《脉脉此情谁诉》情真意切,最让人感动。

要了解陈忠实的文学道路,这几篇回忆散文,不可不读。它们不只有史料价值,更是写友情、真情的好散文。

陈忠实写家庭的散文不多,但真切而情深。

《家之脉》写父亲,倾注了一个儿子的怀念。《旦旦记趣》写外孙,以小说家的笔写小外孙,活泼而意趣盎然。"我总是在看见那一双小鞋时忍不住怦然心跳。"一个细节就把陈忠实的心境写活了。《三九的雨》写父亲的道德力量和警示意义,朴实的文字里,流泻着难忘的思念。

陈忠实的散文写山、写水、写树、写鸟。

陈忠实的父亲爱种树,陈忠实也爱种树,《拥有一方绿荫》(《我的树》之一)写两株法桐。《绿蜘蛛,褐蜘蛛》(《我的树》之二)写梨树战胜蜘蛛的侵害,终于绽放芬芳。《绿风》(《我的树》之三),不甘灭亡的生命,两朵洋槐花让陈忠实惊颤。"树"在陈忠实笔下,不只是生命的象征,而是陈忠实生命的组成。

《又见鹭鸶》,写不见鹭鸶少说已二十多年了,一个春日的傍晚,突然与鹭鸶相见,那一份惊喜,让陈忠实不敢走近。以后几天,他天天来到河湾,等待鹭鸶,终不得见。

一个早晨,河川开阔地,芦苇幼林边,他终于又一次见到两个鹭鸶。他由此而引发了重建鹭鸶与人的和谐和信任的思考。

散文写得自自然然,而又起伏有致。发现与寻找的心理波动与鹭鸶的悠然自得恰成对照,尤其牵动读者的心。

"蒹葭苍苍"的诗句作结,把散文引向一个悠久而开阔的时空,丰富和深化了散文内涵,开拓了一个诗性的意境。

《告别白鸽》写得同样动人。陈忠实写:"当我行走在历史烟云之中的一个又一个早晨和黄昏,当我陷入某种无端的无聊的孤独的时候,眼前忽然会掠过我的白鸽的倩影,淤积着历史尘埃的胸脯里便透进一股活风。"有了这样的"白鸽"情结,白鸽的死亡便有了难以承受的生命之痛。

《拜见朱鹮》写未见朱鹮的遗憾,遗憾中的渴望。

《家有斑鸠》同样是写对鸟的挚爱。久违了的斑鸠"在我重返家乡的第一个清晨出现了,就在我的房檐上",给陈忠实带来的不仅是

"一个始料不及的美妙的早晨",同样更是一种人与自然的生命默契和温情。

所有这些寄情树木和飞禽的散文,都呈现了一种淡定而平和的怡然和悠然,表现了人与大地、与自然的亲近与和谐,谱写了一曲又一曲的生命礼赞。

国力渐盛,日子日丰,旅游已成生活中的常事。旅游散文,蔚为大观。然而,匆匆过客,蜻蜓点水,要把旅游散文写出特色,谈何容易。我们看见了太多的浮光掠影式的观光之作,不是异域风情的猎奇,就是新富起来的炫耀。

陈忠实旅游散文中的那些优秀篇章,呈现了另一种风貌。陈忠实不是以一个旁观者或欣赏或挑剔的眼光打量外部世界。他常把自己投入到对象之中,在主客体的相互交流里,反观自己,反观自己的民族,自己民族的文化。这样,思想的洞察力,将旅游的时空切割,突显了它真实而丰富的内涵,敞亮了作者广阔而深远的精神境界,给人一种空中俯瞰地面的感觉,穿越历史与现实之间,游走在主客体的精神联系中。

《贞洁带与斗兽场》写罗马所见贞洁带。陈忠实立即联想起我国县志里的贞妇烈女传。东西文化曾共同完成"女人的灵与性的扼杀"。只是意大利不愿多费事,以铜铁器一锁了之,而传统中国却以"教化"实现。这个区别,让人深思。

《北桥,北桥——美、加散记之二》写波士顿康克尔镇,美国打响独立战争第一枪的小镇见闻。为战死在北桥的英国士兵而建的墓碑让陈忠实深感美国人的博爱精神的可贵。"时过境迁,十年越战,美国转换角色，变成了220年前的英国殖民者。他们早已没有了当年的襟怀和风度。"这种历史眼光，触及到了一种普世情怀的深度挖掘。

《地铁口脚步爆响的声浪——俄罗斯散记之一》，莫斯科的红场，人们写滥了的风景，陈忠实不写。陈忠实写只属于他自己的独特感受：地铁入口处"震天响着的鞋跟撞地的声浪"。陈忠实由此感受到这个民族内在的激情和创造力。

《我的行走笔记》收集了2007年之前陈忠实的游记散文。这个选集以《"从黄岛到济南"琐记一则》为收篇之作。1981年，陈忠实赴黄岛参加一个笔会，从青岛到了济南。无意的一瞥，陈忠实停步在一家一间门面的食堂门口，目睹了一位卖鸡蛋的山东大嫂就着酱油吃了四两米饭的场景。陈忠实由此忆及二十五年前，上初一去饭店，也是四两米饭拌酱油，很骄傲于自己下了一回馆子。

陈忠实写道："又二十五六年过去了，我自己也搞不清因为什么由头，竟触发出一桩久违的生活记忆，且不能挥斥开去。"纯系白描，平实朴素的叙述里有一种撞击心灵的力量。

超越苦难，始于铭记苦难，而这铭记又是与大众的、民间的记忆叠印。

也许有人会以为这有点"浅薄"，但陈忠实当时是"眼睛已经模糊了"。始终不忘与民众、与底层的生活与心灵的联系，为民众、为底层的从贫穷和苦难中的奋起而写作，陈忠实因此有了《白鹿原》，有了《琐记一则》。

陈忠实散文的魅力来自这样一种情怀：他真诚地面对自己，真诚地面对大地和大地上的人，普普通通的人。

陈忠实忘不了故乡，老宅。

《关于一条河流的记忆和想象》写灞河。融文献、考古、传说与亲身经历于一炉，写了一条河的历史，也写了一个民族的命运。

《漕渠三月三》写漕渠庙会。在浓郁的关中风情的叙述里，陈忠实说："我还会再去寻找这种纯粹民间的锣鼓，为生命壮行。"

陈忠实被民间艺术感动。他酷爱秦腔、酷爱关中锣鼓，是他与民间割不断牵连的自然爱好，更是他艺术生命的内在呼喊。

《诗情不竭的庄稼汉》为一位名不见经传的农民诗人王老九的传人——王老九诗社社长贺丙丁立传。陈忠实始终认为诗情来自生活，来自对文字敏感的神经。贺丙丁即为生动一例。陈忠实的眼光从来不会放过底层，放过底层的生命和生命之光的闪耀。

陈忠实书写故乡的散文，不只是怀旧和思古，而是在这样一个欲望空前膨胀的背景下对于原生态的生活样式和生活情趣的呼唤。陈忠实来自民间，他与民间信仰、民间情趣有着天然的，其后也是自觉的联系。区别在于对发生在乡村的故事，持有冷静的分析与清醒的态度。

《活在西安》是一篇散文，从鼎盛期的唐人写到改革开放的西安，获2000年《人民日报》优秀作品奖。一个民族的辉煌记忆被唤醒，是因为今天的发展不仅产生了与遥远过去的呼应，而且正在将这个梦变成身边的现实。陈忠实对于民族的挚爱是和他对民族复兴的愿景互为依存的。

陈忠实的散文,有时采用"日记"形式。《最珍贵的日记——日记五则》记录了陈忠实1987年10月25日到11月1日参加党的十三次全国代表大会的感受,并由此而忆及1966年加入中国共产党的那个难忘的日子。

除了具有历史意义的大事记外,陈忠实在日记里不忘插入中国足球闯入世界杯的欣喜。这似"闲笔"的叙述,丰富了日记,也点活了文字。

陈忠实酷爱足球,大量的球评,展示了陈忠实对足球的独特解读。1998年世界杯足球赛开赛,陈忠实写了《球迷希尔顿》。陈忠实抓住了这个球迷的相貌特征,以"多大多好的一颗脑袋,完全活在足球情感里的一颗纯净的脑袋",给这位来自民间的球迷画了一幅迷人的肖像。

陈忠实还写了吟诵关中的大量篇什。对于故乡,陈忠实充满柔情又不缺少批判意识。

20世纪80年代初,民营企业和乡镇企业崛起,陈忠实为此写过一些报告文学。今天来看,这些作品都经受了时间的考验,不失其文献和艺术的价值。

《大地的精灵》写户县陈秀珍个体经营的曲折经历,这是《四妹子》的一个生活原型。

陈忠实的不少散文、报告文学,都可以视之为给他的小说创作做前期准备。

陈忠实的《渭北高原,关于一个人的记忆》深情报导了农科专家李立科献身农业科技的光辉事迹和忘我精神。这是一篇与原《陕西日报》高级记者田长山合作的作品,荣获1992年全国报告文学奖。

《记忆》没有豪言壮语,没有鲜花掌声这样一些常见的颂词和虚夸,而是在真实而深情的叙述里,以细节,以特写镜头,在李立科与农民的交往和县、乡、村各级农村干部的言谈和真情倾诉里,把这位深得农民信任和爱戴的农科专家的高大形象,浮雕般奉献给读者。

如"导语"所说,李立科患左上颌癌,术后不便说话,采访主要来自李立科长期蹲点的农村农民和县、乡、村各级干部。这赋予报告文学以巨大真实性和情感、情绪的冲击力。

"艺术作品是恢复失去的时光的唯一手段。"[1] 陈忠实的散文,如他的小说,是记忆的重组和审美的复活。陈忠实笔下的故园山水、树林和飞鸟,朋友、亲人和前、后辈,穿越岁月的风尘,经历感情的浸染,显影在记忆的底片上,真诚、平实而闪烁着理性之光。

质胜于文,这是中国传统文论一贯的主张。虽然孔子提倡"文质彬彬"。

陈忠实坦诚地表白:"散文是一种直接展示作家思想、情感、情趣、审美等的文体,作者的个性化气质全部昭然于文字之中……如果说虚构的小说还有一定的蒙蔽现象,而散文却很难产生这种效应。"[2]

陈忠实是在"直接展示"的层面理解并创作散文的,这使他的

---

[1] 普鲁斯特. 复得的时间. 冰山理论:对话与潜对话,北京:人民文学出版社,1991.423
[2] 陈忠实. 思考与思想,是精神活力与精神脊梁. 张艳茜. 城墙根下. 西安. 太白文艺出版社,2011.1

散文的不少篇什以思想情感的真挚让人感动,而艺术的曲折与迂回相对就少了。

与当代散文心灵化、情绪化、意象化即主观性追求不同,陈忠实的散文属于客观化散文。"真实性"是陈忠实散文的魂魄所在,他的散文的思想意义和文献价值因此突显。

散文的园地,鲜花朵朵,莺飞草长。陈忠实的散文在这一片芳草地里,自由开放,直白而芬芳。

第十七章 文学依然神圣——文学创作论与文学评论

中外文学史上那些光照千秋的作家,创作了优秀的、杰出的、伟大的文学作品,同时也为我们留下了丰富的文学理论和文学批评著述。

爱克曼的《歌德访谈录》,席勒的《论美书简》《审美教育书简》是美学史上的名篇。

我们还可以举出更多的例子:雨果的《论司各特》《论拜伦》,萨特的《存在主义与人道主义》,博尔赫斯的《博尔赫斯和我》,普鲁斯特的《复得的时间》等等。

不同时代不同民族不同流派的作家,对文学的不同理解与实践,为人类艺术发展贡献了他们各自的天才与智慧。

鲁迅,这位中国新文学的奠基人,就是出入于文学创作和文学批评两大领域的双栖作家。

当代中国文坛,这种双栖作家更是群星灿烂。

茅盾是卓越的作家也是卓越的文学批评家。巴金、老舍、曹禺、沈从文、汪曾祺以及王蒙、刘心武、张贤亮、从维熙、张炜、王安忆……都创作了影响深远的文学作品，同时也写下了文艺批评方面的锦绣华章。

陈忠实也是这样一个双栖型作家。

陈忠实的文艺创作理念有一个形成和发展过程，他的文艺批评几乎与创作同步。

陈忠实是新时期文学的亲历者、直接参与者和重量级建设者，陈忠实的文学道路浓缩了我国当代文学的发展轨迹，他是我国新时期文学的杰出代表。

陈忠实的文学信念和审美理念、文学实践深受当代文学影响，又是当代文学的重要构成，他给当代文学书写了属于自己也属于我们民族的光彩篇章。

陈忠实并不讳言文学对他是一种兴趣，一种天然的爱好。创作之于他，并不排除个人的功利目的，在创作一部可以死后垫棺作枕头的书的期许里，陈忠实不隐讳他的私心。陈忠实的可贵之处正是在这里。

1991年陕西人民出版社出版了陈忠实的《创作感受谈》，"收入这本集子的26篇文章，是我十年间零星写下的一些创作感受或与写作有关的人和事。"陈忠实在《后记》里这样陈述。不说"经验"而谈"感受"，陈忠实是谦虚而坦诚的。

2009年8月，《寻找属于自己的句子—〈白鹿原〉创作手记》由上海文艺出版社出版。虽然谈的是《白鹿原》的创作，这本书却超越了个案而具有普遍价值，它为作家创作论提供的成功范例，具有实践指导意义，也蕴含了宝贵的文学创作思想。

从《创作感受谈》到《寻找》，近二十年岁月，陈忠实走过了一条逐渐成长至自我飞跃的文学之路，一条艰难跋涉而翻越大山的成功之路，从中我们不难梳理出陈忠实文艺创作和文学批评的独特的属于他自己的真知灼见。

还有大量的散见于陈忠实各类、各时期散文集里的文论，或是序，或是评论，或是访谈录，或是讲话。

正如文学史上许多双栖作家的文论一样，这不会是全面的系统的文艺理论和批评理论，但恰恰是非教科书式的普泛说教，这种来自创作实践的经过了提炼的理性表述，吉光片羽，扎实而深刻，具有创造性和启示性，无论对于创作，还是对文学理论、文学批评的新发展、新建树，都是宝贵的思想理论资源。

一、"为人生"是陈忠实文艺创作理念的核心，是出发点，也是归宿。

从陈忠实踏上文学之路直到今天，文学在陈忠实那里，从来不只是职业，不只是谋生的手段，也不仅是确证自我，实现自己人生价值的工具和利器。文学之于陈忠实，是他的生命，是他的信仰，是他的存在本身。

陈忠实走着一条坚定的现实主义文学之路。这是一种开放的现实主义，立足于现实，服务于现实，是陈忠实不变的宗旨。陈忠实在现实主义之路上从传统而走向现代，证明了现实主义文学强大生命力。

这种生命力的确证来自他始终不忘，始终坚持与人生、与底层、与民族、与人类的命运的休戚相关，悲欣与共。

为人生，写人生，为人生走向美好，为民族走向复兴，为人类走向幸福，是陈忠实现实主义文学的精神支柱。它是陈忠实的艺术抱负和人生追求。

这里，文学有三种境界：

文学是职业，如同别的职业一样，文学是一种谋生的手段，为了谋生，"谀世"往往是这种文学难免的面目。

文学是自我的确证，文学因此成为了个人的园地，游戏人生，"玩"文学往往为一些文学之士热衷。为艺术而艺术，为文学而文学，是自诩清高者的选择。

与上述文学是职业、文学是自我实现不同，文学在中外文学大师那里，是与博大的人间关怀联系在一起的，是与精神的高尚、尊严和崇高联系在一起的，是与人类的未来联系在一起的。为了这个文学信仰，他们不惜以身相许。

如歌德所说："谁拥有了艺术，谁就拥有了宗教。"文学艺术已提升为一种信仰，一种生命的呈现与升华。托尔斯泰如此，为文学，托翁死在了雪原上铁道的一侧。陀思妥耶夫斯基如此！曹雪芹如此！鲁迅如此！

文学作品的艺术品位从来都取决于作家的精神境界。

在走向《白鹿原》创作的漫长日子里，陈忠实在"文学这个魔鬼的事业"的道路上经历了怎样的心路历程？不要忘记，相当长一个时期，尤其是初期（"文革"期间），陈忠实"几乎完全处于个人奋斗状态"，孤立无援，外部环境又是极为恶劣。

如同中国大多数农民一样，贫穷曾长期困扰着陈忠实。陈忠实早期写作的艰难，今天的读者很难想象。"天才"更是悬在头顶的达摩克利斯之剑。是什么支撑着陈忠实？

"中国乡村一直负载着这个民族精神和心理上最辉煌的最痛苦的记忆，直到今天，仍是生活发展中引发疼痛的敏感点之一。"[1]

陈忠实来自伟大中国底层农村，最辉煌和最痛苦的记忆的重负，陈忠实自觉地担当了，他以"不问收获，但问耕耘"为座右铭激励自己，埋头苦干，要写出中国农民的伟大，写出中国的辉煌和痛苦。

陈忠实是一个勇于担当的人。他说："我从高中毕业刚回到农村时候，不太安心，觉得这里的一切都太落后，太叫人窒息了。经过十年的农村工作，我才较深地了解农村的过去和现状，关切起农民命运来了。"[2] 这种对农民命运的关切是与他的农村工作和文学创作分不开的。

"我无法背对现实，在生活的巨大变革声浪中保持沉默，也无法从嘈杂的实际生活中超脱出来。"[3] 陈忠实所有的创作都与时代变革与农村变革保持同步，随着对农民命运思考的深入，陈忠实逐渐将眼光从当下伸向了历史，伸向了过去，演绎为对我们民族的文化思考，历史思考。

"决定一个作家气质的主要因素，我认为是作家的个人经历和他所经历的全部生活。我个人的经历和我后来所从事的工作，给我心

---

[1] 陈忠实. 吟诵关中. 重庆：重庆出版社，2008.335
[2] 陈忠实. 创作感受谈. 西安：陕西人民出版社，1996.12
[3] 陈忠实. 创作感受谈. 西安：陕西人民出版社，1996.54

理上造成的直接的无法逆转的感受,是沉重。是的,我生活和工作的渭河平原的边缘地带的历史现实,太沉重了。这种感情色彩不自觉地就流露在文字之中了。"

历史和现实的沉重,亲历的和感受的沉重,都不能不激励作家去向着民族的文化和历史的深处思考。正是在这样一条严肃文学的征途上,陈忠实心无旁骛。无论多苦多难,他坚忍不拔,一路走来,两次拒绝了仕途伸出的橄榄枝,在翻越大山的跋涉中,创造了自己文学的高峰,当代长篇小说的高峰。

思考的广度与深度正是现实主义精神所不断追求的。

"我愈加信服巴尔扎克的一句话:既然小说被认为是一个民族的秘史,那么,要成为真正的小说家就必须对社会进行调查……从这个意义上说,作家要获得创作的进展,首当依赖自己对这个民族的昨天和今天——历史和现实的广泛了解和深刻程度。"[①]

这个深刻的命题,是1987年6月提出来的。这正是《白鹿原》开始构思准备的时刻。现实和历史的沉重,形成了作家感受的沉重,要求以恢弘而凝重的鸿篇巨制予以表现。

陈忠实认为艺术就是自己对自己已经意识到的现实和历史内容所选择的最恰当的表现形式。如果在"表现形式"前加上"感性",这个陈述就会更为严密了。

也就是在这个时期,陈忠实开始了对民族文化心理结构的探求。

1990年初在《从"跳底子"看关中人的心理结构》一文中,陈

---

① 陈忠实. 创作感受谈. 西安:陕西人民出版社,1996. 102

忠实写到,"缓慢的历史演进中,封建思想封建文化封建道德衍化成为乡约族规家法民俗,渗透到每一个乡社每一个村庄每一个家族,渗透进一代又一代平民的血液,形成这一方地域上的人的特有文化心理结构。"

正是因为文学承载着如此沉重的勘探民族文化心理结构、重铸民族灵魂的庄严使命,20世纪90年代初陈忠实提出了"文学依然神圣"的呼声。在文学日益走向边缘的文化生态里,这呼唤显示了一种悲壮和坚守中的苍凉,也传递着文学的使命感:为人生。

高擎文学神圣大旗,需要文学生命的强大意志,而这意志来自"为人生"的境界和襟怀。这正是鲁迅的文学信念,也是陈忠实的文学信念。

在现代中国,精神迷失的特色是道德迷失、存在迷失和形上迷失的同时存在。寻找与重建精神之砥,文学自有它的不可替代的使命。

"文学依然"神圣的意义正在于它的勇于担当,它的"为人生"的指向性和实践性,它的对于"精神迷失"的纠正和重建。

在《文学的信念与理想》里,陈忠实说:"作为一个作家的文学理想,当然是要创造出思想内涵包括文学形式上的一种全新形态,一个作家如果没有属于自己思想和艺术形态上的一种全新的、有异于所有人的作品形态的作品,那么,这个作家是立不住的。"

各国的文坛都是这样的残酷。

"作家希望创造出属于自己独有的艺术世界,艺术形态,但作品发表出来的结果却是属于人民的、民族的。一个作家的文学理想不能不涉及为民族精神的更新和发展提供点什么。"①

作家的历史和社会使命感促成作家不断攀升和拓展精神境界的高度和广度,在时代精神的制高点和人类普遍价值的关照里,以悲悯的情怀烛照他笔下的人物和人物的命运,也反思自己,在与笔下人物共同度过人世的欢乐与悲苦中,寻求救赎与超越。

《白鹿原》就是民族精神更新历程中的一个审美超越与救赎。它是陈忠实亲历生活的演绎和衍化,它离不开陈忠实脚下这片沃土。

《白鹿原》是一部"为人生"的艺术杰作。

二、"体验生活"到"生命体验",创作主体的能动性被提到了突出地位。这是陈忠实"为人生"文艺创作理念的重要组成和发展。

从"为人生"出发,必然要求文学应该是也只能是生活的艺术表现,作家的创作才能当然具有重要地位,但它仍然来自社会生活实践,来自艺术创作实践。文学离开了生活,离开了实践,一切都将成为泡影,陈忠实说:"创作唯一依据是生活。"把握与体验生活一直被现实主义作家所推崇。

在长期的创作实践中,陈忠实说:"我觉得感受生活比体验生活更适宜我的创作生活的实际。"②

强调感受,是将创作主体的地位予以突显。这大约与陈忠实长期居于农村,活跃于农村工作第一线有关。陈忠实是一个"亲历型"作家,他的作品大都来自亲身的经历与感受。"我主要用自己的感觉

---

① 陈忠实. 原下的日子. 西安:太白文艺出版社,1996. 249
② 陈忠实. 创作感受谈. 西安:陕西人民出版社,1996. 74

去感受生活，而专门的体验是很少的。"① 陈忠实是有心人，他随时随地在感受生活。

这也是有感于被动式的"体验生活"的行政指令与"画地为牢"式的形式主义做法，它们对创作都是一种限制和有意为之。

处处有生活，生活就在脚下，"感受"就在有意无意间。关键在于你是否具有一根敏感的神经，时时处处感受生活。

陈忠实十分强调那一根敏感的神经。这既是心理的，也是生理的先天机制，是一种"意向性"的思维倾向，一种天生的兴趣爱好与能力。但它离不了后天的机遇、培育和扶植。

什么是天才——自自然然表现出的非凡智慧和创造力，它绝非后天习得，更非后天培养。天才也可能夭折，夭折在客体的"不相容"，或主体的自我戕杀。

一根敏感的神经与天才当然不是一个概念，但敏感的神经是通往天才的一种可能。敏感的神经，一种更单纯的意向与才能，只是在艺术的某些方面达到熟练，只有天才才可能给艺术灌注生气，圆满而充沛。天才是敏感神经的集合与蒸腾。索尔仁尼琴在《为人类而艺术》中说："艺术家之有别于常人者仅在感觉比较敏锐；他较易感察这世界的和谐和人力加诸其上的一切美与横暴，并予以生动描绘，在重重挫折中，居生存最劣之层面，艺术工作者纵经贫、病、牢笼，亦应能经常保持住内心某种稳定的和谐。"这个感觉的较为敏锐正是那根敏感的神经。

---

① 陈忠实. 创作感受谈. 西安：陕西人民出版社，1996.11

以敏感的神经感受生活，把作家的主体性充分调动，对生活的体认就会有不同于他人的发现，而且这种发现往往带有浓烈的主体色彩。

不断的创作实践，陈忠实越来越认识到，"感受生活"还不足以将自己与生活，与外部世界真正融为一体。以"感受生活"为中介，陈忠实对自己提出了"生命体验"的要求，这是一种更高的要求，一种将主体生命投入客体，客体又突进于主体，主客体双向交融的状态。

"生命体验"并非陈忠实首创，但被陈忠实提到如此重要地位，却是在《白鹿原》创作之中，是《白鹿原》创作的经验总结。

将主体性深入到生命的底蕴，不再只是理性的、知性的，而是饱含着生动、鲜活的感性。既有思想，更满注着情感与意志；既有意识，又充盈着无意识（前意识、潜意识）。同时，又将主体性深入到对象的生命底蕴，与对象在生命的深层相拥、相交、相汇。它是许多规定性的综合，又充满了偶发性，是多样性的统一，又携带了或然。它是主客体的血肉相连，从生活而到生命的深度感受和发现。陈忠实认为从"生活体验"到"生命体验"好比是幼卵化蝶的过程，进入一个精神自由境界。在这个自由里，主客体不再是分离的，而是水乳交融进入化境。

马克思说："人的根本就是人本身。"[①] 与传统的灵肉分离、身心二分的观点不同，当代"身体哲学"认为，恢复人的身体的"根"

[①] 马克思、恩格斯. 马克思恩格斯选集：第二卷. 北京：人民出版社，1995.9

的完整性即从"灵肉冲突"走向"身心合一",这乃是人文学科,社会学科所研究的前沿。

人,从根本上说,就是身体的存在,而"心"仅仅是精神的存在。身体在这里,既是人的生命存在的唯一方式,又是身心合一的完整性存在。身体不仅仅是肉身,而是人们的身体力行的实践,是身体与社会、自然、他人交往的"身体间性"。

布罗代尔认为,人的社会历史不仅是人同他周围环境缓慢演变,不断反复的几乎静止的关系史,而且还是在这种关系史的基础上如深海暗流般的社会史或群体集团史,以及不同于社会规模史的个体生命亲身感受过、经历过和描述过的个人规模史。他在《菲利普二世时代的地中海和地中海世界》指出:"这是所有历史中最动人心弦、最富有人情味、也最危险的历史。"个体切身性的生活历史的一次性、不可重复性、不可超越性的生死界限使得书写个体生命史、身体史更为细微且更为艰难,在某种意义上,它为文学艺术提供了广阔的用武之地。

文学艺术正是要解放人的身体感觉,恢复人的身体的全部感性,使人的身体成为独特而具体的感受性的生命主体而不只是抽象的客体符号。只有进入身体的维度,才能生动书写个体的命运。越是跳出规范的身体书写,越是能表现出深藏在总体历史中支配逻辑的普遍性;越是写出的身体感觉的丰富性,越是能揭示出对社会本质的体认的深刻性。

文学艺术的本性就是不断地恢复语言的自然感性特质,通过感性的语言方式消除和刷新陈旧的俗套的身体感觉,创造出对社会人生，对世界历史的新的、更为具体而丰富的生命体认，以培育人的全面而新颖的感悟人生的感觉、感受和体验。为此作家就必须调动他身体的全部机制，而不只是精神的理性的，而是身心合一的、饱含着感性的、血肉之躯的生命体验。这种生命体验是与身体感觉、自然感性密不可分的。作家的创造性劳动真实的、唯一的承担者是他的个体生命，是他的身体。作家从生活体验而进入生命体验是一个不断激活和深化自身的身体感觉的过程，它绝非冷静的不动声色、无关痛痒的旁观者的解剖，而是与个体身体休戚相关、冷暖自知的发现与感受，他同时又是对对象的血肉感性的突进与把握。

唯其如此，汤显祖写《牡丹亭·忆女》，托尔斯泰写安娜之死，才会同样有辍笔痛哭之举，虽然他们属于不同时代、不同国度。杜丽娘和安娜是汤显祖和托翁的生命体验和艺术创造，我们也可以说杜丽娘和安娜的生命体验成就了汤显祖和托翁，使他们成为不朽的艺术家。

杜丽娘与安娜都是历史、社会、文化规定的具体"情境"中的身体存在，他们分别由汤显祖、托翁的身体创造完成。

当年瞿秋白就曾说过：如果人有灵魂，何必要这躯壳？但是，如果没有灵魂，躯壳又有何用？深刻揭示了灵肉分离的人间悖论。正是在这种矛盾里，基督教认为"道成肉身"，强调了肉身与道的合一。从这个意义上说，"生命体验"也可以说是"身体体验"，它是"艺成肉身"。

文坛有"身体写作"一说，这种"身体写作"的身体仅指"肉身"，与我们所说的"身体"不是同一概念。我所说的"身体"是

"身体哲学"的"身体",是灵肉统一,心身合一的。而在"身体写作"那里,实际成为了"下半身"写作,肉欲取代了生命身体的完整性,人的整体性在"性"里坍塌。动物性取代了人的存在,罪恶感被淹没在欲的疯狂宣泄里,人被机器化了、工具化了。

与生命体验相伴随,陈忠实特别强调了艺术的独特性、独创性,坚持不重复自己,也不重复别人。

"无论生活体验抑或生命体验,致命的是它的独特性,是唯独自己从现实生活历史遗迹、自身经历中所产生的独有的体验。独有的体验注定了体验的独特性和独到之处,从根本上就注定了某部(篇)作品的独立个性,自然不会重复别人,也不会重复自己,这是中外古今作家的所有杰出著作的最根本的成因。"[①]

陈忠实在《白鹿原》的创作后,写出了《寻找属于自己的句子》,这是一本全面阐释创作独特性的书。这种独创,是以文化心理结构塑造人物的个人创造,更是对于民族文化、民族精神的独特思考和艺术观照。

即使是阅读,陈忠实也说:"最易引发兴趣的是对过去或正在进行的生活的发出透辟有力的独特声音,人物形象、心灵历程让我们发出呼应以至称绝的作品。"[②]。

陈忠实从现实主义出发,而又丰富和发展了现实主义,他走的是一条开放的现实主义之路。这与他对生命体验,对艺术独创的追

---

① 陈忠实. 家之脉. 广州:广州出版社,2000. 67
② 陈忠实. 吟诵关中. 重庆:重庆出版社,20008. 226

求分不开。独特的生命体验、独特的艺术创造让陈忠实在营造他的艺术世界时，获得了创作的真正自由和独立，进入了一个自由的艺术王国。他听从生命体验的呼唤，听从白鹿原人的呼唤，去理解白鹿原、白鹿原的百年历史和我们民族的昨天和明天。如胡风所说："文艺创作，是从对于血肉的现实人生的搏斗开始的，血肉的现实人生，当然就是所谓的感性的对象，然而，对于文艺创作（至少是对文艺创作），感性的对象不但不是轻视了或者说放过了思想内容，反而是思想内容底最尖锐最活泼的表象。"[1] 对于作品思想穿透力的强调，是陈忠实一贯的主张，他的作品是这一主张的艺术实践。

历史的积习，既成的结论，在艺术创作的独特性里被搁置了。历史的盲点，被遮蔽了的生活，在《白鹿原》的艺术世界里敞开了，复生了。艺术创造的独特性，缘自陈忠实思想穿透力的不断磨砺和艺术追求的不断突破自我。

不是别人，而是那些在文学创作中创造出了真正的独特性作品的作家，才会如此突出地意识到独创性的重要，并且在自己的创作中把这种独创性付诸实践。

三、重视读者，强调作品与读者的平等对话，构成了陈忠实文艺创作理念的又一内涵。

作家是依靠作品而存在的。而创作在陈忠实看来，"不过是作家艺术家把自己对社会历史和现实的生活体验进而到生命体验所形成

---

[1] 胡风. 胡风评论集：下册. 北京：人民文学出版社. 1985. 18

的各个迥异的独特性体验宣泄出来，凝成一部小说一首诗歌，一出戏剧一幅绘画一曲交响乐，以期与读者或观者听者进行心灵的沟通和交流，文学艺术作品不过是实现两颗心灵交流沟通的媒体。"

作品是作家与世界与自我的对话，更是与读者的对话，读者在这里被放在一个极为显著的地位，这是一种尊重，更是一种担当，文学社会责任的担当。这也是现实主义文学，"为人生"的文学题中应有之义。

陈忠实曾深情回忆："《信任》发表后，他收到了不少读者热情的信，禁不住眼热欲泪，不是为了读者对小说的好评，而是因为我太需要他们对我的信任了。""重建我和读者的真诚的信赖"是当时陈忠实的心理渴求。这种与读者相互之间的信任，是陈忠实创作的强大的动力。

陈忠实始终认为，作家只能以作品确证自己，任何非文学因素对作家的成功与否都无济于事，而读者是评判作品的裁判人。当然，这里有一个历史与社会选择的过程。文学史上那些不为当时读者接受的作品，经过了时光淘洗成为经典的不乏其例。陶渊明就是四百多年后，才开始受到人们重视。

尊重读者并不只是适应读者，它更应该引领读者，让读者在新的审美感受里丰富审美经验。

今天，对新媒体的全方位热衷，对现实体验的全无痛感，甚至历史与民族情怀的虚无与无根漂浮，成为时尚。纸质书写和长篇小说要在拜金潮、娱乐潮里边砥柱中流，显然，作家承担的精神引领，尤为必要而可贵。

阿多诺曾经认为,"否定性"是艺术的本质,它与审美愉悦无关,艺术只有当他对社会现实的否定导致社会的变革,才能显示艺术的社会功能。显然,否定性审美痛感并不是审美经验的基本感受,更不是唯一感受。一般审美感受、审美经验正是愉悦,这是一个更为广阔更为丰富的审美世界。

姚斯认为,读者即接受者与作品主人公存在五种交流:从联想而共享快乐,从英雄而崇敬仿效,与英雄共同受难,与人物保持距离而在非功利性审美中解放心灵,与作品疏远对立以在反讽中获得自我。笔者认为,还应该补充第六种即阿多诺所说的否定性审美感受,否定的对立面即是一种更理想的、合理的人生。

引领读者的方式,因此是多样的。

《白鹿原》的"召唤结构"与它的"隐在读者"是一组对等概念。"隐在读者"是一种设想的无限阅读可能性,而"实际读者"是可能性之一种的实现。《白鹿原》接受者的多样与广泛,正是《白鹿原》的"召唤结构"与它的"隐在读者"的现实化。

作品的真正完成是在读者阅读之后,文体和公众阅读期待的关系是历时性的,又是共时性的。文学与社会存在一种功能性关系,只有当作品接受转化为社会实践而影响社会构成时,作品的存在才最终实现。文体作为一种潜在的意向性客体,存在着一切阅读的可能性。

陈忠实当然是在实际阅读的层面来谈与读者的关系。这是一种互相的信任与交流。这也就向陈忠实提出了一个创作伦理问题或作家伦理问题。

我曾经强调陈忠实作品对于伦理的文学表现。与当下一些作品对伦理的挑战与解构不同，陈忠实作品始终坚持对于一种普遍性伦理的尊重和肯定。正直、忠诚、友善与责任感及敬畏生命，这样一些基本的伦理要求，在陈忠实的所有作品里都得到了肯定性叙述，陈忠实因此从创作主体即作家的人格修养提出了他的主张，也就是人格的去"矮化"。

在《为了十九岁的崇拜——追忆尊师王汶石》里，陈忠实说："制约作家感受生活挖掘素材深层提炼的因素中最紧要的一条，便是人格精神；人格精神的错位，往往会把良好的艺术天性矮化了，令人惋惜。"[1]

在《柳青的警示——在柳青墓前的祭词》里，陈忠实写道："真诚的而不是虚伪的关注国家和民族的命运，热情而不是冷漠地注视当代生活的进程，才能保持心灵世界的那根艺术神经的聪灵和敏锐，才会发出既宏大又婉转的回声……"

"他投身革命与建设的同时也在锻铸着自己的人格，他创造艺术的同时，也在陶冶自己的灵魂。"这是柳青予我们的警示，也是陈忠实自己的一种人格追求、人格修养。正是在这个祭词里，陈忠实说："柳青以他的生命、智慧和人格所神圣过的文学，我们依然神圣。"

文学的神圣要求作家人格的自尊、自律与自强，这尤其是因为：一个人的人格如果卑下，他就不可能把精神上升到应有的高度，形成强大的思想世界和精神力量。

---

[1] 陈忠实. 凭什么活着. 长春：时代文艺出版社，2007.35

钱穆就认为，在中国文学传统里，作家的人格往往与他的作品相辉映，一部文学史可以视之为民族的心灵史，人格史。

身为作家，而人格缺失，已是屡见不鲜，这也是人性使然。陈忠实的人格自律、自尊因此更显可贵、可敬。

四、"自我剥离"，与"对象剥离"，是陈忠实文艺创作理念中最出彩、最精华的组成部分。

陈忠实的创作道路是不断"自我剥离"和"对象剥离"的过程。这是作家主体建构的核心，既是认识论，也是方法论，是它成就了《白鹿原》，是它给予了我们诸多启示。

陈忠实来自农村，和当代一些作家一样，经历了人生诸多苦难。像陈忠实这样，给"艰难玉成"做了注释的人，虽然不乏其例，但陈忠实的成功仍然令人惊奇，令人敬重。

马尔克斯在谈到拉美文学时曾说：值得注意的，不只是拉美的文学表现，而是这块孤独的大陆的异乎寻常的观念本身。

《白鹿原》的成功，同样得力于我国的异乎寻常的观念本身。没有绵延数千年文明的白鹿原和白鹿原人，便没有《白鹿原》，这是第一。第二，没有改革开放，没有上世纪80年代的文化热和文化心理结构说，也不可能有《白鹿原》。

正是在80年代后期的我国观念生活和文学氛围中，"我因此有了一个重新把握自己的契机，运动着的现实生活对我最具诱惑力和冲击力。换一个角度说，我对现实生活的波动最容易发生呼应，最为敏感，无法移开眼睛，也无法改易。"①

　　这是一双犀利如剑如锥的眼睛，似海洋般深藏于心底的对人世的挚爱，对邪恶如鹰似的凛然藐视和洞察力。我深信，这双眼睛是久经历练而走到今天。从青年时代每天坚持把所见所闻记录下来以备日后创作之用时起，他就睁大了那双明澈的闪动着灵性的眼，投出了好奇的探究的目光。

　　但是，决定性的还是作家主体的精神剥离、双向精神剥离。

　　同样面对白鹿原，同样置身于80年代中国文坛，为什么是陈忠实而不是任何一个别的作家，写出了《白鹿原》？这里面，有了什么样的玄机？与其说，陈忠实选择了《白鹿原》，不如说，历史选择了陈忠实。历史并不特别垂青于陈忠实，是陈忠实具备了与历史与现实与白鹿原对话的唯一可能性与现实性。

　　马尔克斯说：为命运所决定，作家必须尽少地借助于想象。

　　小说是一种虚构，离不了想象，更立足于记忆，以文学和语言保留了民族的灵魂。马尔克斯提出尽少地借助想象，是因为现实与历史远比想象更具有震撼人心的美和严酷。

　　古语有云：谋事在人，成事在天。"天"在这里是有意志的人格神。陈忠实的"事"之所以谋成了，除了外部环境提供的可能性，关键仍然在于陈忠实的主体建构，即不断地自我否定。

　　"自我否定"有两个指向：一路向下，越来越自卑、自轻、自贱；一路向上，日益自尊、自信、自强。

---

① 陈忠实．吟诵关中．重庆：重庆出版社，2008.201

陈忠实的"自我剥离",走的是一条向上的路。原因在于,他的心里有一颗明星高悬天宇,时时照耀他、呼唤他。

《接班以后》被推崇,他一点儿也没有沾沾自喜,他清醒地看到:这个"正儿八经写成的第一篇小说",不过是"第一次把自己对生活的观察和体验写进了小说,第一次完成了从生活到艺术的融化过程。"这年,陈忠实刚好而立之年。"直接从生活中掘取素材"保证了《接班以后》的艺术水准,也成为陈忠实相当长时间写作的一个坚实基石,使其作品以生活积累与生活叙述的扎实而为人注目。

新时期伊始,陈忠实经历了他的第一次精神剥离,创作上的一度"失误"所带来的生存尴尬和心理挫折使他萌生了退出文坛重执教鞭的念头。这是一次具有决定意义的人生选择。陈忠实最终战胜了自我,重新投入到文学阅读和思考中,在文学阵地继续坚守。

《信任》的发表与获奖,是他走向"新我"的宣言。他在文学的旗帜下,重新站立了起来,完成了一次成功的"亮相"。《信任》获奖,在陈忠实看来并没有什么太了不起。"因为任何一位能被我们记住的作家都不是凭一个小小的短篇小说而铸就自己的文学成就、证明自己的文学才能的,这是文学的ABC。"①

宠辱不惊,与那些浅薄之徒迥然不同,陈忠实清醒地看到,"未来的路才刚刚开始"。在以后的岁月,陈忠实不断经历着"炼狱"的考验。

陈忠实认为,面对社会的变革,作家必然要把它诉诸文学。作

---

① 陈忠实. 凭什么活着. 长春:时代文艺出版社,2007.28

家必须不断更新自己的知识、观念，以巨大的热情"去研究生活，开掘新的意义，使自己感受生活的神经处于敏锐状态"。①

"我以为问题的要害在于，人在理想和视野的追求过程的各个阶段对自己的实际能力应有一个认真的客观的估计。……自己在某几个方面强些，在某几个方面弱些。对于强的一面或者几面如何进一步巩固和发挥，对于弱的一面或几面如何加强。而尤为重要的是，能在诸种因素中，找到致命的关键的薄弱环节，作为这一阶段学习和攻占的目标，作为前进的突破口。这一薄弱环节被突破，其它的薄弱环节中又有一点相对地变成新的至为关键的薄弱环节，又成为新的突破口。我以为，突破首先是打破自己的局限。"② 很少有作家如陈忠实这样开诚布公，把自己的创作体会，坦诚地诉诸文字，与广大读者共勉，与作家同行共享。

1983年，陈忠实在《突破自己》一文里，就鲜明而具体地谈到"打破自己的局限"。

与陈忠实同时起步的那些业余作家之所以在以后的创作生活中不再能与陈忠实齐步并肩，"能否突破自己"应该是至关重要的。哪一个作家都想突破自己，问题在于创作实践中能否实现"突破"。

"一个人的写作从初学到一步步地深化，这个历程实际上就是完成一次次突破，包括思想和艺术的突破……当然，一个作家的每一部作品一般不会与另一个作品相同，即使是在同一个突破层次上的作品之间也会有很大的差异。但是，对于一个作家来说，能不能完

---

① 陈忠实．创作感受谈．西安：陕西人民出版社，1996.17
② 陈忠实．创作感受谈．西安：陕西人民出版社，1996.41

成关键性的、里程碑式的突破，或者说达到质的飞跃的突破，这是一个非常致命的东西。譬如说，从生活体验能不能完成到生命体验的突破，既包括对人生的理解、对社会世相的理解，也包括对艺术的理解，这是一个关键。"这是2003年4月《在自我反省中寻求艺术突破——与武汉大学博士李遇春的对话》中的一段话。除了技巧层面的不断探索，"境界"的提升，被陈忠实放在了突出地位。

陈忠实是一个善于倾听而又勤于思考的作家，父亲的"不要抢着说话"给陈忠实的影响至深。在公众场合，陈忠实一般都保持着沉默。"他似乎是个能够享受沉默的人。"这是《瞭望东方周刊》记者采访陈忠实时的导语中的一段话。

他倾听时代的脚步声，倾听评论家嘈杂的评论。他认真思考来自各方不同的声音，有些时候，有些言论，在他审视思考后就成了他自己的意见。

陈忠实关于精神剥离即自我突破的解说，较之二十年前讲得更明确更深刻。"致命"的地方在哪里？这离不开智慧、才情和意志力的契合。

笔者要强调《答读者问》这篇文章。早在1985年，陈忠实明确提出"文化心理结构"这一概念，他说："我最近酝酿的作品……就是探索和揭示我们民族的心理意识和心理结构。"①

《中篇小说集〈四妹子〉后记》和《关于〈四妹子〉的附言》谈到："我对我生活着的地域内几个县和几个区的历史沿革的进一步

---

① 陈忠实. 创作感受谈. 西安：陕西人民出版社，1996. 27

了解，使我打破了以往的自信"，"从这个意义上，作家要获得创作的进展，首当依赖自己对这个民族的昨天和今天——历史和现实的广泛了解和理解的深刻程度"。这是 1987 年元月的《附言》里，陈忠实从四妹子的"不自在"谈到当前的改革，"它在中国社会引起的震动，或者说冲击波，在各个领域，恐怕远比经济上的改革，要广阔得多，深刻得多。"①

离开这样一个时代、思想背景，这样一个"话语场"，陈忠实的自我突破不可能拥有如此广度和强度。

陈忠实从自己创作历程中归纳的这个"精神剥离"（主体的、客体的）当然具有鲜明的陈忠实个人的印记；但同时又有它的普遍意义。对于广大的文学爱好者，对于文学创作，对于作家成长，它都是一个很重要的启示和鼓舞。就作家创作论和文学理论、文学批评而言，它更为我们提供了一个有待不断深入开掘的成功案例。

为人生，从生活体验走向生命体验，重视与读者与社会的关系，即文学社会功能和审美价值以及由此而强调作家人格伦理，不断的自我否定而自我完善的"精神剥离"与"对象剥离"，我以为这是陈忠实文艺创作理念中最具特色的几个方面，也是具有相对普遍意义的文艺创作经验总结。在文艺创作多元化的我国文坛，坚持文学精神提升的审美功能，以为民族振兴贡献文学的力量，这样的文学信念与理想是值得倡导的。民族性与现代性结合下的中国记忆、中

---

① 陈忠实. 创作感受谈. 西安：陕西人民出版社，1996. 106

国叙述，也因此具有了与世界文学对话的基础和可能性。这也是我们理解《寻找属于自己的句子》一书的几个关节点。

《寻找属于自己的句子》从创作论看，为我们提供的思考也是多方面的。如何抓住"创作动机"不放，并且沉潜下去，持之以恒地付诸创作实践，《寻找属于自己的句子》为我们提供了成功的范例。

创作动机的突发性，往往是发生在毫无预感的情态下涌现脑际的一种创作冲动。它对创作内容完全没有预设，或者只是一种隐隐约约的感觉；但它并非突发奇想，它是作家长期的生活和艺术积累的必然，一种无意识上升为意识的萌动，是外部刺激和内在需要相互作用下的心血来潮。《白鹿原》的创作动机因《蓝袍先生》而产生，充分证明了这种创作动机离不开前意识、潜意识的丰厚沉淀，离不开现实需要的内在驱动。

《寻找属于自己的句子》还为我们解析了作家如何殚精竭虑展开大量案头工作，以史料和文献开启历史之门，潜入并穿越时空，结合实地考察，在现场感的获得中，把储备的生活、艺术积累与历史相撞击，酝酿并逐步形成人物形象和作品情感倾向。

《寻找属于自己的句子》生动地为我们剖析了作家长篇小说的艺术结构和叙述方式特别是叙述语言的独特性的寻找与形成；深入地申明了作家立体建构的至关重要的前提即自我剥离以及由此而来的对对象的剥离，这种精神与对象的双向剥离是提升作家与作品的关键，贯穿于创作的始终。

《寻找属于自己的句子》关于"打开自己"即从传统现实主义走向现实主义的开放性以及沉稳拿捏自我的创作心态的表述，都具有陈忠实创作的独特性和这种独特性所蕴含的普遍意义。

每个成功的作家都有属于自己的创作机制和心态,《寻找属于自己的句子》当然是《白鹿原》的创作手记,但它同时也是陈忠实创作生涯的艺术总结,正是在这个意义上,它使我们面临了一个有关价值的特殊问题。

当桑塔格提出"反对阐述",反对"进一步将艺术同化于思想,或者更糟,将艺术同化于文化"时,她强调的是艺术的独特的感性体验。

《寻找属于自己的句子》是这种艺术的独特的感性体验的理性呈现。《寻找属于自己的句子》告诉我们的是:艺术当然不能等同于思想,但它离不了思想;艺术属于文化,它是文化的表征和精神象征。

陈忠实在创作的同时,还写了不少创作谈和评论性文章,大多以"序"的文体出现。

陈忠实的文学评论是从他的文学观念和创作实践出发的,也是从评论对象出发的,具有鲜明的陈忠实文风:扎实准确而深刻。他不泛泛而论,而是从评论对象的实际出发,有感而发,不做空论。他的评论往往抓到作家、作品的"穴位"即文本与作家的本质特征与要害所在。这样他的那些写得好的评论就具有一语中的、一针见血的准确性。陈忠实的思想穿透力和雄厚的艺术功底,使他的评论闪耀着思想的火花,艺术上的真知灼见处处可见。评"文"往往是评论"人",把"人"与"文"放在当时文坛的大背景中,放在这位作家的纵向发展,放在这位作家与其他作家的横向比较,这样一种高屋建瓴的宏大气势和感情投入使得他的一些精彩评论产生了十分强烈的思想艺术效应，成为不可多得的"经典性"评论。

《别路遥——1992年11月21日在告别仪式上》这篇悼文准确而深刻地评论了路遥的创作与精神以及他所具有的深远意义，指出，"这是作为一个深刻的作家与平庸的文人的最本质的区别"。

陈忠实是从一个广阔的民族文化背景来定格路遥的：

> 路遥从中国西北的一个自然环境最恶劣也最贫穷的县的山村走出来，为中国当代文学的繁荣创造了绚烂的篇章。这不单是路遥个人的凯歌，它至少给我们以这样的启迪，我们这个民族所潜存的义无反顾的进取精神和旺盛而强大的艺术创造力量。路遥已经形成开阔宏大的视野，深沉睿智的穿射历史和现实的思想，成就大事业者的强大的气魄，朝着创造的目标，实现创造理想时必备的坚忍不拔的意志和艰苦卓绝的耐力，充分展示出这个古老而又优秀的民族的最优秀的品质。

这使得路遥具有了时代与民族精神的书写者的卓越地位。同时，悼文也深刻论证了路遥精神世界的特征，即"平凡的世界"所具有的民族性、现代性和艺术的精确性：

> 路遥的精神世界是由普通劳动者构建的"平凡的世界"。他在中国当代作家中最能深刻地理解这个平凡的世界里的人们对中国意味着什么。他本身就是这个平凡世界里并不特别经意而产生的一个，却成了这个世界人们的精神上的执言者。他的智慧集合了这个世界里的全部精华，又剔除了母胎带给他的所有

腥秽，从而使他的精神一次又一次裂变和升华。他的情感却是无法剥离的血肉情感。这样，我们才能破译长篇小说《平凡世界》里那深刻的现代理性和动人心魄的真血真情。路遥在创造那些普通人生存形态的平凡世界里，不仅不能容忍任何对这个世界的过去和现在，历史和现实的解释的随意性，甚至连一句一词的描绘中的矫情娇气也绝不容忍。他有深切的感知和清醒的理智，以为那些随意的解释和矫情娇气的描绘，不过是作家自身心理不健全的表现，并不属于那个平凡世界里数以亿计的普通人的尊敬和崇拜，他沟通了这个世界里的人们和地球人类的情感。这是作为独立思维的作家路遥最难仿效的本领。

在这里不厌其烦，大段引用，是想表明《别路遥》在追悼路遥的众多声音中，是最具代表性的发言。它为文学评论提供了一个样本，也为文学创作提出了一个高"标的"，好榜样。

陈忠实的评论具有锐利的思想穿透力，这使他的评论不仅洞察了评论对象的思想价值，也为作家创作进一步提升提供了方向。

2003年，陈忠实应约写下了《难以化解的灼痛——读陈行之〈危险的移动〉》。

陈忠实认为《危险的移动》是一部深入当代生活切肤之痛的力作。这个定位是从作品对于当代中国社会的敏锐体察和艺术的成功表现得出来的，也是从作家陈行之创作道路的发展与深化中得出来。

陈忠实说，"作为读者的我跳出被扭曲被龌龊的具体局限，从最浅显一层说，人把天赋的智慧用到了事业上的比例极小，而把智慧里最精彩的部分发挥到扭曲别人的功能上来了，这是一种浪费；稍微往深里想，这类富于生活技巧的人，已经形成生活深层里的一股潜流，得意地舞蹈于法典庄严的党纪政纪之下，而又不露声色，构成亵渎和蔑视社会公正和社会道德的极其危险的破坏力，即所谓潜规则。"陈忠实认为，《危险的移动》演绎着解析着的正是这种潜规则运动的全过程。

小说对于生活的脉象的准确把握，陈忠实认为来自作家对民族未来的强烈责任感，又一次把作家的创作动机和创作目的提到了突出地位。

陈忠实还认为，对现实主义的自信仍然是创作获得成功的重要保证。陈忠实认为直面社会直面人生的现实主义要求作家逼真地揭示人物心灵的各个层面，并且以通畅而准确的叙述、精彩的对话、富有个性魅力的语言完成创作。

陈忠实不回避个人的喜好：既富于前进活力又呈现着对某些纷繁浑浊的生活发出深刻的独自的声音的作品。

这篇评论突出了评论者的文学观念和文学倾向，显示了陈忠实文学批评的准确和深刻性。

《秦岭南边的世界——〈王蓬文集〉序》是为文坛老友王蓬的文集写的序。陈忠实坦言，为几十年的老朋友作序，"心思踊跃，却也不无恐慌"。这是一篇"企图抓住文与人的精神内核"的序，以人道和人性为关键词。

王蓬为自己预写了"墓志铭"："他因为在这片土地上生活而写作，他的代表作是他父母亲的墓志铭。"陈忠实认为这是王蓬的"心灵之诗"，是通往王蓬创作世界的最佳通道。

序文由人而文，平静而细致入微的分析里，深刻指出王蓬穿越苦难而又超越苦难的精神境界里，人道和人性是两个不可忽略的关键词，是它们支撑起了王蓬的艺术殿堂。

陈忠实的这类评论，总有一种惺惺相惜的真切感，不仅因为人生经历的相近，更是因为共同的对现实主义文学的追求。

对于同龄作家王宝成的创作，陈忠实予以了真诚的肯定。陈忠实认为"王宝成不仅有一个巨大的蕴藏，而且具备了开掘和表达这种蕴藏的独具艺术个性的艺术创造能力。"[1] 王宝成创作的成功来自王宝成对于农民的稔熟、挚爱和敬畏，这也正是陈忠实作品的情感倾向和优势所在。陈忠实认为才情当然重要，但没有思想的支撑，才情往往会流于浅薄与轻浮。

青年作家朱鸿的散文引起了社会反响，陈忠实在高度评价朱鸿散文的思辨性的同时，也中肯地指出"思辨的朱鸿，似乎也有偏执的时候"。

陈忠实的评论，好处说好，不好处也会诚恳提出。《思辨的这一声——读朱鸿的散文之感受》（《吟诵关中》）即为一例。

《诗性的婉转与徘徊》是一篇为和谷的文集写的序。

陈忠实说：

> 这些纯粹农业文明时代里的生活形态的记忆，苦涩也温暖，朴拙却纯净，简单更有真诚，因为在小小年纪无染的心灵镌刻

---

[1] 陈忠实. 家之脉. 广州：广州出版社，2000. 240

下记忆,不仅难以风化,反是隔离愈久,或年事愈长,愈加鲜明,每有触及,便海潮般泛溢起来,便是这一篇弥漫着浓浓思念深沉忧伤的文字。

这是抓住了和谷散文的根本。陈忠实继续深化他对和谷散文的理解:和谷不是单纯的忆旧,记忆里昨天的印痕与现在进行时的农村印象相叠相衬,体验到的是焦灼和无奈。

在感受和谷散文思想穿透力和复杂情感的同时,陈忠实认为好的散文无异于诗。陈忠实解剖了和谷散文的诗性和语言。这种对于诗性的强调,对于散文语气的珍重,反映了陈忠实对于散文创作的期待和追求。

不难发现陈忠实的文学批评,与陈忠实的文学创作理念是一而二,二而一的创作的两翼。陈忠实的不少文艺创作理念就是在他的文学批评文章中出现,他的文学批评就是他的艺术创作思想的具体运用和体现。

"为人生"的文学宗旨,强调作家的生命体验和人格修养,以及作家自我否定中的自我超越,向着文学的大山坚韧跋涉,这样一些创作主张,在作家陈忠实的文学批评中,处处得以突显。这些文学批评出自作家之手,更多了一份亲切感和真知灼见。

苏东坡说:"吾所为文必与道俱。"他还说:"道可致而不可求。"创作的自由来自对"道"的体悟。

宗白华说:"'道'尤表象于'艺',灿烂的'艺'赋'道'以形象和生命,'道'给予'艺'以深度和灵魂。"

"艺"与"道"相统一,陈忠实的文学创作实践、文学创作思想和文学批评都是"道"的追求和体现。

道,是境界,它永无止境。

陈忠实的文学道路,仍在延续。陈忠实的文学创作理念与文学批评,也仍处在发展变化中。

1992年夏,陈忠实填了一首《青玉案·浐水》:

> 涌出石门归无路,反向西,倒着流。杨柳列岸风香透。鹿原峙左,骊山踞右,夹得一线瘦。
>
> 倒着走便倒着走,独开水道也风流。自古青山遮不住。过了灞桥,昂然掉头,东去一拂袖。

掉头西去的灞河,自有其难掩的风流。

陈忠实的文学创作理念和文学批评,呈现的一番风景,一番风流,也将汇入我国当代文学的创作理念与文学批评的大海,成为它闪耀的浪花朵朵。

参考资料

专著

1. 《陈忠实文集》（五卷本），太白文艺出版社，1996年。
2. 《陈忠实文集》（七卷本），广州出版社，2004年。
3. 陈忠实：《乡村》，陕西人民出版社，1982年。
4. 陈忠实：《初夏》，上海文艺出版社，1986年。
5. 陈忠实：《四妹子》，中原农民出版社，1988年。
6. 陈忠实：《到老白杨树背后去》，陕西人民教育出版社，1991年。
7. 陈忠实：《夭折》，陕西人民出版社，1992年。
8. 陈忠实：《生命之雨》，陕西人民出版社，1996年。
9. 陈忠实：《创作感受谈》，陕西人民出版社，1996年。
10. 陈忠实：《告别白鸽》，湖南文艺出版社，1991年。
11. 陈忠实：《家之脉》，广州出版社，2000年。
12. 《〈白鹿原〉评论集》，人民文学出版社，2000年。
13. 陈忠实：《陈忠实散文》，解放军出版社，2002年。
14. 陈忠实：《原下集》，上海人民出版社，2002年。
15. 陈忠实：《原下的日子》，太白文艺出版社，2004年。

16. 陈忠实：《凭什么活着》，时代文艺出版社，2007年。

17. 陈忠实：《我的行走笔记》，时代文艺出版社，2007年。

18. 陈忠实：《吟诵关中》，重庆出版社，2008年。

19. 陈忠实：《寻找属于自己的句子——〈白鹿原〉创作手记》，上海文艺出版社，2009年。

20. 陈忠实：《李十三推磨》，作家出版社，2009年。

21. 王仲生：《看到与没有看到的风景》，太白文艺出版社，2005年。

22. 李清霞编：《陈忠实研究资料》，山东文艺出版社，2006年。

23. 冯希哲、赵润民编：《走近陈忠实》，陕西人民出版社，2006年。

24. 冯希哲、赵润民编：《说不尽的白鹿原》，陕西人民出版社，2006年。

25. 《马克思恩格斯全集》，人民出版社，1992年、2009年版

26. 《马克思恩格斯选集》（四卷本），人民出版社，1972年。

27. 《普利汉诺夫哲学著作选集》，三联书店，1974年。

28. 康德：《历史理论批判文集》，商务印书馆，1990年。

29. 黑格尔：《美学》，商务印书馆，1979年。

30. 黑格尔：《历史哲学》，商务印书馆，2007年。

31. 中江兆明：《一年有半·续一年有半》，商务印书馆，2007年。

32. 布克哈特：《意大利复兴时期的文化》，商务印书馆，1983年。

33. 布罗代尔：《菲利普二世时代的地中海和地中海世界》，商

务印书馆，1998年。

34. 卢卡契：《审美特性》，中国社会科学出版社，1991年。

35. 罗曼·罗兰：《巨人三传》，安徽文艺出版社，1989年。

36. 哈耶克：《通往奴役之路》，中国社会科学出版社，1997年。

37. 波普尔：《开放社会及其敌人》，中国社会科学出版社，1999年。

38. 泰纳：《艺术哲学》，人民文学出版社，1963年。

39. 韦勒克·沃伦：《文学理论》，江苏教育出版社，2005年。

40. 布鲁姆：《西方正典》，译林出版社，2005年。

41. 赛义德：《论知识分子》北京三联书店，2007年。

42. 《鲁迅全集》（十卷本），人民文学出版社，1959年。

43. 费孝通：《乡土中国》，上海人民出版社，2007年。

44. 《中国：传统与变革》，江苏人民出版社，1996年。

45. 殷鼎：《理解的命运》，三联书店出版社，1988年。

46. 《闻一多选集》，开明书店，1951年。

47. 《胡风评论集》，人民文学出版社，1985年。

48. 范文澜注：《文心雕龙》，人民文学出版社，1958年。

49. 陈国球：《文学史书多形态与文化政治》，北京大学出版社，2004年。

50. 王汶石：《风雪之夜》，人民文学出版社，1977年。

51. 《柳青文集》，陕西人民出版社，1991年

52. 钱穆：《中国文化史导论》北京商务印书馆，1994年。

53. 钱穆：《国学概论》，北京商务印书馆，1994年。

54. 《廿世纪文史哲名著精义》，江苏文艺出版社，1989 年。
55. 周宪：《廿世纪西方美学》南京大学出版社，1999 年。
56. 朱立元主编：《当代西方文艺理论》，华东师范大学出版社，1997 年。
57. 卞寿堂：《走进白鹿原》，太白文艺出版社，2005 年。
58. 《蓝田县志》，陕西人民出版社，1994 年。
59. 《诗画蓝田》，陕西旅游出版社，2005 年。
60. 白鹿书院编：《白鹿论丛》，三秦出版社，2006 年。
61. 《白鹿论丛》2 辑，太白文艺出版社，2009 年。

杂志

《新华文摘》

《小说评论》

《唐都学刊》

《秦岭》

后　记

关注陈忠实的文学创作尤其小说创作，始于上个世纪 70 年代初，至今近 40 年了。

陈忠实，一个中国农民的儿子，历尽艰难与曲折，在不断反思与自我超越中，给我们奉献了《白鹿原》，这是一个文学的"传奇"。

陈忠实的文学创作道路也是一个"传奇"。

只有把《白鹿原》置于改革开放的中国既定语境中，置于陈忠实翻越大山的艰辛跋涉中，我们才能理解《白鹿原》。

关注陈忠实，是在关注中国当代文学，关注中国新时期文学的发展轨迹。

关注陈忠实，是在关注中国农民的命运，关注我们民族从屈辱中奋起，走向民族复兴的精神历程。

早就想写的这本书，是一本"迟到"的书。

一直在期待能从一个相对长的时空审视长篇小说《白鹿原》，以避免种种的局限。

岁月推移，时不我待。

我是从陈忠实的文本走近陈忠实的。我不曾与陈忠实有过任何访谈。也许是一种偏见，我以为访谈多系事后的追述，其真实性存疑。但我不否定别人的访谈，这些谈话总能给我们提供不少可贵的信息，有助于从不同的角度理解陈忠实和陈忠实的创作。

关于陈忠实和他的创作，仍有许多话可说，这是与我国的当代文学，我国的现代化进程联系在一起的思考。

思考无止境。

感谢我的老伴。我的每一篇文章，每一本书，都离不开老伴的支持和督促。夏日炎炎，冬雪皑皑，老伴陪我查资料、搞复印；窗前、灯下，老伴为我抄写书稿，这已成了我生活中不可或缺的风景。

感谢王向力。向力是我的学生，更是文友。他是白鹿原上人，长期从事创作。他热爱《白鹿原》，一直在研究蓝田文化。

我与他合作，才完成这本书。

他写了《一条河与一座原》（第二章第三节），《白鹿原》的结构、叙述方式、关于语言问题、从追求到突破（第十四章第二、三、四、五节）。这些部分，提纲是我与向力讨论的，写完，我又做了些文字上的修改。

向力邀请我与老伴实地考察了白鹿原。

我们参观了中共蓝田第一个特别党支部成立的旧址，如今已是一个纪念馆。

我们瞻仰了蓝田革命烈士胡达明的墓地，在一片槐林里。

我们来到白鹿原的最东端将军岭，在那里可以望见簣山和其上的文峰塔，以及它身后的辋川山谷和连绵的群山。

我们走过了欣欣向荣的白鹿原新农村，感受到变革给白鹿原带来的活力和希望，问题和困惑……

校对完全书文稿，这才发现，《毛茸茸的酸杏儿》《到老白杨树背后去》这一组关于风格多样的文字，以及大拇指与黑娃在小说人物配置与结构中的地位与意蕴，全部删除在近十万字的初稿中了。欲弥补，旧稿难寻；甫重写，付梓在即。这缺憾，只有留待以后补遗了。

其实，写书，总是有缺憾的。

此书的缺憾，岂止前面所述，更期待热心的读者指正。

感谢下叔、雷电、君利、陈正奇、邢小利等诸位朋友，他们的友谊和支持让我顺利完成了书稿的写作。